Grundlagen Fälle
Strafrecht BT 1
Vermögensdelikte

2012

Olaf Klimke
Vorsitzender Richter am Landgericht

ALPMANN UND SCHMIDT Juristische Lehrgänge Verlagsges. mbH & Co. KG
48149 Münster, Annette-Allee 35, 48001 Postfach 1169, Telefon (0251) 98109-33
AS-Online: www.alpmann-schmidt.de

Liebe Leserin, lieber Leser,

wir sind stets bemüht, unsere Produkte zu verbessern. Fehler lassen sich aber nie ganz ausschließen. Sie helfen uns, wenn Sie uns über Druckfehler in diesem Skript oder anderen Printprodukten unseres Hauses informieren.

E-Mail genügt an „druckfehlerteufel@alpmann-schmidt.de"

Danke Ihr

AS-Autorenteam

Klimke, Olaf

Grundlagen Fälle
Strafrecht BT 1
Vermögensdelikte
3. Auflage 2012
ISBN: 978-3-86752-226-7

Verlag Alpmann und Schmidt Juristische Lehrgänge
Verlagsgesellschaft mbH & Co. KG, Münster

Benutzerhinweise

Die „FallSkripten" sollen den Einstieg bzw. die Wiederholung des jeweiligen Rechtsgebiets anhand von Klausurfällen ermöglichen. Dies resultiert aus der Erkenntnis, dass allein das abstrakte Bearbeiten eines Rechtsgebiets nicht effektiv ist, weil unser Gehirn rein abstraktes Wissen nur unzureichend speichert. Andererseits bestehen Prüfungsaufgaben i.d.R. in dem Lösen von konkreten Fällen. Hier muss dann der Kandidat beweisen, dass er das Erlernte auf den konkreten Fall anwenden kann und die spezifischen Probleme des Falles entdeckt. Ferner muss er zeigen, dass er den Gutachtenstil beherrscht und an den Problemstellen überzeugend argumentieren kann. Während des Studiums besteht die Gefahr, dass man zu abstrakt lernt, sich verzettelt und letztlich gänzlich den Überblick über das wirklich Wichtige verliert.

Nutzen Sie die jahrzehntelange Erfahrung unseres Repetitoriums. Seit 50 Jahren wenden wir konsequent die Fallmethode an. Denn ein **prüfungsorientiertes Lernen** muss „hart am Fall" ansetzen. Schließlich sollen Sie keine Aufsätze oder Dissertationen schreiben, sondern eine überzeugende Lösung des konkret gestellten Falles abgeben. Da wir nicht nur Skripten herausgeben, sondern in mündlichen Kursen Studenten ausbilden, wissen wir aus der täglichen Praxis, „wo der Schuh drückt".

Wir haben seit Jahrzehnten einen Fernklausurenlehrgang. Hier hat die **Analyse von Tausenden abgegebener Klausurlösungen** gezeigt, welche typischen Fehlerquellen bestehen. Gerade dieser Umstand hat uns bewogen, unsere jahrzehntelange Erfahrung umzusetzen und die vorliegende Skriptenreihe herauszugeben. Wir haben daher insofern eine einzigartige Sammlung von AS-Klausuren zusammengestellt.

Die AS-Klausuren enthalten eine **Fallsammlung von typischen Klausurproblemen**. Die Lösung ist jeweils kompakt und vermeidet – so wie es in einer Klausurlösung auch sein soll – überflüssigen, dogmatischen „Ballast". Die Lösungen sind, wie es gute Klausurlösungen erfordern, komplett durchgegliedert. Sie sind im Gutachtenstil ausformuliert, wobei die unproblematischen Stellen entsprechend kurz ausfallen und ggf. nicht ausformuliert sind, was dann kursiv gedruckt ist. Gleichwohl müssen diese Stellen in einer Klausurlösung ausformuliert werden!

Sie erhalten jeweils Zusatzhinweise zum Standort des Fallproblems sowie zu Quervernetzungen. Ferner haben Sie zu jedem Rechtsgebiet die wichtigsten Aufbauschemata, welche gewährleisten, dass die Falllösung strukturiert erfolgt und kein Problem des Falles übersehen wird. Die Aufbauschemata dienen auch dem besseren Abspeichern und Übertragen auf andere Fälle.

Das Skript soll Ratgeber und Leitfaden für den Aufbau von Klausurlösungen sein. Mithilfe der Aufbauübersichten kann einerseits der typische Fallaufbau nach Anspruchsgrundlagen eingeübt werden. Andererseits wird das Systemverständnis durch ergänzende Übersichten sowie Randtexte mit Tipps und Warnhinweisen gefördert und vertieft.

Zur **Optimierung des Lernerfolgs** mit diesem Skript empfehlen wir Ihnen, zunächst nur den Falltext der Klausur zu lesen und dann erst selbst eine Lösung zu finden. Wenn Sie dann im Anschluss die Lösung im Skript lesen, adaptieren Sie besser die Problemschwerpunkte des Falls.
Die einprägsamen Aufbauschemata ermöglichen es Ihnen dabei, jeweils die gesamte Materie zu erfassen und auf andere Fälle zu übertragen.

Achten Sie auf die Randbemerkungen, welche Ihnen Klausurtipps nicht nur in juristischer, sondern auch in taktischer Hinsicht geben.

Bitte beachten Sie, dass wir hier Klausuranwendung vermitteln. Die Skriptenreihe zu den AS-Klausuren **ersetzt** daher **nicht die Erarbeitung der gesamten Materie** sowie der Struktur des gesamten Rechtsgebiets. Übergreifende Aufbauschemata für das gesamte Strafrecht finden Sie in unserer Skriptenreihe „Aufbauschemata Strafrecht/Strafprozessrecht".

Klausurtechnik und -taktik

A. Oberste Klausurregel

„Ruhe bewahren – andere kochen auch nur mit Wasser."

B. Technischer Ablauf:

Der technische Ablauf einer Klausur stellt prinzipiell einen „Vierakter" dar; optimal mit folgendem Ablauf:

1. Akt:	Vollständiges Erfassen des Sachverhalts
2. Akt:	Erstellen einer vollständigen Lösungsskizze (Gliederung)
3. Akt:	Niederschrift des Gutachtens
4. Akt:	Durchlesen der eigenen Lösung und „Feilen" an Lösung

C. Die sieben Regeln für eine erfolgreiche Klausurbearbeitung:

I. Sachverhaltsaufbereitung

- Den Sachverhalt sorgfältig mindestens **zwei- bis dreimal vollständig lesen**.
- **Sachverhaltsskizze und/oder Zeitstrahl** erstellen.
- Dabei auf gesondertem Blatt die ersten Ideen („§§ ... , Erlaubnistatbestandsirrtum" etc.) notieren.

⇨ **Klausurtipp:** Die ersten Ideen sind häufig die besten!

II. Fragestellung erarbeiten

Fragestellung genau herausarbeiten und auch beachten; dabei

- Aufgliederung nach Sachverhaltsteilen, Chronologie und Personen.
- Bildung von Tatkomplexen bei selbstständigen Lebenssachverhalten.
- Wesentliche Probleme herausfinden; wo liegen die Schwerpunkte der Klausur?
- Sachliche und persönliche Begrenzung der Strafbarkeitsprüfung ggf. unbedingt beachten.
- Deliktskatalog festlegen: Wer greift wessen Rechtsgut wie an?

III. Rechtliches Durchdringen des Falles

Die rechtliche Durchdringung des Falles und die Erstellung der Lösungsskizze vollzieht sich in zwei Phasen:

1. Brainstorming (Kreative Phase):

- Auffinden und Ordnen der fallverdächtigen Rechtsnormen.
- Alle Gesetze – auch wenn hinlänglich bekannt – lesen, um nichts zu vergessen.

⇨ **Klausurtipp: Auch immer „zwei §§ davor und zwei dahinter prüfen"!!!**

2. Disziplinierte Prüfung (Arbeitsphase)

- Akribische Prüfung der für lösungsrelevant erkannten Rechtsnormen.

IV. Der Sachverhalt ist mitteilsam und heilig!!!

1. Eine Klausurlösung muss sich ergeben wie eine **„Klickerbahn"**: Ein Teil muss sich aus dem anderen ergeben; wenn es bei der Lösung nicht richtig weitergeht, darf nicht der Sachverhalt dem gewollten Ergebnis angepasst werden, sondern der eigene Lösungsansatz muss überprüft werden.

2. Ausnahmen:

- Bei Lücken im Sachverhalt immer **lebensnahe Auslegung**; aber nur, wenn sie für die Lösung auch wirklich erforderlich ist.
- An **Rechtsansichten der Beteiligten** ist man nicht gebunden, vielmehr können sie ein Tipp des Klausurstellers, aber auch eine Falle sein!

V. Schwerpunktbildung

1. Bereits bei der Erstellung der Gliederung problemorientiert prüfen, **Schwerpunkte bilden** und in der Lösungsskizze kennzeichnen (z.B. durch eine andere Farbe oder mit einem „P").
2. Als abwegig Erkanntes aussortieren!

Merke: Immer kritikfähig in Bezug auf die eigene Lösung bleiben!!!

VI. Prüfungsreihenfolge

1. **Prüfungsreihenfolge** im Strafrecht (sofern nicht durch Fragestellung eingeengt)
   - Prüfung des Tatnächsten zuerst
   - Bei wechselnder Beteiligung verschiedener Personen: Täter immer vor Teilnehmer
2. Grds. in historischer Reihenfolge prüfen; ausnahmsweise Vorziehen der Delikte, die bei der Konkurrenzbildung dominieren.
3. **Konkrete Prüfungsaufhänger** suchen

   Keine abstrakten Erörterungen, sondern Probleme stets konkret am Tatbestandsmerkmal erörtern.

VII. Handwerkliches Können bei der Erstellung der Lösung

1. Bei der **Subsumtion** immer den Pendelblick bewahren zwischen der zu prüfenden Norm, der Fragestellung, dem Sachverhalt und dem Gesetzestext.
2. **Gesetzesnorm genau bezeichnen** (nicht „§ 244 StGB", sondern § 244 Abs. 1 Nr. 1 a), 1. Alt. StGB) und vollständig prüfen.
3. **Reihenfolge:** Definition, dann Subsumtion, dann (Zwischen-)Ergebnis („Somit hat A rechtswidrig gehandelt ...").

   Nicht Ergebnis voranstellen, da Urteilsstil („A hat den Tatbestand des § 242 StGB erfüllt, denn ...")!
4. **Klare und geraffte Argumentationen** („dafür/dagegen spricht, ...")

5. **Meinungsstreite** nur nach vorheriger Herleitung und nur, wenn es für die Falllösung darauf ankommt. Nach der Darstellung der einzelnen Meinung Ergebnis zum konkreten Fall. Bei verschiedenen Ergebnissen: Stellungnahme nicht vergessen!

6. **Tatbestandsmerkmale können offengelassen werden, wenn** ihr Vorliegen problematisch und die Norm wegen eines anderen, gleichrangigen Tatbestandsmerkmals nicht vorliegt.

7. Wichtig: **Gliederungspunkte verwenden**, da nur so dem Prüfer klar wird, dass man die Systematik (z.B. Obervoraussetzung, Untervoraussetzung; Anwendbarkeit – Voraussetzungsseite – Rechtsfolge) beherrscht. Also nicht in „einer Soße" runterschreiben! Hingegen sind Überschriften, z.B. „Tatbestand", „Rechtswidrigkeit" und „Schuld" entbehrlich.

8. Bilden Sie **Schwerpunkte**. D.h. ausführliche Argumentation an den „Knackpunkten" des Falles, hingegen Unproblematisches kurz erörtern. (Ausführlich zum Gutachtenstil s. AS-Skript „Methodik der Fallbearbeitung".)

INHALTSVERZEICHNIS

1. Teil: Diebstahl 1
■ Aufbauschema zu § 242 1
Fall 1: Herrenlosigkeit der Sache 2
Fall 2: Vollendeter Diebstahl bei Ergreifen eines Mobiltelefons 4
Fall 3: Diebstahl an Körperbestandteilen Verstorbener 7
Fall 4: Abgrenzung Trickdiebstahl/Betrug 9
Fall 5: Versuchter Betrug beim Tanken ohne zu bezahlen 12
Fall 6: Besonders schwerer Diebstahl bei Nutzung des richtigen Tresorschlüssels durch Unbefugten 15
Fall 7: Die Diebesfalle 17
Fall 8: Gewahrsamsverhältnisse bei Auslieferungsfahrt und fehlende Zueignungsabsicht bei geplanter Rückführung 20
Fall 9: Gebrauchsentwendung einer EC-Karte 22
Fall 10: Diebstahl durch Berufswaffenträger 25
Fall 11: Bandendiebstahl 28

2. Teil: Unterschlagung 33
■ Aufbauschema zu § 246 Abs. 1 33
Fall 12: Unberechtigtes Kopieren von Daten als Unterschlagung 34
Fall 13: Formelle Subsidiarität der Unterschlagung 36

3. Teil: Sachbeschädigung 38
■ Aufbauschema zu § 303 38
Fall 14: Wildes Plakatieren 39

4. Teil: Betrug 42
■ Aufbauschema zu § 263 42
Fall 15: Prozessbetrug im Mahnverfahren 43
Fall 16: Abhebung und Auszahlung fehlgebuchter Gutschriften 46
Fall 17: Sammelgaragen-Fall 49
Fall 18: (Provisionsvertreter-)Betrug 52
Fall 19: Vermögensschaden bei vereinbartem Rücktrittsrecht 56
Fall 20: Vermögensschutz bei verbotenen Rechtsgeschäften 58
Fall 21: Betrug durch doppeltes Dienstverhältnis als Referendar 62
Fall 22: Vermögensschaden beim Anstellungsbetrug 64

5. Teil: Computerbetrug 66
■ Aufbauschema zu § 263 a 66
Fall 23: Abhebung am Geldautomaten 67
Fall 24: „Leerspielen" eines Geldspielautomaten 70

6. Teil: Erschleichen von Leistungen 74
■ Aufbauschema zu § 265 a 74
Fall 25: Missbräuchliche Nutzung der Parkuhr 75
Fall 26: Erschleichen von Leistungen durch unauffälliges Auftreten 78

7. Teil: Untreue ... 80
■ Aufbauschema zu § 266 ... 80
Fall 27: Nachlässige Vertretung als Untreue ... 81
Fall 28: Untreue des Gerichtsvollziehers durch Gebührenüberhebung ... 83
Fall 29: Kundenkarte im Zwei-Partner-System ... 86

8. Teil: Missbrauch von Scheck- und Kreditkarten ... 89
■ Aufbauschema zu § 266 b ... 89
Fall 30: Nutzung eigener Geldkarte am Geldautomaten ... 90

9. Teil: Raub ... 93
■ Aufbauschema zu § 249 ... 93
Fall 31: Gewaltanwendung beim Handtaschenraub ... 94
Fall 32: Finalzusammenhang beim Raub ... 95
Fall 33: Irrtum über die Bezahlung eines Drogengeschäfts ... 99
Fall 34: Lippenpflegestift als Raubmittel ... 103

10. Teil: (Räuberische) Erpressung; Raub mit Todesfolge ... 106
■ Aufbauschema zu §§ 253, 255 – (Räuberische) Erpressung ... 106
Fall 35: Räuberische Erpressung durch gewaltsame Wegnahme einer Sache ohne Zueignungsabsicht ... 107
Fall 36: Verwenden einer Schreckschusspistole beim Banküberfall ... 111
Fall 37: Dreieckserpressung ... 114
Fall 38: Raub mit Todesfolge in der Beendigungsphase ... 118

11. Teil: Räuberischer Diebstahl ... 121
■ Aufbauschema zu § 252 ... 121
Fall 39: Betreffen des Diebes auf frischer Tat ... 122

12. Teil: Hehlerei ... 125
■ Aufbauschema zu § 259 ... 125
Fall 40: Vollendung der Wegnahme beim Diebstahl und nachfolgende Gewalt ... 126
Fall 41: Hehlerei mit Mitteln der Nötigung ... 129
Fall 42: Begünstigung bzw. Beihilfe zum Diebstahl oder zur Hehlerei bei Zurverfügungstellung des eBay-Accounts an einen Dritten zum Verkauf von Diebesgut ... 132

Stichwortverzeichnis ... 135

1. Teil: Diebstahl

Aufbauschema zu § 242

I. Tatbestand

1. objektiver Tatbestand

- Tatobjekt: Fremde bewegliche Sache
- Tathandlung und Taterfolg: Wegnahme
  - ursprünglich (mindestens: Mit-)Gewahrsam eines anderen
  - Aufhebung dieses und Begründung neuen, nicht notwendig tätereigenen Gewahrsams.
  - ohne/gegen den Willen des ursprünglichen Gewahrsamsinhabers

2. subjektiver Tatbestand

- Vorsatz
- Zueignungsabsicht für sich oder Dritten
- objektive Rechtswidrigkeit der Zueignung
- Vorsatz bzgl. Rechtswidrigkeit der Zueignung

II. Rechtswidrigkeit

III. Schuld

IV. Regelbeispiele des § 243 Abs. 1 S. 2

- strafschärfende Ausführungen
  - äußere Voraussetzungen der Nr. 1, 2, 4–7
  - Kenntnis der erschwerenden Umstände
- strafschärfende Gesinnung, Nr. 3
- keine Ausnahme bei Geringwertigkeit gemäß § 243 Abs. 2 bei § 243 Abs. 1 S. 2 Nr. 1–6

V. Strafantrag (§§ 247, 248 a)

- Diebstahl geringwertiger Sachen, § 248 a
  - grds.: Antragsdelikt
  - Ausn.: Strafverfolgung von Amts wegen bei besonderem öffentlichen Interesse
  - Haus- und Familiendiebstahl

Fall 1: Herrenlosigkeit der Sache
(BayObLG MDR 1987, 75)

Das Rote Kreuz veranstaltet eine soziale Altkleidersammlung und macht mit Werbezetteln auf Montag als Abholtag aufmerksam. M will sich von einigen Kleidungsstücken trennen und stellt einen Plastiksack gefüllt mit Altkleidern am Montagmorgen an den Straßenrand; Privatsammler S kommt vorbei, sichtet den Sack und entnimmt diesem einen Anzug, um ihn später auf dem Flohmarkt zu eigenem Vorteil zu veräußern.

Strafbarkeit des S?

Obersatz

I. S könnte durch die Mitnahme des Anzugs einen Diebstahl gemäß § 242[1] begangen haben.

Äußerer Tatbestand

Dann müsste er den Anzug als für ihn fremde bewegliche Sache weggenommen haben.

Es gilt ein spezieller strafrechtlicher Sachbegriff über die Regelung des § 90 BGB hinaus.

1. Eine Sache ist jeder körperliche Gegenstand i.S.v. § 90 BGB; der Anzug hat diese Sachqualität.

2. Beweglich ist eine Sache, wenn sie von ihrem bisherigen Aufenthaltsort im natürlichen Sinne fortbewegt werden kann. S konnte die Kleidungsstücke mitnehmen.

Hier überschneidet sich der Diebstahl vollständig mit dem BGB: Ggf. werden zivilrechtliche Erörterungen erwartet!

3. Fremd ist eine Sache, wenn sie im (Allein-, Mit- oder Gesamthands-)Eigentum eines anderen (als des Täters) steht. Ist eine Sache herrenlos, fehlt ihr die Fremdheit i.S.d. § 242.

Rechtlicher Obersatz

a) Herrenlos wird eine Sache, wenn der Eigentümer in der Absicht, auf das Eigentum zu verzichten, den Besitz daran aufgibt (§ 959 BGB). Der Verzichtswille muss nicht ausdrücklich erklärt werden, er kann sich auch aus den Umständen ergeben, z.B. durch Wegwerfen einer Sache. Ob aber bereits aus einer Besitzaufgabe ohne Weiteres auf einen Eigentumsverzicht geschlossen werden kann, hängt von den Umständen des Einzelfalles ab.[2]

Ein Verzichtswille, der zur Herrenlosigkeit der Sache führt, liegt nicht vor, wenn der Eigentümer nur zugunsten einer anderen Person oder Organisation das Eigentum aufgeben will: In diesem Fall will er jener Person das Eigentum übertragen.

Subsumtion

b) Vorliegend wollte M dem Aufruf des DRK folgen und Kleidungsstücke spenden. Wollte man dies als bloße Müllentsorgung begreifen, läge die Annahme eines Verzichtswillens sicher nahe.[3] Das Bereitstellen des Sammelguts auf dem Gehsteig zum Abholen und Verwerten erfolgte nun aber gerade nicht in der Absicht, ungezielt auf das Eigentum zu verzichten, da es erkennbar in zeitlichem und örtlichem Zusammenhang mit dem Sammelaufruf stand. Bei zeitlichem und örtlichem Zusammenhang mit einer Werbeaktion ist nicht von einem Einverständnis der Eigentümer auszugehen, dass beliebige Dritte das Sammelgut an sich nehmen. Vielmehr wird von dem Eigentümer aufgrund gezielter – auch mit Kosten verbundener – Werbung nur zugunsten des bestimmten Werbers verzichtet; anderenfalls

1 §§ ohne Gesetzesangabe sind solche des StGB.
2 RGSt 57, 337.
3 RGSt 48, 121 f.

würde das Sammelgut nicht gerade zum angezeigten Sammeltag herausgelegt.

Damit ist vorliegend davon auszugehen, dass an den Kleidungsstücken eine Dereliktion nicht erfolgt ist, der M vielmehr noch – mangels erfolgter Übergabe an das DRK – Eigentümer geblieben ist.

Zwischenergebnis

4. Schließlich müsste S den Anzug weggenommen haben. Dann müsste er fremden Gewahrsam gebrochen und neuen Gewahrsam begründet haben.

a) Es ist fraglich, ob an dem Sack mitsamt Kleidungsstücken zum Zeitpunkt der Mitnahme fremder Gewahrsam bestand, der hätte gebrochen werden können.

Gewahrsam ist das von einem Herrschaftswillen getragene, von den Anschauungen des täglichen Lebens geprägte tatsächliche Herrschaftsverhältnis eines Menschen über eine Sache.[4] Nach einer auf dem Sphären-Gedanken basierenden Betrachtungsweise ist der sozialen Anschauung die Bedeutung eines selbstständigen Gewahrsamselements beizumessen; objektives Element ist damit eine tatsächliche Beziehung einer Person zu einer Sache, getragen von einem subjektiven Element eines auf die Sache gerichteten Herrschaftswillens.[5]

Dieses faktische Herrschaftsverhältnis ist nicht mit zivilrechtlichem Besitz – §§ 855, 857, 868 BGB – gleichzusetzen.

Ursprünglich hatte M Gewahrsam, als er den Anzug in dem Sack verstaute. Diesen Gewahrsam könnte er verloren haben, als er den Sack auf die Straße stellte. Indessen führt nicht jede räumliche Trennung von der Sache zu einem Herrschaftsverlust, vielmehr verbleibt es bei der Ausübung der Sachherrschaft in Form bloßer Gewahrsamslockerung.[6]

Subsumtion

So verhält es sich vorliegend: Der vor einem Grundstück mit einem Sammelzettel versehene abgestellte Sack wird nach den Anschauungen des täglichen Lebens noch zur Sphäre des jeweiligen Grundstücks bzw. dessen Bewohner gerechnet und gilt jedenfalls nicht als gewahrsamslos.

Mithin stand der Sack mit den Kleidungsstücken in fremdem Gewahrsam.

b) Diesen Gewahrsam brach S, als er entgegen dem erkennbaren Willen des M den Anzug aus dem Behältnis herausnahm; zugleich begründete er neuen Gewahrsam, als er mit dem Kleidungsstück den Tatort verließ.

Urteilsstil

5. S handelte vorsätzlich – er kannte alle äußeren Tatumstände – und überdies in rechtswidriger Zueignungsabsicht, da er durch den geplanten Verkauf des Anzugs auf dem Flohmarkt ihm nicht zustehende Eigentümerrechte ausüben wollte.

Ein weiteres Eingehen auf Sachwert- oder Substanztheorie ist überflüssig.

6. Rechtswidrigkeit und Schuld sind gegeben.

7. S ist der Begehung eines Diebstahls schuldig.

Besser nur „schuldig", da „strafbar" schon das Ergebnis der Konkurrenzen voraussetzt.

II. § 246 Abs. 1 tritt als formell subsidiär zurück.

Ergebnis: S ist wegen Diebstahls strafbar.

Bei gesetzlich angeordneter Subsidiarität: knapp halten!

4 BGHSt 16, 271; 23, 255.
5 BGHSt 8, 275.
6 Fischer § 242 Rdnr. 12.

Fall 2: Vollendeter Diebstahl bei Ergreifen eines Mobiltelefons
(BGH NStZ 2011, 36-37)

A veranlasste S, ihm sein Mobiltelefon zu zeigen. A nahm ihm dieses sodann aus der Hand und verlangte für die Rückgabe 20 €. Dabei kam es ihm nicht auf das Handy, sondern auf das Geld an. S lehnte jedoch eine Zahlung ab. Hierauf fasste A den Entschluss, das Mobiltelefon zu behalten und für eigene Zwecke zu verwenden. Nach Entnahme der SIM-Karte, die er dem S aushändigte, steckte er es in seine Tasche und entfernte sich. Der S folgte ihm und forderte sein Eigentum zurück. Um sich im Besitz des gestohlenen Handys zu halten, schlug A dem S daraufhin mit der flachen Hand ins Gesicht und drohte ihm mit Schlägen für den Fall, dass er ihm weiter hinterher ginge. Dem fügte sich der S.

Strafbarkeit des A?

I. Eine Strafbarkeit wegen der Veranlassung des Zeigens des Handys – etwa gemäß **§ 263 Abs. 1** – scheidet aus, da das Vorzeigen des Handys keine Verfügung darstellt, die sich schon unmittelbar vermögensmindernd ausgewirkt hätte.

II. Durch das **Ansichnehmen** des Handys könnte A einen Diebstahl gemäß **§ 242 Abs. 1** begangen haben.

1. Das im Eigentum des S stehende Gerät war für A eine fremde bewegliche Sache.

2. Fraglich ist, ob A das Handy bereits vollendet weggenommen hatte, als er das Gerät in den Händen hielt. Eine Wegnahme setzt voraus, dass fremder Gewahrsam gebrochen und neuer Gewahrsam begründet worden ist. Zweifel an der Begründung neuen Gewahrsams könnten deshalb bestehen, weil A das Gerät offen sichtbar in der Hand hielt und sich S als eigentlicher Gewahrsamsträger in unmittelbarer Zugriffsnähe aufhielt; insofern könnte auch nur eine **Gewahrsamlockerung** erwogen werden.

Ob eine Gewahrsamserlangung und damit objektiv eine Vollendung des Diebstahls vorliegt, ist nach der **Verkehrsauffassung** zu beurteilen;[7] es kommt darauf an, ob der neue Gewahrsamsinhaber die Herrschaft über die Sache ungehindert durch den alten Gewahrsamsinhaber ausüben kann (objektiv) und will (subjektiv).

Vgl. BGH NStZ 2008, 624–625: Herausnehmen eines Laptops aus dem Regal und Verlassen des Ladenlokals als vollendeter Diebstahl

Dabei kommt der Größe und Beschaffenheit des Tatobjekts eine erhebliche Bedeutung zu: die Rechtsprechung lässt bei handlichen und leicht beweglichen Sachen regelmäßig schon ein Ergreifen und Festhalten des Gegenstands als Wegnahmehandlung genügen und weist in Fällen, in denen der Täter einen leicht zu transportierenden Gegenstand an sich gebracht hat, einer Person jedenfalls dann die ausschließliche Sachherrschaft zu, wenn sie den umschlossenen Herrschaftsbereich des Gewahrsamsinhabers verlassen hat an. Dabei ändert die Anwesenheit des Opfers bzw. Beobachtung des auf frischer Tat betroffenen Täters nichts, da der Diebstahl **keine heimliche Tat** ist.

---

7 Fischer § 242 Rdnr. 17.

Vorliegend ist die Wegnahme bereits mit Ansichnehmen des Handys vollendet; ein Verlassen des Tatorts zur Vollendung ist nicht mehr erforderlich, zumal das Opfer nur noch mit eigenem körperlichen Einsatz wieder die tatsächliche Sachherrschaft über das Handy hätte erlangen können.

Danach hatte A bereits mit Ansichnehmen das Handy vollendet weggenommen.

3. A handelte hinsichtlich des Tatobjekts und der Tathandlung vorsätzlich.

4. A müsste auch **Zueignungsabsicht** besessen haben, als er das Gerät an sich nahm. Dann müsste er in der Vorstellung gehandelt haben, den Berechtigten dauerhaft zu enteignen und sich oder einen Dritten den Gegenstand anzueignen, wobei nach der auch in der Rechtsprechung vertretenen **Vereinigungstheorie** entweder **die Sache selbst** oder der in ihr **verkörperte Sachwert** dem Vermögen des Berechtigten dauerhaft entzogen und dem des Nichtberechtigten zumindest vorübergehend einverleibt werden soll.[8]

A verfolgte allerdings bei der Wegnahmehandlung (noch) nicht diese Ziele: ihm ging es allein darum, das weggenommene Handy als **Druckmittel** einzusetzen, um 20 € gleichsam als Lösegeld zu erlangen. Mit dieser Vorstellung wollte A weder die Sache selbst noch den in ihr verkörperten Sachwert seinem Vermögen einverleiben. Soweit A später doch den Entschluss fasste, das Handy zu behalten, ist diese Vorstellung als nachfolgender Vorsatz **(dolus subsequenz)** unschädlich, da allein die Vorstellung bei Begehung der Tat (§§ 8, 16) entscheidend ist.

5. Eine Strafbarkeit aus § 242 scheidet mithin aus.

III. Durch **das Verlangen nach 20 €** könnte A eine **versuchte Erpressung** gemäß **§§ 253 Abs. 1, 22, 23** begangen haben.

1. Eine Erpressung ist mangels Zahlung nicht vollendet worden, der Versuch ist gemäß § 253 Abs. 3 unter Strafe gestellt.

2. A müsste den Tatentschluss gefasst haben, den S durch Drohung zu einem Handeln, Dulden oder Unterlassen zu nötigen, das sich unmittelbar Vermögens mindernd auswirkt.

A wollte von S 20 € als Gegenleistung für die Rückgabe des Handys erhalten. Fraglich ist hierbei, ob bereits die bloße Aufforderung nach einer Geldzahlung auch nach Vorstellung des A zugleich konkludent die Drohung enthielt, bei Nichtzahlung das Handy einzubehalten (Tatfrage). Jedenfalls wäre ein derartiges Drohen mit einem Unterlassen der Rückgabe des Handys, zumal A zur Rückgabe verpflichtet war, tatbestandlich ein in Aussicht gestelltes zukünftiges Übel für S. Bei Vorliegen eines derartigen Tatentschlusses lägen die übrigen Voraussetzungen einer versuchten Erpressung vor.

IV. Durch **Entnahme der SIM-Karte und Einstecken des Handys** hat A eine **Unterschlagung gemäß § 246 Abs. 1** verwirklicht, da sich durch dieses Verhalten (erstmals) sein Zueignungswille nach außen manifestierte:

Im vorliegenden Fall wird die Auffangfunktion der Unterschlagung – Stichwort: Zueignung ohne Wegnahme – deutlich!

8 Fischer § 242 Rdnr. 35.

V. Durch den **Schlag mit der Hand** hat sich A des Weiteren einer vorsätzlichen **Körperverletzung** gemäß **§ 223 Abs. 1** strafbar gemacht.

VI. Die Begehung eines **Raubes** gemäß **§ 249 Abs. 1 durch diese Schläge** scheidet indes aus, da A keine Gewalt **zur Wegnahme** eingesetzt hatte: diese war bereits vorher vollendet worden (s.o.).

VII. A könnte aber **durch diesen Schlag** zugleich einen **räuberischen Diebstahl gemäß § 252** begangen haben. Dann müsste er bei einem Diebstahl auf frischer Tat betroffen gegen eine Person Gewalt verübt haben, um sich im Besitz des gestohlenen Gutes zu erhalten.

Vorliegend hatte A zwar nach der Wegnahme (s.o. unter II) und einer weiteren zeitlich nachfolgenden Zueignungshandlung (s.o. unter IV) Gewalt gegen eine Person eingesetzt, um im Besitz des weggenommenen Handys zu bleiben; allerdings hatte er zuvor **keinen Diebstahl** verwirklicht, sodass die Begehung eines räuberischen Diebstahls ausscheidet.

Beachte: § 252 setzt einen Diebstahl/Raub voraus. Bei einem nur versuchten Diebstahl kann die nachfolgende qualifizierte Nötigungshandlung die Tat zum Raub qualifizieren.

VIII. A könnte **durch den Schlag** eine **räuberische Erpressung gemäß §§ 253, 255** begangen haben.

1. A hat mit dem Schlag Gewalt gegen eine Person eingesetzt.

2. Durch die Gewaltanwendung hat er zugleich erreicht, dass das Opfer es als Folge der Gewalteinwirkung unterließ, ihn weiter zu verfolgen bzw. das Handy heraus zu verlangen.

3. Hierdurch müsste ein (weiterer) **Vermögensnachteil** eingetreten sein. Dieser Vermögensnachteil könnte vorliegend ausschließlich im endgültigen **Besitzverlust** des Handys zu erblicken sein. Der BGH sieht in Fällen derartiger Sicherungserpressungen, in denen der Täter zur Verteidigung bereits weggenommener Sachen **nachfolgend Nötigungsmittel** einsetzt, keinen neuen tatbestandlich eingetretenen Vermögensschaden[9] und lehnt eine Bestrafung aus § 255 ab.

Die Prüfung einer **Sicherungserpressung** wird häufig übersehen!

Auf die umstrittene Frage, ob die Erpressung eine Vermögensverfügung verlangt, ist angesichts anerkannter Straflosigkeit der **Sicherungserpressung** nicht einzugehen.

Nach a.A. tritt die **Sicherungserpressung** als **mitbestrafte Nachtat** hinter derjenigen Vortat, die eine Vermögensverschiebung herbeigeführt hatte, zurück.

Die Annahme einer **Sicherungserpressung** widerspräche überdies der gesetzgeberischen Konzeption des § 252, wonach nur qualifizierte Nötigungsmittel nach einem Diebstahl – zudem auf frischer Tat betroffen – die Tat in eine räuberische Strafe qualifizieren soll.

IX. Durch den Schlag hat A allerdings eine **Nötigung gemäß § 240 Abs. 1** begangen, da S es infolge dieser Handlung unterließ, den A weiter zu verfolgen.

X. Ergebnis: A ist wegen Unterschlagung (§ 246 Abs. 1), tatmehrheitlich (§ 53) hierzu wegen vorsätzliche Körperverletzung (§ 223 Abs. 1) in Tateinheit (§ 52) mit Nötigung (§ 240 Abs. 1) strafbar.

---

9 BGH NJW 1984, 501.

Fall 3: Diebstahl an Körperbestandteilen Verstorbener
(OLG Bamberg NJW 2008, 1543 f.)

Z war im Krematorium der Stadt H für die Einäscherung Verstorbener zuständig. Die Einäscherung verläuft so, dass bei der Hauptverbrennung der Leichen angefallene Rückstände in einen Aschekasten fallen und dort von Hand mit einem Magneten auf grobe Teile wie Herzschrittmacher, Zahngold etc. aussortiert werden. Z hatte die Anweisung, nach jeder Einäscherung das gefundene Zahngold der jeweiligen Urne beizugeben. Entgegen dieser Anweisung verschaffte sich Z in 300 Fällen ca. 1,5 Kilogramm Zahngold aus der Asche Verstorbener zum gewinnbringenden Weiterverkauf.

Strafbarkeit der Z?

I. Z könnte wegen Diebstahls in 300 Fällen gemäß § 242 Abs. 1 strafbar sein, als er sich jeweils das Zahngold aus den Einäscherungen verschaffte.

Dann müsste das Zahngold jeweils eine fremde bewegliche Sache für ihn gewesen sein.

1. Eine Sache ist jeder körperliche Gegenstand i.S.v. § 90 BGB. Zu Lebzeiten war das Zahngold Körperbestandteil geworden und hatte damit – gleichsam als Teil des lebenden Menschen – die Sacheigenschaft eingebüßt. Doch spätestens mit dem Tod des Menschen ist die Sacheigenschaft wieder entstanden, weil der Tote kein Rechtssubjekt mehr ist und daher auch seine körperlichen Überreste Objekte von Rechten sein können.[10]

Einigkeit besteht darin, dass der lebende Mensch keine Sacheigenschaft hat. Dasselbe gilt für seine Teile, sofern sie mit ihm verbunden sind!

2. Allerdings ist fraglich, ob das Zahngold nach der Einäscherung noch fremd war.

Fremd ist eine Sache, an der ein anderer als der Täter im Zeitpunkt der Tathandlung Eigentum besaß; herrenlose Sachen scheiden, da hieran keiner Eigentum hat, als taugliche Tatobjekte aus. Die rechtliche Einordnung von künstlichen Implantaten ist umstritten.

Fremd i.S.d. BGB

a) So wird vertreten,[11] dass diese Gegenstände ebenso wie andere, nur lose mit dem Körper verbundene Sachen zu behandeln sind: danach erlangt der Träger mit Einpflanzung des Gegenstandes Eigentum hieran; mit dem Tod geht das Eigentum auf den Erben gemäß § 1922 BGB über. Danach stünde das Zahngold im Eigentum der Erben.

b) Nach überwiegender Ansicht[12] werden Implantate mit Einpflanzung Teile des Menschen und verlieren damit ihre Sachqualität und Eigentumsfähigkeit; mit dem Tod teilen sie das rechtliche Schicksal des Leichnams und werden zu herrenlosen Sachen.[13] Danach scheidet ein Diebstahl aus.

c) Der überwiegenden Ansicht ist der Vorzug zu geben. Es widerspricht dem Herkommen und Gepflogenheiten der Kulturvölker, den Leichnam als eigentumsfähige Sache zu behandeln: er ist nicht Gegenstand der Universalsukzession, nicht Bestandteil einer Erbschaft, über die Verfügungen

Entscheidung am Sinn und Zweck des § 242: Schutzgut ist das verkehrsfähige Eigentum!

10 Fischer § 242 Rdnr. 8.
11 Krey/Hellmann Band 2, Rdnr. 9.
12 Schönke/Schröder/Eser/Bosch, § 242 Rdnr. 9.
13 OLG Bamberg, NJW 2008, S. 1543 f.

möglich wären. Der strafrechtliche Schutz wird durch § 168 gewährleistet, nicht dagegen über § 242.

Damit scheidet eine Strafbarkeit aus § 242 aus.

II. Z könnte sich wegen Störung der Totenruhe gemäß § 168 Abs. 1 durch Entwendung des Zahngoldes strafbar gemacht haben.

1. Dann müsste Z in Bezug auf einen verstorbenen Menschen dessen Körper, Teile des Körpers oder dessen Asche aus dem Gewahrsam des Berechtigten weggenommen haben.

a) Ein Teil des Körpers setzt voraus, dass überhaupt noch ein Körper eines toten Menschen mit seiner Individualität vorhanden und erkennbar ist.[14] Davon ist nach der Einäscherung nicht mehr auszugehen.

b) Allerdings könnte das Zahngold als Teil der Asche in den Schutzbereich des § 168 Abs. 1 fallen.

Asche sind die Verbrennungsreste eines Verstorbenen; erfasst sind sämtliche nach der Verbrennung verbleibende Rückstände, auch die zu Lebzeiten mit dem Körper fest verbundenen, selbst nicht brennbaren Teile.[15] Damit war das Zahngold taugliches Tatobjekt.

c) Des Weiteren müsste Z das Zahngold weggenommen haben.

Beachte: der Begriff der „Wegnahme" wird nicht einheitlich im StGB verwendet, sondern teleologisch je nach unterschiedlichem Norminhalt ausgelegt (§§ 168, 242, 289).

Wegnahme bedeutet im Rahmen des § 168, dass der Täter die Leiche oder die ihr gleich gestellten Teile aus dem Gewahrsam des Berechtigten entzieht, eine Begründung neuen Gewahrsams wie in § 242 ist nicht erforderlich.[16] Gewahrsam ist anders als in § 242 nicht als Sachherrschaft, sondern als Obhutsverhältnis zu verstehen.

Vorliegend hat Z sowohl in den Gewahrsam des Betreibers der Feuerbestattungsanlage als auch in den der Angehörigen eingegriffen, als er das Zahngold als Teil der Asche aus dem Krematorium fortschaffte.

2. Z handelte vorsätzlich, rechtswidrig und schuldhaft.

Ergebnis:

Z ist wegen Störung der Totenruhe gemäß § 168 Abs. 1 in 300 tatmehrheitlichen (§ 53) Fällen strafbar.

---

14 Fischer § 168 Rdnr. 4.
15 Fischer § 168 Rdnr. 7.
16 OLG Bamberg, NJW 2008, 1543, 1545.

Fall 4: Abgrenzung Trickdiebstahl/Betrug (BGHSt 41, 198)

F ging im R-Markt mit einem Einkaufswagen in die CD-Abteilung, wo sie zwei CDs aus den Auslagen nahm und flach auf den Boden des Einkaufswagens legte. Danach deckte sie diese mit einem Werbeprospekt ab und legte weitere Sachen in den Wagen. An der Kasse legte sie die „oben" liegenden Gegenstände auf das Band, nicht aber die CDs. Nach der Bezahlung mehrerer Gebrauchsgegenstände verließ sie den Kassenbereich und wurde hinter der Kassenzone von einem Detektiv, der alles beobachtet hatte, vorläufig festgenommen.

Strafbarkeit der F?

I. F könnte einen Diebstahl gemäß § 242 Abs. 1 begangen haben, als sie die CDs im Einkaufswagen unter dem Werbeprospekt versteckte.

Beachte: Anknüpfungsverhalten ist historisch zunächst das „Verstecken", nicht schon die Herausnahme aus den Auslagen.

1. Die CDs waren für F fremde bewegliche Sachen.

2. Das Abdecken der CDs mit dem Werbeprospekt wäre dann eine Wegnahme, wenn hierdurch Gewahrsam des R-Marktes gebrochen und bereits neuer Gewahrsam durch F begründet worden wäre. Nach der Verkehrsanschauung verliert ein Geschäftsinhaber den Alleingewahrsam an seinen Waren nicht bereits durch Verstecken der Ware im oder auf dem Boden des Einkaufswagens. Da das Geschäftspersonal befugt ist, den Inhalt des Einkaufswagens zu kontrollieren, wird der tatsächliche Zugriff des Geschäftsinhabers auf die Sache nicht wesentlich behindert. Bedeutungslos ist insoweit die fehlende Kenntnis des Geschäftsinhabers, wo sich die Gegenstände befinden, solange er nur den ungehinderten Zugriff auf die Sache behält.[17]

Anderes gilt beim Verstecken in mitgeführten Taschen, Behältnissen.

Damit scheidet ein Diebstahl durch Abdecken der CDs aus.

II. F könnte jedoch einen Diebstahl gemäß § 242 Abs. 1 verwirklicht haben, als sie mit den versteckten CDs den Kassenbereich verließ.

Beachte: Neuer Obersatz, da anderes tatsächliches Verhalten

1. Möglicherweise waren die CDs aber zu diesem Zeitpunkt nicht mehr fremd, könnten mithin als taugliche Tatobjekte ausscheiden. Denn zeitgleich zum Kassiervorgang einigte sich das Kassenpersonal – gemäß § 56 HGB als Vertreter für den Geschäftsinhaber – mit der F über den Eigentumserwerb der Waren. Allerdings ist bei Auslegung der Willenserklärungen des Kassenpersonals gemäß §§ 157, 242 BGB zu berücksichtigen, dass eine Übereignung nur derjenigen Waren gewollt war, die wahrgenommen und abrechnungstechnisch erfasst waren, sich mithin nicht auf vorbeigeschmuggelte Waren erstreckte. Somit verblieben die CDs taugliche Tatobjekte.

2. Das Passieren des Kassenbereichs müsste sich des Weiteren als eine Wegnahme darstellen.

Dann hätte die F fremden Gewahrsam brechen und neuen Gewahrsam begründen müssen.

„Wegnahme" mit zwei Problemen

---

17 Fischer § 242 Rdnr. 13.

Dies könnte in zweierlei Hinsicht zweifelhaft sein: Das Kassenpersonal fertigte die F mitsamt Einkaufswagen vollständig ab, ließ sie also „ziehen"; im Übrigen wurde die F von einem einsatzbereiten Warenhausdetektiv bei der Tat beobachtet.

a) Eine Wegnahme setzt einen Gewahrsamswechsel unter Bruch fremden Gewahrsams voraus, der Täter muss also gegen oder ohne Willen des bisherigen Gewahrsamsinhabers den Herrschaftswechsel herbeiführen. Dies könnte angesichts des Kassiervorgangs durchaus zweifelhaft sein.

Begründung

aa) So wird vertreten,[18] dass in der Abfertigung der F durch das Kassenpersonal ein tatbestandsausschließendes Einverständnis (= Vermögensverfügung) läge, das sich auf den gesamten Inhalt des Einkaufswagens erstreckt, mithin auch auf die versteckten CDs. Hierfür ließe sich anführen, dass das Kassenpersonal faktisch und rechtlich die Aufgabe hat, die Waren im Einkaufswagen zu kontrollieren und abzurechnen. Mit der Abfertigung habe diese Willensbildung schließlich stattgefunden. Danach wäre vorliegend ein Diebstahl abzulehnen und ein Betrug zu prüfen.

Fallrelevanz?

Begründung

bb) Demgegenüber lehnt die h.M.[19] ein tatbestandsausschließendes Einverständnis in Fällen wie dem vorliegenden ab, da das Kassenpersonal nicht den Willen habe, den Gewahrsam über den konkreten Gegenstand, hier die versteckten CDs, aufzugeben. Wer nichts von der versteckten Ware wisse, verfüge nicht irrtumsbedingt hierüber, sondern verfüge überhaupt nicht.

Stellungnahme ist erforderlich

cc) Mit der h.M. ist vorliegend ein tatbestandsausschließendes Einverständnis abzulehnen. Ein vermeintlich genereller Verfügungswille in Bezug auf den gesamten Inhalt des Einkaufswagens ist als bloße Fiktion abzulehnen. Vielmehr konkretisiert das Kassenpersonal seinen Verfügungswillen grds. dadurch, dass die Preise der vorgelegten Ware eingetippt bzw. eingescannt und dem Kunden berechnet werden. Nur auf diese Waren bezieht sich überdies der Abschluss des Kaufvertrags.

Zwischenergebnis

Infolgedessen könnte trotz der Willensbildung des Kassenpersonals von einem Gewahrsamsbruch ausgegangen werden.

3. Fraglich bliebe aber, wie sich die Beobachtung durch den Warenhausdetektiv auswirkt.

Beachte: Die Annahme eines Einverständnisses ist grob falsch: Der Detektiv ist niemals einverstanden!

Fallrelevanz

a) Angesichts der Beobachtung und hieraus resultierender jederzeitiger Zugriffsmöglichkeit durch den Berechtigten (oder Hilfspersonal) wird die Annahme eines vollendeten Diebstahls zum Teil abgelehnt.[20] Es läge in der Regel nur eine Gewahrsamslockerung, keinesfalls schon ein Herrschaftswechsel vor, wie überdies die regelmäßige Sicherung der Beute noch im Warenhaus durch das Personal belege. Danach läge ein versuchter Diebstahl vor.

b) Die h.M.[21] bejaht dagegen einen vollendeten Diebstahl. Nach den Anschauungen des täglichen Lebens ist ein Täter Träger der alleinigen Sachherrschaft, wenn er mit „seinem Einkaufswagen" nach der Abfertigung den

---

18 OLG Dresden NJW 1988, 922; NStZ 1993, 286.
19 BGHSt 41, 198.
20 Sch/Sch/Eser/Bosch § 242 Rdnr. 40.
21 BGHSt 16, 271; Fischer § 242 Rdnr 18.

Kassenbereich verlässt. Jeder Dritte wird diese für ihn fremde Herrschaftssphäre als Tabuzone respektieren.

Hiernach verbliebe es bei der Begehung einer vollendeten Wegnahme.

Fallrelevanz

c) Überzeugender ist die Annahme einer bereits vollendeten Wegnahme, wie eine mögliche Weigerung des Täters zur Rückgabe der mitgenommenen Gegenstände verdeutlicht: Das Herausgabebegehren müsste angesichts der tatsächlichen Herrschaftsbeziehung des Täters zur Sache gegebenenfalls mit Gewalt durchgesetzt werden.

Stellungnahme: Keine „Kraftausdrücke" wie „abwegig" benutzen

Im Ergebnis ist daher von einer vollendeten Wegnahme auszugehen.

4. F handelte vorsätzlich und in rechtswidriger Zueignungsabsicht.

5. Rechtswidrigkeit und Schuld sind gegeben.

Ergebnis: F hat einen Diebstahl begangen.

III. Betrug gemäß § 263 durch Vorbeischmuggeln an der Kasse?

Vermeide schwereren Fehler: Es wird kein Geltendmachen eines Anspruchs aus § 433 Abs. 2 BGB unterlassen, da es mangels Einigung keinen Kaufvertrag gibt!

Schlüssig getäuscht hat F die Verkäuferin über den Umfang der von ihr zu bezahlenden Waren. Die Verkäuferin ist auch einem entsprechenden Irrtum unterlegen. Die Verkäuferin müsste aber auch eine irrtumsbedingte Vermögensverfügung vorgenommen haben. Dafür ist – deckungsgleich mit dem Einverständnis bei der Wegnahme – erforderlich, dass sie das Bewusstsein hatte, über den Gewahrsam an den CDs zu disponieren. Dieses sog. Verfügungsbewusstsein ist täuschungsbedingte Erlangung von Sachen, deshalb Voraussetzung des Betruges, damit das zwischen Diebstahl als Fremdschädigungsdelikt und Betrug als Selbstschädigungsdelikt geltende Exklusivitätsverhältnis erhalten bleibt. Im vorliegenden Fall war der Verkäuferin aber gerade nicht bewusst, dass die F auch noch CDs in ihrem Warenkorb hatte. Mangel Verfügungsbewusstsein scheidet Betrug aus.

Ergebnis: F hat einen Diebstahl gemäß § 242 Abs. 1 begangen.

Fall 5: Versuchter Betrug beim Tanken ohne zu bezahlen
(BGH NStZ 2009, 604)

Der A fuhr mit seinem Pkw gegen 0.23 Uhr auf ein durch Video überwachtes Tankstellengelände. Während sein Beifahrer B das Fahrzeug betankte, versuchte A im Verkaufsraum den Kassierer abzulenken. Als dieser misstrauisch wurde, verließ A den Verkaufsraum, rannte zu seinem Fahrzeug und fuhr sodann mit B einem vorgefassten Tatplan folgend davon, ohne den Kaufpreis i.H.v. 48,53 € zu entrichten.

Strafbarkeit der Beteiligten

1. Handlungsabschnitt: Der Tankvorgang

A. Strafbarkeit des B

Die Beteiligten sind in der Prüfung zu trennen: B nimmt den Tankvorgang unmittelbar selbstständig in eigener Person vor; für Mittäterschaft ist (noch) kein Raum.

I. B könnte einen Diebstahl gemäß § 242 Abs. 1 begangen haben, als er tankte, ohne selbst bzw. durch A bezahlen zu wollen.

1. Dann müsste das Benzin, das eine bewegliche Sache darstellt, zum Zeitpunkt des Tankvorganges fremd gewesen sein.

Fremd ist eine Sache, wenn sie im (Allein-, Mit- oder Gesamthands-)Eigentum eines anderen steht. Vor dem Tankvorgang stand das Benzin im Alleineigentum des die Tankstelle betreibenden Mineralölunternehmens. Dieses Eigentum könnte aber durch den Tankvorgang übergegangen sein.

Beachte: Verarbeitung/Vermischung führen i.d.R. zum Miteigentum, schließen also Diebstahl nicht aus.

a) Sofern A als Eigentümer des Fahrzeugs durch das Tanken gemäß §§ 947, 948 BGB gesetzlich Eigentum erworben hat – durch die Vermischung des in dem Tank schon befindlichen Benzins bestand Miteigentum des A und des Mineralölunternehmens an der Gesamtmenge – ändert dies nichts an der Tauglichkeit des Benzins als Tatobjekt: Eine im Miteigentum stehende Sache ist stets auch fremd i.S.d. § 242.

b) A könnte aber durch den Tankvorgang rechtsgeschäftlich gemäß § 929 S. 1 BGB durch Einigung und Übergabe Alleineigentum erworben haben.

So wird zum Teil vertreten,[22] dass schon das Bereitstellen der Zapfanlage ein Angebot auf Eigentumsübertragung sei, welches der Kunde rechtsgeschäftlich durch Tanken annehme; demnach hätte A, vertreten durch den tankenden B, bereits mit dem Tanken Alleineigentum am Benzin erworben.

Der BGH hat diese Frage bislang ausdrücklich offengelassen (NJW 1998, 2827): „*... Ob mit dem Einfüllen bereits das Eigentum an dem Benzin erlangt wird (so OLG Düsseldorf NStZ 1982, 249, Herzberg in JA 1980, 385 ff.; a.A. OLG Hamm, Urteil vom 29. November 1982 – 1 Ss 905/82, Leitsatz in NJW 1983, 583; Deutscher in JA 1983, 125 ff.), kann ... dahingestellt bleiben*"

Mit der überwiegenden Ansicht[23] ist jedoch von der Fremdheit des Benzins auszugehen: Der Eigentumsübergang tritt erst bei Bezahlung des Kaufpreises ein, da beim Tanken bis zur Bezahlung an der Kasse ein Eigentumsvorbehalt als vereinbart (§§ 157, 242 BGB) anzusehen ist.

2. B müsste das Benzin weggenommen, mithin Gewahrsam gebrochen und neuen, nicht notwendig tätereigenen Gewahrsam begründet haben.

Die Neubegründung steht außer Frage: Mit Beendigung des Tankvorganges übte A über dieses Benzin alleinige Sachherrschaft in „seinem" Fahrzeug aus.

---

22 OLG Düsseldorf NStZ 1985, 279; Herzberg JA 1980, 389.

23 OLG Hamm NStZ 1998, 266; OLG Koblenz NStZ-RR 1998, 364; Fischer § 242 Rdnr. 24.

Dagegen könnte aber der Gewahrsamsbruch mit dem notwendig entgegenstehenden Willen angesichts der tatsächlichen Willensbildung durch den jeweiligen Mitarbeiter vor Ort – Einverständnis? – als Träger der Sachherrschaft zweifelhaft sein.

Beachte: Träger der Sachherrschaft kann nur eine natürliche Person sein: Tankstellenpächter, Kassierer etc.
Das Mineralölunternehmen als juristische Person kann diese Sachherrschaft nicht ausüben.

Während auch hier eine Minderansicht[24] in Parallele zum bedingten Eigentumserwerb von einem nur bedingten Willen zur Übertragung der Sachherrschaft ausgeht und eine Wegnahme bejaht,[25] lehnt die überwiegende Ansicht[26] eine derartig bedingte tatsächliche Willensbildung ab und nimmt dagegen – ausgehend von der tatsächlichen Willensbildung des Tankstellenpersonals – ein tatbestandsausschließendes Einverständnis an, wobei der BGH in Abgrenzung zu einem möglichen Betrug hierfür sogar auf das äußere Erscheinungsbild der Tat[27] abstellt, wonach es sich bei den Tankfällen um ein durch Täuschung bewirktes Geben (§ 263) und nicht um ein Nehmen im Sinne eines Gewahrsamsbruchs (§ 242) handelt.[28]

Diese Abgrenzung nimmt der BGH eigentlich bei Raub/Erpressung vor, bezieht dieses jedenfalls für das generelle Einverständnis in den Gewahrsamswechsel auch auf Diebstahl/Betrug!

Damit ist nach überwiegender Ansicht eine Wegnahme durch B abzulehnen, Diebstahl scheidet aus.

II. B könnte einen Betrug gemäß § 263 Abs. 1 begangen haben, als er die Zapfpistole aus der Halterung nahm und den Tankvorgang startete.

Dann müsste er durch Täuschung einen entsprechenden Irrtum bei einem Menschen erregt haben.

Indem B als Kunde auftritt und sich wie ein solcher verhält, bringt er durch schlüssiges Verhalten zum Ausdruck, dass er oder A den Kraftstoff nach Erhalt bezahlen werde. Durch dieses Vortäuschen tatsächlich nicht vorhandener Zahlungsbereitschaft erweckt der Täter i.d.R. bei dem Mitarbeiter der Tankstelle einen entsprechenden Irrtum mit der Folge, dass ihm das Einfüllen gestattet wird.

Etwas anderes mag gelten, wenn der Täter die erkannte Abwesenheit des Personals ausnutzt: Dann fehlt ihm es bereits an der Täuschung.

Diese Vorstellung als Folge der Täuschungshandlung kann aber nur gebildet werden, wenn die Handlung des Tankens von dem Tankstellenbetreiber oder dessen Mitarbeiter überhaupt wahrgenommen wurde. Eine derartig konkrete Wahrnehmung kann auch nicht allgemein aus den übrigen Umständen – wie Tageszeit, Videoüberwachung etc. – ersetzt werden.

Vorliegend hatte der Kassierer den Tankvorgang nicht bemerkt, er war durch das Ablenkungsmanöver des A in seiner Wahrnehmung beschränkt.

Eine Strafbarkeit wegen vollendeten Betruges scheidet aus.

III. B könnte durch den Tankvorgang einen ausdrücklich unter Strafe gestellten versuchten Betrug gemäß §§ 263 Abs. 1, 2, 22, 23 Abs. 1 begangen haben.

1. B hatte den Tatentschluss gefasst, das Kassenpersonal über die Zahlungsbereitschaft zu täuschen; irrtumsbedingt sollte eine Vermögensverfügung durch Dulden des Tankens vorgenommen werden, durch die ein entsprechender Vermögensnachteil im Vermögen des Tankstellenbetrei-

24 Herzberg a.a.O.
25 Auch Schroeder JuS 1984, 847 im Falle unbeobachteten Tankens.
26 Fischer § 242 Rdnr. 24.
27 BGH NJW 1983, 2827.
28 Vgl. BGHSt 17, 205, 209.

bers eintreten sollte. B handelte zugleich mit der Absicht, den A zu Unrecht zu bereichern. Mit dem Beginn des Tankvorganges hat B auch nach seiner Vorstellung von der Tat unmittelbar zur Tatbegehung angesetzt.

B handelte rechtswidrig und schuldhaft.

Der BGH ist ausdrücklich Entscheidungen verschiedener OLGe entgegengetreten, die eine Anhebung der Grenze auf 50 € vorsahen.

2. Angesichts des eingetretenen Schadens in Höhe von nur 48,53 € könnte gemäß §§ 263 Abs. 4, 248 a erwogen werden, die Tat unter besondere Verfolgungsvoraussetzungen zu stellen. Allerdings zieht der BGH die Grenze der Geringwertigkeit derzeit bei 25 €.[29]

Ergebnis: B ist wegen versuchten Betruges gemäß §§ 263 Abs. 1, 2, 22, 23 Abs. 1 strafbar.

B. Strafbarkeit des A

I. Ein Betrug durch Ablenken des Kassierers scheidet schon mangels Täuschung über Tatschen aus, da Einzelheiten dieses Ablenkmanövers unklar sind.

II. Da A und B absprachegemäß miteinander handelten und jeder seinen Beitrag erbrachte, muss sich A nach den Grundsätzen der Mittäterschaft das Handeln des B zurechnen lassen, und ist wegen versuchten Betruges in Mittäterschaft gemäß §§ 263 Abs. 1, 2, 25 Abs. 2, 22, 23 Abs. 1 strafbar.

2. Handlungsabschnitt: Verlassen des Tankstellengeländes

BGH: tatbestandslose Zweitzueignung
H.L.: mitbestrafte Verwertungstat

Beachte: Angesichts der unterschiedlichen Handlungen (Betanken/Wegfahren) kein Fall der formellen Subsidiarität.

A und B könnten gemeinschaftlich eine Unterschlagung gemäß §§ 246 Abs. 1, 25 Abs. 2 begangen haben, indem sie mit dem getankten Benzin davon fuhren. Allerdings ist dabei zu beachten, dass beide Täter schon beim Einfüllen den Willen hatten, sich das Benzin zuzueignen und die anschließende Verwertungshandlung eine tatbestandslose Zweitzueignung darstellt[30] oder aber als notwendige Verwertungstat auf Konkurrenzebene zurück tritt.

Ergebnis: A und B sind wegen gemeinschaftlichen versuchten Betruges gemäß §§ 263 Abs. 1, 25 Abs. 2, 22, 23 Abs. 1 strafbar.

---

29 Fischer § 248 a Rdnr. 3 m.w.N.
30 So der BGH NJW 1983, 2827.

Fall 6: Besonders schwerer Diebstahl bei Nutzung des richtigen Tresorschlüssels durch Unbefugten

(BGH NStZ 2011, 36)

A wollte Geld aus der Postfiliale entwenden, in der sie am Schalter eingesetzt war. Sie nahm heimlich 11.000 € Bargeld an sich. Dann bat sie ihren Kollegen darum, sie beim Bedienen eines Kunden am Schalter zu vertreten. Diese Ablenkung nutzte sie aus, um unbeobachtet den in der offenen Kasse am Schalter ihres Kollegen liegenden Schlüssel zum Haupttresor an sich zu nehmen, den sie grundsätzlich nicht benutzen durfte. Sie öffnete damit den Tresor, entnahm daraus 113.000 € Bargeld und ließ den Schlüssel wie geplant im Tresorschloss stecken. Mit der gesamten Beute verließ sie die Postfiliale und floh.

Strafbarkeit der A?

I. Durch das **Ansichnehmen der 11.000 €** könnte A einen **Diebstahl** gemäß **§ 242 Abs. 1** begangen haben.

1. Die Geldscheine waren für A **fremde, bewegliche Sachen**.

2. Diese Geldscheine müsste A **weggenommen** haben. Wegnahme bedeutet Bruch fremden und gleichzeitige oder spätere Begründung neuen Gewahrsams, wobei unter Gewahrsam die tatsächliche Sachherrschaft zu verstehen ist, die auch – je nach Einzelfall – von mehreren Personen gleichrangig oder nachrangig ausgeübt werden kann.

Vorliegend war A an einem (Kassen-)Schalter tätig und tatsächlich in der Lage, Geldscheine an Kunden herauszugeben. Dieses könnte für die Annahme einer **alleinigen Sachherrschaft** sprechen; anderseits dürfte der arbeitsrechtlich übergeordnete Filialeiter/in der Postfiliale ebenfalls jederzeit tatsächlich in der Lage gewesen sein, tatsächlichen Zugriff auf die Geldscheine zu nehmen. Angesichts dieser tatsächlichen Gegebenheiten und arbeitsrechtlichen Ausgestaltung wird ein Filial- bzw. Niederlassungsleiter in der Regel **übergeordneten Mitgewahrsam** ausüben,[31] sodass das Ansichnehmen der Geldscheine durch einen **untergeordneten Arbeitnehmer** als **Bruch des übergeordneten Mitgewahrsams** des Geschäftsherrn anzusehen ist. Mithin hat A die Geldscheine weggenommen.

Ein typisches Klausurproblem stellen die unterschiedlichen Gewahrsamsverhältnisse im Geschäftsleben dar: Alleingewahrsam oder – gestufter – Mitgewahrsam beim Kassierer, Ladenangestellten, Auslieferungsfahrer.

3. A verwirklichte den subjektiven Tatbestand, sie handelte rechtswidrig und schuldhaft.

A ist eines Diebstahls gemäß § 242 Abs. 1 schuldig.

Die Prüfung eines Betruges ist entbehrlich, da die Täuschung des Kassierers keine unmittelbare Vermögensverfügung bei ihm auslöste.

II. Durch die **Ansichnahme des Schlüssels** könnte A einen weiteren Diebstahl gemäß § 242 Abs. 1 hieran begangen haben.

1. A hatte den Schlüssel, eine fremde, bewegliche Sache, mittels Wegnahme an sich gebracht.

2. A handelte auch vorsätzlich. Außerdem müsste sie in der Absicht gehandelt haben, sich (oder einen Dritten) den Schlüssel rechtswidrig **zuzueignen**. Diese Absicht setzt voraus, dass der Täter mit zumindest bedingtem

In Klausuren kommt es häufig vor, dass der Täter eine Sache wegnimmt, um an einen anderen Gegenstand zu gelangen.

31 Vgl. RGSt 60, 271; BGH wistra 1983, 190.

Dann ist in der Regel eine Abgrenzug zur Gebrauchsanmaßung (furtum usus) vorzunehmen.

Die Gebrauchsanmaßung – furtum usus – wird vielfach von Klausurbearbeitern an der Aneignungskomponente verortet. Das ist aber falsch, da der bestimmungsgemäße Gebrauch einer Sache deren Aneignung bedeutet: **se ut dominum gerere!**

Beachte die Parallele: Enteignung des Wertes eines **Sparbuchs** bei Vorlage und Auszahlung des Guthabens, dagegen keine Enteignung des Wertes bei Nutzung einer EC-Karte als Schlüssel zum Geld im Geldautomaten.

Das Regelbeispiel ist nach der Schuld im Rahmen der „Strafe" zu prüfen.

Vorsatz eine **dauerhafte Enteignung** des Berechtigten sowie eine – zumindest vorübergehende – **Aneignung** geplant haben muss.

a) Gegen die Annahme einer Aneignungsabsicht bestehen keine Bedenken, da der **geplante bestimmungsgemäße Gebrauch** einer weggenommenen Sache zugleich bedeutet, dass diese der eigenen Verfügungsmacht – und sei es auch nur vorübergehend – einverleibt werden soll.

b) Indes ist zweifelhaft, ob A auch mit **Enteignungsvorsatz** handelte, da sie von Beginn an geplant hatte, den Schlüssel zurückzulassen. Damit war von ihr keine auf **Dauer angelegte Enteignung der Sachsubstanz** gewollt. Eine dauerhafte Enteignung könnte lediglich erwogen werden, wenn sich durch Nutzung des Schlüssels ein in ihm **verkörperter Sachwert** verringert hätte. Dies ist abzulehnen: Der Tresorschlüssel verkörpert nicht den Vermögenswert, der sich im Tresor befindet, sondern er schafft nur die faktische Möglichkeit, an den Inhalt des Tresors zu gelangen. Dieser Wert wird durch Nutzung nicht verändert.

Ein Diebstahl am Schlüssel scheidet aus.

III. Durch die **Ansichnahme der Geldscheine** aus dem Tresor könnte A hieran einen Diebstahl gemäß **§ 242 Abs. 1** begangen haben.

1. A hat fremde bewegliche Sachen – die Geldscheine – vorsätzlich und mit der Absicht rechtswidriger Zueignung weggenommen; zugleich handelte sie rechtswidrig und schuldhaft.

2. Außerdem könnte A einen **besonders schweren Fall des Diebstahls** gemäß **§ 243 Abs. 1 S. 2** verwirklicht haben.

a) § 243 Abs. 1 S. 2 Nr. 1 regelt den sog. **Einbruchsdiebstahl:** Danach muss sich der Täter illegal Zugang in einen umschlossenen Raum – einbrechen, einsteigen eindringen mit falschem Schlüssel – verschaffen oder sich in ihm illegal verborgen halten. In Abgrenzung zu § 243 Abs. 1 S. 2 Nr. 2 – Behältnis – setzt ein **umschlossener Raum** die Eigenschaft voraus, **von Menschen betreten** werden zu können. Damit scheidet bereits Nr. 1 vorliegend aus, ein Tresor stellt kein derartiges Raumgebilde dar.

b) A könnte eine Sache gestohlen haben, die durch ein **verschlossenes Behältnis gegen Wegnahme besonders gesichert** ist, § 243 Abs. 1 S. 2 Nr. 2. Ein Tresor dient als Behältnis der Sicherung vor unbefugtem Zugriff. A hatte diesen Tresor nicht mit Gewalt aufgebrochen, sondern ihn mit dem dazugehörigen Schlüssel ohne weitere Überwindung der Sicherung aufgeschlossen. Angesichts des Wortlauts des § 243 Abs. 1 S. 2 Nr. 2 und seines Regelungssinn reicht diese Vorgehensweise aber aus: Der Täter muss – sofern er nicht sogar die Sache mitsamt dem Behältnis stiehlt – die Sicherung überwinden, dabei kommt es nicht darauf an, wie er das bewirkt.

A hat §§ 242 Abs. 1, 243 Abs. 1, 2 Nr. 2 verwirklicht.

IV. Eine **Unterschlagung** gemäß **§ 246 Abs. 1** durch Verlassen der Postfiliale scheidet als tatbestandslose **Zweitzueignung** (so BGH) oder **mitbestrafte Verwertungstat** aus.[32]

Ergebnis: A ist wegen §§ 242, 243 Abs. 1 S. 2 Nr. 2 strafbar (natürliche Handlungseinheit).

32 Vgl. zum Meinungsstand Fischer § 246 Rdnr. 14.

Fall 7: Die Diebesfalle
(OLG Düsseldorf NStZ 1999, 237)

Nachdem verschiedene Mitarbeiter einer Videothek in den Verdacht geraten waren, Diebstähle an DVDs begangen zu haben, wollte der Inhaber einen Mitarbeiter auf die Probe stellen: Der Geschäftsinhaber gab dem K die Schlüssel zur Videothek, um nach Geschäftsschluss „nach dem Rechten" sehen zu können. Mittels des ihm überreichten Schlüssels betrat der K – von Dritten im Auftrage des Geschäftsinhabers beobachtet – nach Geschäftsschluss das Ladenlokal und verpackte sieben DVDs im Gesamtwert von 32 € in eine Plastiktüte; beim Herausgehen brach er mit einem Schraubendreher, der zuvor auf dem Tresen der Videothek gelegen hatte, einen Süßigkeitenautomaten auf und entnahm diesem einen Schokoriegel im Werte von 0,70 €, den er sofort verspeiste. Er verließ die Videothek. Bei der Durchsuchung wurden am nächsten Tag die mitgenommenen DVDs bei K gefunden.

Strafbarkeit des K?

I. K könnte einen Diebstahl gemäß § 242 Abs. 1 begangen haben, als er die sieben DVDs in die Plastiktüte verstaute und die Geschäftsräume verließ.

1. Die sieben DVDs waren für den K fremde bewegliche Sachen.

2. Diese Gegenstände müsste der K weggenommen, mithin Gewahrsam hieran gebrochen und neuen Gewahrsam begründet haben.

a) Spätestens mit Verlassen der Videothek und dem Abtransport der sieben DVDs begründete der K eigene, gesicherte Sachherrschaft, getragen von einem Herrschaftswillen.

Frühere Zeitpunkte (Ergreifen?) mögen theoretisch bedeutsam sein, tragen zur Falllösung aber nichts bei.

b) Fraglich könnte allerdings sein, ob die Begründung neuen Gewahrsams auch zugleich unter den Voraussetzungen eines notwendigen Gewahrsamsbruchs erfolgte.

Dann müsste K gegen oder ohne den Willen des bisherigen Gewahrsamsinhabers diesen von der Sachherrschaft ausgeschlossen haben.

Unterscheide: Diebesfalle (Problem: Einverständnis) und beobachteter Warenhausdiebstahl (kein Einverständnis, sondern: wann Vollendung?)

Vorliegend ist aber zu berücksichtigen, dass der Geschäftsinhaber als Gewahrsamsinhaber und Eigentümer der DVDs es darauf angelegt hatte, dass K DVDs an sich bringen sollte. Um ihn besser überführen zu können, händigte er zuvor den Schlüssel aus. Damit handelte der K objektiv ersichtlich nicht gegen oder ohne Willen des Geschäftsinhabers, im Gegenteil: Der Geschäftsinhaber war tatsächlich damit einverstanden, dass K DVDs an sich nahm, um ihn später besser überführen zu können. Insofern verhält sich die real gefasste Willensbildung des Geschäftsinhabers anders als in den Fällen des beobachteten Warenhausdiebstahls: Während dort der Sachherrschaftsinhaber – regelmäßig ein Detektiv – zufällig den Täter bei dessen Tun beobachtet und ihn aus Beweissicherungsgründen gewähren lässt (ohne mit einem Herrschaftswechsel tatsächlich einverstanden zu sein), legt es der jeweilige Gewahrsamsinhaber bei einer Diebesfalle darauf an, dass der mögliche Täter die Sachherrschaft vollständig gewinnt, denn nur so kommt der jeweilige Sachherrschaftsinhaber zu seinem Ziel, den potenziellen Täter des Diebstahls zu überführen.

Mithin scheidet vorliegend eine Wegnahme und damit vollendeter Diebstahl aus.

Beachte: Bei Ablehnung des objektiven Tatbestandes stets an Versuch denken!

Wortlaut des § 22 aufnehmen!

II. K könnte einen versuchten Diebstahl gemäß §§ 242 Abs. 1, 22 begangen haben, als er die Videokassetten an sich nahm.

Die Versuchsstrafbarkeit folgt aus § 242 Abs. 2.

1. K hatte den Tatentschluss, eine fremde bewegliche Sache – nämlich sieben DVDs – gegen den Willen des Gewahrsamsinhabers an sich zu bringen und neue Sachherrschaft zu begründen; zugleich hatte er den weitergehenden Entschluss, sich diese sieben DVDs rechtswidrig – ohne zivilrechtlichen Anspruch hierauf – zuzueignen.

Nach seiner Vorstellung vom Tatgeschehen setzte er überdies unmittelbar zur Tatbestandsverwirklichung an, als er die DVDs ergriff.

2. K müsste rechtswidrig gehandelt haben.

Sehr selten!

Herkömmliche Rechtfertigungsgründe (§§ 32, 34) scheiden aus; es könnte jedoch erwogen werden, die Tat des K nach den Grundsätzen einer Einwilligung als gerechtfertigt anzusehen.

Die Einwilligung des Verletzten als Rechtfertigungsgrund ist ausdrücklich nur für die Körperverletzung in § 228 geregelt; sie hat aber als Verzicht des Verletzten auf Rechtsschutz auch in anderen Tatbeständen unter Umständen eine rechtfertigende Wirkung. Insoweit ist anerkannt, dass eine Einwilligung in die Zueignung fremder Gegenstände sich als Rechtfertigungsgrund bei der Begehung eines Eigentumsdelikts (Diebstahl/Unterschlagung) auswirken könnte. Vorliegend ist aber zu berücksichtigen, dass der Geschäftsinhaber lediglich mit einem Sachherrschaftswechsel einverstanden war, keinesfalls aber einen Eigentumsverlust herbeiführen wollte. Infolgedessen ist das Vorliegen einer rechtfertigenden Einwilligung abzulehnen.

3. K handelte schuldhaft.

Fehlt ein Hinweis im Sachverhalt auf gestellte Strafanträge, dann erörtern!

4. Fraglich könnte des Weiteren sein, ob der begangene versuchte Diebstahl unter der Verfolgungsvoraussetzung des § 248 a – Strafantrag des Verletzten oder Bejahen des öffentlichen Interesses durch die Staatsanwaltschaft – steht; dann müsste sich der versuchte Diebstahl auf eine geringwertige Sache bezogen haben.

Vor der Währungsumstellung von DM auf EUR war nahezu unstreitig, dass die Wertgrenze bei 50,00 DM anzusiedeln war. Nach der Währungsumstellung ist die Rechtsprechung hierzu (noch) nicht einheitlich: Während der Bundesgerichtshof[33] die am objektiven Wert zu bemessende Geringwertigkeitsgrenze bei 25 € ansiedelt, haben Oberlandesgerichte die Wertgrenze nach oben verschoben, so auf 30 € (OLG Oldenburg[34]), gar auf 50 € (OLG Hamm[35]).

Bedenke: Der halbe Wochenlohn eines geringfügig Beschäftigten beträgt 50 Euro!

Nach den Grundsätzen der Rechtsprechung des Bundesgerichtshofs handelt es sich vorliegend nicht um eine geringwertige Sache i.S.d. § 248 a. Ein Strafantrag ist folglich nicht erforderlich. K hat sich wegen versuchten Diebstahls an den Videokassetten gem. §§ 242 Abs. 1, 22 strafbar gemacht.

III. K könnte weiter einen Diebstahl gemäß § 242 Abs. 1 am Schokoriegel begangen haben.

---

33 BGHR StGB § 248 a, Geringwertig 1.
34 OLG Oldenburg NStZ-RR 2005, 111.
35 OLG Hamm NJW 2003, 435.

1. Durch Entnahme des Schokoriegels und zeitgleiches Verspeisen nahm der K eine fremde bewegliche Sache in rechtswidriger Zueignungsabsicht weg; er handelte auch vorsätzlich.

Urteilsstil

2. K handelte rechtswidrig und schuldhaft.

3. Die Strafe des K könnte besonders zu schärfen sein, wenn er den Diebstahl unter den erschwerten Voraussetzungen des § 243 Abs. 1 S. 2 begangen hätte.

Genaue Gesetzesangabe: § 243 Abs. 1 S. 2 Nr. 1–7

Ein besonders schwerer Fall des Diebstahls liegt in der Regel vor, wenn der Täter bei Begehung des Diebstahls eines der in den Nummern 1–7 genannten Beispiele des § 243 Abs. 1 verwirklicht hat.

§ 243 ist erst in der Strafe nach Tatbestand, Rechtswidrigkeit und Schuld zu prüfen!

Vorliegend könnte das Regelbeispiel des § 243 Abs. 1 S. 2 Nr. 2 einschlägig sein: Dann müsste K eine Sache gestohlen haben, die gegen Diebstahl besonders gesichert war.

Vorliegend erfüllte der Warenautomat neben anderen auch eine Diebstahlssicherungsfunktion, zumal K mittels des Schraubendrehers gezielt Gewalt gegen die Sache anwenden musste, um an das Diebstahlsobjekt zu gelangen.

Allerdings könnte eine Strafschärfung nach § 243 Abs. 2 ausgeschlossen sein, wenn sich die Tat auf eine geringwertige Sache bezog. Angesichts des Wertes des Schokoriegels bestehen an der Geringwertigkeit keinerlei Zweifel. Fraglich könnte allerdings sein, ob sich die „Tat" auf eine geringwertige Sache bezog, da K immerhin die Videothek betreten hatte, um auch DVDs, diese jenseits der Geringwertigkeitsgrenze, zu entwenden. Hierbei ist zu berücksichtigen, dass K zunächst die Videothek ohne Verwirklichung von Regelbeispielen des § 243 Abs. 1 S. 2 betrat, um DVDs zu stehlen. Nachdem er diese in die Plastiktüte gesteckt hatte, fasste er einen neuen, eigenständigen Entschluss, nunmehr einen Diebstahl in einem besonders schweren Fall zu begehen, als er mit dem Schraubendreher den Warenautomaten aufbrach. Dieser neue Entschluss stellt im Gesamtgeschehen – sei es auch eine natürliche Handlungseinheit – eine Zäsur dar und eröffnet eine eigenständige Betrachtung. Mithin ist bei der Verwirklichung des Regelbeispiels zum Zeitpunkt des Aufbruchs des Automaten lediglich der in Aussicht genommene Schokoriegel als Objekt bedeutsam.

Wortlaut beachten!

So verhielte es sich auch bei einem erfolgten Rücktritt!

Es verbleibt mithin bei einem vollendeten Diebstahl bezüglich des Schokoriegels, wegen dessen Geringwertigkeit ohne Strafschärfung aus § 243 Abs. 1.

IV. Durch das Aufbrechen des Automaten beging K eine Sachbeschädigung gemäß § 303 Abs. 1.

V. Dagegen scheidet eine Strafbarkeit wegen Hausfriedensbruchs gemäß § 123 Abs. 1 aus, da K nicht in die Geschäftsräume „eindrang": Dieses setzte einen entgegenstehenden Willen des Hausrechtsinhabers voraus, der vorliegend nicht gegeben war, da der Geschäftsinhaber dem K sogar den Schlüssel zum Betreten der Geschäftsräume übergeben hatte.

Ergebnis: K hat sich der Begehung eines versuchten Diebstahls (§§ 242 Abs. 1, Abs. 2, 22), eines Diebstahls (§ 242 Abs. 1) und einer Sachbeschädigung (§ 303) schuldig gemacht. Die drei Taten stehen zueinander im Verhältnis der Tateinheit gemäß § 52, da das Gesamtgeschehen in der Videothek nach natürlicher Betrachtung als nur eine Tat zu bewerten ist.

Nicht **„Idealkonkurrenz"**, der amtliche Gesetzestext formuliert in § 52 **„Tateinheit"**.

Fall 8: Gewahrsamsverhältnisse bei Auslieferungsfahrt und fehlende Zueignungsabsicht bei geplanter Rückführung
(BGHSt 19, 387)

A war angestellter Auslieferungsfahrer eines Elektrohandels in Hamburg. Er musste pro Tag ca. 20 Einzelhändler beliefern. Hierfür belud er morgens sein Auslieferungsfahrzeug mit den entsprechenden Elektroartikeln und verließ sodann das Geschäftsgelände, um die Auslieferungstouren vorzunehmen. Nach der letzten Auslieferungsfahrt kam er regelmäßig auf das Geschäftsgelände zurück. Der Elektrohandel stellte ihm frei, in welcher Reihenfolge er die Waren an die Kunden auslieferte. Während einer dieser Fahrten veräußerte der A einen CD-Player im Werte von 120 € an den eingeweihten X. Nachdem seinem Arbeitgeber dieses Fehlverhalten bekannt geworden war, wurde ihm fristlos gekündigt. Er musste die Kfz-Schlüssel sowie einen Overall, der den Schriftzug des Elektrounternehmens trug, abgeben. Da er diesen gerne behalten wollte, nahm er einen entsprechenden Overall eines Arbeitskollegen an sich und gab diesen als vermeintlich eigenen seinem ehemaligen Arbeitgeber zurück. Strafbarkeit des A?

Obersatz

I. A könnte einen Diebstahl an dem CD-Player gemäß § 242 Abs. 1 begangen haben, als er dieses Gerät dem eingeweihten X verkaufte.

1. Der CD-Player stellte für A eine fremde bewegliche Sache dar.

2. Fraglich könnte indes sein, ob der A durch Weitergabe des Gerätes an den X dieses auch wegnahm.

Dann müsste er fremden Gewahrsam des Geschäftsinhabers, hier seines Arbeitgebers, gebrochen haben.

Stichwort: Auslieferungsfahrt

Hierbei ist zweifelhaft, ob der Geschäftsinhaber noch tatsächliche Sachherrschaft an den Elektroartikeln hatte oder ob A selbst während seiner Auslieferungsfahrt alleinigen Gewahrsam an diesen Elektroartikeln hatte.

Sachherrschaft bedeutet reale Zugriffsmöglichkeit und enthält keine Elemente der rechtlichen Zueignung.

Die tatsächlichen Sachherrschaftsverhältnisse werden unter Berücksichtigung der Anschauung des täglichen Lebens beurteilt: Danach hängt es entscheidend davon ab, ob der ursprüngliche Gewahrsamsinhaber, hier der Arbeitgeber des A, noch eine tatsächlich reale Zugriffsmöglichkeit auf die auszuliefernden Waren hatte. In der Regel wird dieses zu bejahen sein, wenn der Auslieferungsfahrer faktisch jederzeit unter der tatsächlichen Kontrolle des Geschäftsherrn steht (Beispiel: Geldtransporter durch Funk, vollständig gebundene Fahrtroute mit festen Anlaufzielen, ständige Zugriffsmöglichkeit durch moderne Kommunikationsmittel).

Subsumtion

Vorliegend sollte A im Zuge einer Tagestour im Stadtgebiet verschiedene Kunden anfahren, um dort die Waren auszuliefern, die konkrete Tourzusammenstellung blieb ihm jedoch überlassen. Auch wenn der Arbeitgeber des A nicht jederzeit unmittelbar Zugriff auf die Elektroartikel während der Auslieferungsfahrt hatte, hätte er jederzeit durch kurze Telefonate bei den Endkunden abfragen können, wo sich der Auslieferungsfahrer befindet und entsprechend Zugriff auf ihn und die Ware nehmen können. Infolgedessen ist vorliegend von einer noch bestehenden Sachherrschaft des Elektrounternehmens auszugehen. Der A übte insoweit nur untergeordneten, nachrangigen Gewahrsam für den übergeordneten Gewahrsamsinhaber, das Elektrounternehmen, aus. Infolgedessen brach er diesen übergeordneten fremden Gewahrsam, als er den CD-Player an den eingeweihten X weitergab.

Anderenfalls käme § 246 in Betracht.

3. Auch die übrigen Voraussetzungen des Diebstahls sind gegeben.

Urteilsstil!

Ergebnis: A ist der Begehung eines Diebstahls schuldig.

II. Ein Betrug gemäß § 263 Abs. 1 zulasten des X scheidet aus, da dieser eingeweiht war; mithin täuschte der A den X nicht über Eigentümerrechte.

III. A könnte schließlich einen Diebstahl gemäß § 242 begangen haben, als er seinem Arbeitskollegen den Overall entwendete.

1. Der Overall stellte für A eine fremde bewegliche Sache dar.

2. Diesen nahm er seinem Arbeitskollegen weg, als er dessen alleinigen Gewahrsam brach und neue Sachherrschaft am Overall ausübte.

Eine tatsächliche Sachherrschaft übte er allein aus, nicht etwa der Arbeitgeber!

3. A handelte auch vorsätzlich; zweifelhaft könnte indes sein, ob er insoweit auch in der Absicht rechtswidriger Zueignung handelte.

Hierunter ist die Vorstellung zu verstehen, sich eine eigentümerähnliche Verfügungsmacht über die weggenommene Sache zu verschaffen („se ut dominum gerere"). Der dies anstrebende Täter muss den Willen haben, den wahren Eigentümer auf Dauer von der Sache auszuschließen (Enteignung) und sich selbst oder einen Dritten – sei es auch nur vorübergehend – an dessen Stelle zu setzen (Aneignung).

„se ut dominum gerere" = sich als Eigentümer aufführen

Vorliegend ist nun die Besonderheit zu berücksichtigen, dass A bei Rückgabe des zuvor weggenommenen Overalls jedoch das fremde Eigentum seines Arbeitgebers nicht infrage stellte, es vielmehr anerkannte. Mit Rückgabe des Overalls an den Eigentümer leugnete er nicht dessen Eigentum, er respektierte es vielmehr. Sein Handeln war nicht darauf gerichtet, dem Eigentümer dessen Eigentum vorzuenthalten, vielmehr war sein Handeln daran ausgerichtet, bestehenden Herausgabeansprüchen zu entgehen. Damit verwirklicht der Täter aber kein Eigentumsdelikt.

Anderes gilt bei „Rückverkauf" unter Leugnung des Eigentums (Beispiel.: Umtauschkasse).

Ergebnis: A hat keinen Diebstahl begangen.

IV. A könnte einen Betrug gemäß § 263 Abs. 1 begangen haben, indem er den Overall seines Arbeitskollegen als das vermeintlich ihm überlassene Bekleidungsstück seinem Arbeitgeber zurückgab.

1. A täuschte insoweit über Tatsachen, als er sich als berechtigter Besitzer dieses Overalls ausgab und er erregte in seinem Arbeitgeber einen entsprechenden Irrtum, woraufhin dieser es unterließ, den tatsächlich dem A überlassenen Overall zurückzufordern. Insoweit entstand dem Arbeitgeber auch ein Vermögensschaden, da mit Rückgabe des „falschen" Overalls der Anspruch auf Herausgabe des „richtigen" Overalls keineswegs erlosch.

2. Der subjektiven Tatbestand, Rechtswidrigkeit und Schuld liegen vor.

A hat sich wegen Betruges strafbar gemacht.

V. Die durch Rückgabe des „falschen" Overalls zugleich begangene Unterschlagung tritt als formell subsidiär hinter dem begangenen Betrug zurück.

Ergebnis: A ist der Begehung eines Diebstahls in Tatmehrheit zum Betruges schuldig, §§ 242, 263, 53.

Fall 9: Gebrauchsentwendung einer EC-Karte
(BGHSt 35, 142)

Die A brachte aus dem Schreibtisch im Arbeitszimmer ihres Bruders eine durch Magnetstreifen kodierte EC-Karte an sich. Diese ermöglicht dem Benutzer, von einem Geldautomaten bei Eingabe der dem Kontoinhaber persönlich zugeteilten Geheimnummer im Rahmen eines bestimmten Volumens Beträge bis zu 200 € abzuheben. Die A hob unter Verwendung dieser Karte und der Geheimnummer einmal einen Geldbetrag in Höhe von 150 € ab und behielt das Geld für sich. Sodann legte sie in einem unbeobachteten Augenblick die EC-Karte in den Schreibtisch ihres Bruders zurück. Strafbarkeit der A?

I. Die A könnte einen Diebstahl gemäß § 242 Abs. 1 durch Herausnehmen der EC-Karte aus dem Schreibtisch begangen haben.

1. Die EC-Karte stellte für A eine fremde bewegliche Sache dar, die sie durch Herausnahme aus dem Schreibtisch auch unter den Voraussetzungen eines Gewahrsamsbruchs und neuer Gewahrsamsbegründung wegnahm.

2. Fraglich könnte allerdings sein, ob die A, die überdies vorsätzlich handelte, auch die Absicht hatte, sich diese EC-Karte (rechtswidrig) zuzueignen.

Dann müsste sie mit zumindest bedingtem Vorsatz eine Enteignung der Karte in Aussicht genommen und zugleich die Absicht gehabt haben, sich (oder einem Dritten) diese Sache – gemeint: Karte – anzueignen.

Aneignungswille im Sinne dolus directus 1. Grades

„se ut dominum gerere"

a) A handelte zielgerichtet in der Vorstellung, sich diese Karte anzueignen: Sie nahm diese aus dem Schreibtisch in der Vorstellung, die Karte funktionsgerecht an einem Geldautomaten einzusetzen. Ein derartiger Gebrauch ist typischerweise nur dem Eigentümer vorbehalten, dessen Rechtsstellung sie sich durch Nutzen der Karte anmaßen wollte.

Enteignungsvorsatz im Sinne dolus eventualis reicht!

b) Fraglich bleibt aber, ob dieses Anmaßen einer eigentümerähnlichen Stellung zugleich mit dem Willen einer auf Dauer vorgestellten Enteignung des Eigentümers einherging: Immerhin stellte sich die A bei Begehung der Tat vor, die EC-Karte nach deren Gebrauch dem Bruder zurückzugeben.

Substanztheorie

Stellt man insoweit allein auf die körperliche Sachsubstanz (gegenständlich beschränkt auf die EC-Karte) ab, ist angesichts der geplanten Rückführung der Karte eine dauerhafte Enteignung durch A von vornherein nicht in Aussicht genommen, ein Diebstahl an der Karte mithin abzulehnen.

Sachwerttheorie

Demgegenüber könnte auf einen möglicherweise in der weggenommenen Sache verkörperten Sachwert abzustellen sein: Dann ließe sich eine vorgestellte Enteignung bejahen, wenn der Täter durch zeitweiligen Gebrauch des Gegenstandes einen insoweit in der Sache verkörperten Sachwert dem Eigentümer dauerhaft zukünftig vorenthalten wollte. Nach dieser Ansicht ist eine Enteignung ebenfalls abzulehnen, da sich der (Sach-)Wert einer EC-Karte durch deren Gebrauch nicht verringert.

Vereinigungstheorie

Die überwiegende Ansicht[36] vereinigt beide Ansätze miteinander (sog. Vereinigungstheorie), lehnt aber unter Berücksichtigung dieser beiden Maßstäbe eine in Aussicht genommene Enteignung durch den Täter je-

36 Fischer § 242 Rdnr. 35.

denfalls dann ab, wenn die weggenommene EC-Karte dem Berechtigten nach Gebrauch wieder zur Verfügung gestellt werden soll. Die strafrechtliche Beurteilung der Wegnahme einer kodierten Scheckkarte richtet sich im Wesentlichen nach den gleichen Kriterien, die für die Wegnahme eines Schlüssels gelten, wenn der Täter damit ein Behältnis öffnen und den Inhalt entwenden will.

Ein Diebstahl der EC-Karte wird nur in den Fällen anzunehmen sein, wenn der Täter den Berechtigten endgültig, also auch nach der unbefugten Benutzung, von der Verfügung über die Karte – z.B. durch Wegwerfen oder Behalten – ausschließen will.

Genau auf den SV achten: was will der Täter nach Gebrauch der Karte: Wegwerfen? Rückgabe?

Nach überwiegender Ansicht lässt sich eine EC-Karte auch nicht mit einem Sparbuch vergleichen: Während ein Sparbuch als Beweisurkunde für die darin verbriefte Forderung und als entsprechendes Legitimationspapier für den jeweiligen Inhaber gilt, verkörpert die EC-Karte als solche keinesfalls eine bestimmte Geldforderung des Karteninhabers gegen das kontoführende Bankinstitut. Sie ist funktionsspezifisch als „Schlüssel zum Konto" ein möglicher Weg, Kontoverfügungen zu treffen, ohne dass sich hieraus ein entsprechender Sachwert ermessen ließe; z.B. Kontostand befindet sich im Dispositionskredit.

EC-Karte = Sparbuch?

Da alle Überlegungen vorliegend zum selben Ergebnis gelangen, kann eine Entscheidung unterbleiben.

Beachte: „Kann" meint „muss"!

Mithin beging A lediglich eine straflose Gebrauchsanmaßung (furtum usus) an der EC-Karte, als sie diese aus dem Schreibtisch herausnahm.

Ergebnis: A ist nicht strafbar gemäß § 242 Abs. 1.

II. A könnte einen Computerbetrug gemäß § 263 a Abs. 1 begangen haben, als sie am Geldautomaten die persönliche Identitätsnummer (PIN) eingab.

Das konkrete Anknüpfungsverhalten genau benennen.

1. Dann müsste die Eingabe der persönlichen Geheimnummer zugleich eine unbefugte Verwendung von Daten darstellen.

a) Die von A in den Geldautomaten eingegebenen Informationen in Form der persönlichen Geheimnummer waren „Daten", da sie Gegenstand eines Datenverarbeitungsvorgangs sein konnten.

Nicht den Datenbegriff aus § 202 a Abs. 2 verwenden.

b) Fraglich ist, ob die A die Daten „ungefugt" verwendet hatte. Die nähere Auslegung dieses Merkmals ist zweifelhaft, allerdings besteht Einigkeit in der Annahme dieser Voraussetzung, wenn die Abhebung an einem Geldautomaten durch einen Nichtberechtigten erfolgt, der eine gefälschte, manipulierte oder mittels verbotener Eigenmacht erlangte Karte verwendet.

In diesem Sinne war die A nicht berechtigt, da sie die EC-Karte zuvor durch Wegnahme erlangt hatte.

2. Dieses Verhalten der A führte zudem zur Beeinflussung eines Datenverarbeitungsvorgangs dergestalt, dass nach Eingabe der persönlichen Geheimnummer eine Barauszahlung veranlasst wurde. Infolge dieses Datenverarbeitungsvorgangs und der erfolgten Bargeldauszahlung erlitt die kontoführende Bank überdies einen Vermögensschaden i.H.d. ausgezahlten Betrages.

Die Bank hat zunächst den Schaden!

3. Die A handelte vorsätzlich und in rechtswidriger Bereicherungsabsicht; Rechtfertigungsgründe und Schuldausschließungsgründe liegen nicht vor.

Andere Normen (§§ 274, 303 a) scheiden mangels Vorsatzes aus!

Beachte: Anderes Anknüpfungsverhalten

Durch Eingabe der persönlichen Geheimnummer ist die A mithin eines Computerbetruges gemäß § 263 a schuldig.

III. Des Weiteren könnte die A einen Diebstahl gemäß § 242 Abs. 1 durch Herausnahme der Geldscheine begangen haben.

1. Dann müssten die Geldscheine zum Zeitpunkt des Herausnehmens fremde bewegliche Sachen gewesen sein.

Es könnte insoweit erwogen werden, dass – ähnlich wie in den Fällen des Tankens ohne zu bezahlen – durch Herausgabe der Geldscheine seitens des Geldautomaten und zeitgleicher Herausnahme dieser Geldscheine durch die A zugleich eine Übereignung gemäß § 929 S. 1 BGB erfolgt ist.

Beachte: Zivilrechtlicher Bezug!

Indes ist vorliegend zu berücksichtigen, dass die kontoführende Bank jeweils nur den Willen hat, rechtsgeschäftliche Übereignungen an ihre jeweiligen Vertragspartner aus den Giroverträgen zu vollziehen. Mithin enthält die Preisgabe der Geldscheine durch den Geldautomaten nur das Angebot an den jeweiligen Vertragspartner, konkret ihm diese Geldscheine zu übereignen.

Dieses Angebot nahm die A nicht an: Zum einen gab sie keinerlei (Vertreter-)Erklärungen für ihren Bruder als Vertragspartner ab, zum anderen fehlte ihr insoweit auch Vertretungsmacht. Infolgedessen fand eine Übereignung der Geldscheine zum Zeitpunkt der Preisgabe an A nicht statt, vielmehr ist die ausführende Bank Eigentümerin der Geldscheine geblieben.

Beachte: Tatsächlicher Bezug!

2. Fraglich ist allerdings, ob die A durch Herausnahme der Geldscheine diese zugleich weggenommen, also fremden Gewahrsam gebrochen und neuen begründet hat.

Das Erfordernis der Sachherrschaftsbegründung durch sie ist zweifelsfrei gegeben, allerdings könnte die Annahme eines Gewahrsamsbruches zweifelhaft sein, da der Geldautomat ohne weitere äußerliche Manipulationen gleichsam „freiwillig" die Geldscheine herausgab.

Nach heute ganz überwiegender Ansicht[37] wird – durchaus wieder in Parallele zu den Fällen des Tankens ohne zu bezahlen – von einem tatbestandsausschließenden Einverständnis seitens der Bank ausgegangen, wenn der den Auszahlungsvorgang auslösende Täter sich unter Nutzung der richtigen Geheimnummer das Geld verschafft. Die reale Willensbildung der Bank geht dahin, jedes Mal bei Eingabe der richtigen Geheimnummer in Verbindung mit den übrigen Kontodaten die tatsächliche Sachherrschaft an den Geldscheinen aufzugeben.

Mangels Gewahrsamsbruches scheidet vorliegend die Begehung eines Diebstahls aus.

Die sog. „Tatbestandslösung" des BGH lehnt § 246 wegen nachfolgender tatbestandsloser Zweitzueignung ab, da eine Erstzueignung hinsichtlich der Geldscheine bereits durch die Handlung des Computerbetruges verwirklicht wurde.

IV. Soweit das Verhalten der A durch Herausnehmen der Geldscheine auch den Tatbestand einer Unterschlagung gemäß § 246 Abs. 1 erfüllen könnte, tritt diese jedenfalls als formell subsidiär hinter dem bereits begangenen Computerbetrug zurück.

Ergebnis: Die A ist der Begehung eines Computerbetruges gemäß § 263 a schuldig und strafbar.

37 Fischer § 242 Rdnr. 26.

Fall 10: Diebstahl durch Berufswaffenträger
(OLG Köln NJW 1978 S. 652)

Der K versah auf einem Kasernengelände nächtlichen Wachdienst; auf einem Kontrollgang bemerkte er, dass im Kantinengebäude Licht brannte und ein Kellerfenster geöffnet war. Er betrat das Gebäude, um es nach unbefugten Personen zu durchsuchen. Er kletterte durch das offene Kellerfenster; dabei hängte er sich das hinderliche und geladene, gesicherte Dienstgewehr, das er pflichtgemäß bei sich führte, quer vor die Brust. Bei Gelegenheit der Durchsuchung nahm der K aus einer offen stehenden Kühltruhe ein Eis, das er unmittelbar verzehrte.

Strafbarkeit des K nach StBG?

I. Der K könnte einen Diebstahl gemäß § 242 Abs. 1 begangen haben, als er aus der Kühltruhe ein Eis entnahm.

1. Das Eis stellt eine fremde bewegliche Sache dar, die Herausnahme aus der Kühltruhe erfüllt die Voraussetzungen einer Wegnahme, da K fremden Gewahrsam des Kantinenbetreibers brach und neuen, eigenen Gewahrsam begründete.

Urteilsstil

2. Er handelte vorsätzlich und in rechtswidriger Zueignungsabsicht sowie – mangels Rechtfertigungsgründen – rechtswidrig und auch schuldhaft.

3. Er könnte den Diebstahl unter den strafschärfenden Voraussetzungen der Verwirklichung eines Regelbeispiels gemäß § 243 Abs. 1 S. 2 Nr. 1 verwirklicht haben. Da K durch ein geöffnetes Kellerfenster das Gebäude betrat, könnte er in ein Gebäude eingestiegen sein.

Genau die Vorschrift mit **Satz 2** benennen!

Einsteigen in einen Raum ist über den engeren Sprachsinn hinaus jedes nur unter Schwierigkeiten mögliche Eindringen durch eine zum ordnungsgemäßen Eintritt nicht bestimmte Öffnung. So verhält es sich vorliegend: Das Kellerfenster diente ersichtlich nicht zum Betreten, sondern vielmehr der Belichtung bzw. Belüftung des Raumes.

Indes ist vorliegend aber zu berücksichtigen, dass der K nur unter den erschwerten Voraussetzungen des § 243 Abs. 1 S. 2 Nr. 1 gehandelt hätte, wenn er zur Ausführung der Tat in das Gebäude eingestiegen wäre. Dieses ist hier abzulehnen, da der K durch das Kellerfenster das Gebäude betrat, um eine erforderliche Durchsuchung vorzunehmen, nicht dagegen, um einen Diebstahl zu begehen. Diesen Entschluss fasste er später.

Zur Ausführung der Tat meint: zum Diebstahl

Mithin verbleibt es bei der Verwirklichung des § 242 Abs. 1.

Auf § 243 Abs. 2 kommt es nicht (mehr) an.

II. Des Weiteren könnte der K einen Diebstahl mit Waffen gemäß § 244 Abs. 1 Nr. 1 lit. a), 1. Alt. verwirklicht haben.

Gesetzliche Überschrift übernehmen

1. Der K hat einen Diebstahl begangen (s.o.).

2. Des Weiteren müsste er zugleich eine Waffe bei sich geführt haben.

a) Der Begriff der Waffe ist wie in § 250 als strafrechtlicher, vom Waffen-/Verwaltungsrecht grundsätzlich unabhängiger Begriff zu verstehen; der Begriff enthält insoweit keine Blankettverweisung auf die Vorschriften des Waffengesetzes. Waffen „im technischen Sinne“ sind all die beweglichen Gegenstände, die nach ihrer bestimmungsgemäßen Art für Angriffs- oder

Oberbegriff ist gefährliches Werkzeug: deshalb unterfällt die ungeladene Schusswaffe nicht Nr. 1a), sondern Nr. 1b)!

Verteidigungszwecke gegen Menschen bestimmt und zur Verursachung erheblicher Verletzungen von Personen generell geeignet sind.[38]

Da K während seines Kontrollgangs mit einem geladenen Gewehr ausgerüstet war, ist das Erfordernis einer Waffe, gar Schusswaffe, erfüllt.

„Bei sich führen" meint jederzeitige Verfügbarkeit.

b) Des Weiteren müsste K diese Waffe „bei sich geführt" haben. Hierzu genügt es bereits, wenn sich die Waffe in Griffweite befindet bzw. sich der Täter jederzeit ohne nennenswerten Zeitaufwand ihrer bedienen kann. Insoweit ist nicht erforderlich, dass der Täter oder Teilnehmer die Waffe in der Hand hält oder am Körper trägt.

Der K hatte sich das Gewehr vor die Brust gehängt, konnte also jederzeit ungehindert Zugriff hierauf nehmen.

c) Der K müsste auch mit Vorsatz gehandelt haben.

Die Verwirklichung des Diebstahls geschah vorsätzlich (s.o.); im Hinblick auf die Qualifizierung des § 244 Abs. 1 Nr. 1 lit. a) reicht für die Vorsätzlichkeit bereits das allgemeine, noch auf keinen bestimmten Zweck gerichtete Bewusstsein, eine funktionsbereite Waffe zur Verfügung zu haben, die generell geeignet ist, erhebliche Verletzungen zu verursachen. Im Gegensatz zu § 244 Abs. 1 Nr. 1 lit. b) muss der Täter in keiner Phase der Tat den Vorsatz haben, die Waffe zu verwenden.

Dieses sachgedankliche Mitbewusstsein, die Waffe bei sich zu führen, hatte der K bei Begehung seines Diebstahls.

Stichwort: Berufswaffenträger

d) Fraglich ist, ob dieses bisher gewonnene Ergebnis nicht deshalb zu korrigieren ist, weil es sich bei K als Soldat um einen berufsmäßigen Waffenträger handelt, der während der Ausübung seines Dienstes den Diebstahl beging. Dieses wird unterschiedlich beurteilt.

Teleologische Reduktion = Rückführung auf das gesetzliche **Ziel**

aa) Die überwiegende Ansicht[39] lehnt jede – auch teleologische – Einschränkung des qualifizierten Waffendiebstahls bei Begehung durch berufsmäßige Waffenträger ab. Zwar führe der Täter die Waffe – vordergründig betrachtet – in Erfüllung einer Dienstpflicht bei sich, dadurch sei er aber nicht weniger gefährlich als andere Täter, etwa bei drohender Entdeckung von der Waffe Gebrauch zu machen. Danach verbliebe es vorliegend bei § 244.

bb) Nach anderen Ansichten wird im Ergebnis die Anwendung des § 244 Abs. 1 Nr. 1 lit. a) auf berufsmäßige Waffenträger abgelehnt.

Zusammengefasste Darstellung der Minderansichten genügt, da sie zum selben Ergebnis gelangen.

Die Begründungen hierfür sind unterschiedlich: So wird zur Anwendung des § 244 Abs. 1 Nr. 1 lit. a) eine „regelwidrige" Bewaffnung verlangt oder aber ein funktionaler Zusammenhang zwischen der Bewaffnung und dem Diebstahl, etwa durch Abstellen auf eine entsprechende Gebrauchsabsicht. Danach wäre vorliegend eine Bestrafung aus § 244 abzulehnen.

Stellungnahme

cc) Die einschränkenden Ansichten überzeugen nicht; nach zutreffender herrschender Ansicht verbleibt es vorliegend bei einer Strafbarkeit des K aus § 244 Abs. 1 Nr. 1 lit. a): Die Gefährlichkeit des Täters aus der Bewaffnung gründet sich nicht auf die Regelwidrigkeit der Bewaffnung, sondern aus der abstrakten Gefahr, die von der mitgeführten Waffe ausgeht. Ange-

38 BGHSt 48, 197; Fischer § 244 Rdnr. 4.

39 Fischer § 244 Rdnr. 12 auch mit Nachweisen der anderen Ansichten.

sichts des klaren Wortlauts im Unterschied zu § 244 Abs. 1 Nr. 1 lit. b) fordert überdies § 244 Abs. 1 Nr. 1 lit. a) keine Gebrauchsabsicht, sodass eine Einschränkung mittels funktionalen Zusammenhangs nicht überzeugt.

e) Fraglich ist allerdings, ob angesichts der Geringwertigkeit der Diebesbeute die Verfolgung des § 244 Abs. 1 den Erfordernissen des § 248 a unterstellt ist.

§ 248 a bezieht sich nach seinem Wortlaut neben der Unterschlagung nicht auf alle Fälle des Diebstahls schlechthin, sondern ausdrücklich nur auf die des § 242; auch die Regelung des § 243 Abs. 2 mit der Geringwertigkeitsklausel macht deutlich, dass bei der Begehung eines geringwertigen Diebstahls unter den erschwerten Bedingungen des § 243 Abs. 1 die Verfolgung nicht bereits nach § 248 a unter eine besondere Voraussetzung gestellt wird, da anderenfalls § 243 Abs. 2 überflüssig wäre.

Genaue Arbeit am Wortlaut!

Infolgedessen bleibt der Anwendungsbereich des § 248 a ausschließlich auf das Verwirklichen eines einfachen Diebstahls gemäß § 242 Abs. 1 beschränkt.

Auch nicht analog etwa auf § 249 anwendbar

K hat einen Diebstahl mit Waffen gemäß § 244 Abs. 1 Nr. 1 lit. a) begangen.

III. Eine Strafbarkeit nach § 123 Abs. 1 scheidet aus: Der K ist nicht in das Gebäude „eingedrungen“, da dieses einen entgegenstehenden Willen des Hausrechtsinhabers voraussetzt. Nach der Aufgabenstellung, die der K als Wachsoldat wahrnahm, war er allgemein als berechtigt anzusehen, auch Kontrollgänge in die Gebäude hinein im Einverständnis mit dem Hausrechtsinhaber durchzuführen.

Ergebnis: K ist wegen Begehung eines qualifizierten Diebstahls gemäß §§ 242 Abs. 1, 244 Abs. 1 Nr. 1 lit. a) strafbar.

Fall 11: Bandendiebstahl
(BGHSt 46, 321)

A, B und C kamen überein, gemeinsam gebrauchte Fahrzeuge an sich zu bringen, um sie weiterzuverkaufen. In Ausübung ihres Vorhabens suchten A und B mehrere Autohäuser auf. Sie nahmen im Freien abgestellte Fahrzeuge in Augenschein und täuschten Kaufinteresse vor. Entsprechend ihres Tatplans lenkte einer von beiden die Aufmerksamkeit des Verkaufspersonals ab, während der andere einen Abdruck des Original-Schlüssels erstellte. Am jeweils folgenden Wochenende brachte C die Fahrzeuge unter Verwendung eines Nachschlüssels an sich. So geschah es auch im Juli 2006, allerdings dieses Mal ohne weitere Beteiligung des C: Der eingeweihte X brachte an diesem Wochenende mit einem Nachschlüssel einen hochwertigen Pkw an sich und händigte das Fahrzeug an A und B aus. Für diese einmalige Tätigkeit erhielt er von A und B einen Lohn in Höhe von 500 €.

Strafbarkeit von A, B und X?

A. Strafbarkeit von A und B

Beide zusammen prüfen, da sie völlig gleichgerichtet handelten.

I. A und B könnten durch Herstellen des Nachschlüssels und Annahme des Fahrzeugs einen gemeinschaftlichen Diebstahl gemäß §§ 242 Abs. 1, 25 Abs. 2 begangen haben.

1. Das Kraftfahrzeug stellte für A und B eine fremde bewegliche Sache dar.

2. Dieses müssten sie gemeinschaftlich weggenommen haben.

a) Unmittelbar selbst sind A und B im Sinne einer Wegnahme nicht tätig geworden, da sie lediglich das zuvor entwendete Fahrzeug von X in Empfang nahmen.

b) Allerdings erfüllte das Verhalten des X die Voraussetzungen einer Wegnahme, da er fremden Gewahrsam des Autohändlers durch Fortfahren mit dem Pkw brach und zugleich eigenen Gewahrsam begründete.

Die Mittäterschaft ist bei der Tathandlung der jeweiligen BT-Norm zu erörtern, nicht „losgelöst" vom Tatbestand der BT-Norm!

Diese Wegnahmehandlung des X müsste den A und B nach den Grundsätzen der Mittäterschaft zurechenbar sein. Dieses setzt gemäß § 25 Abs. 2 voraus, dass A, B und X auf der Grundlage eines gemeinschaftlichen Tatentschlusses den Diebstahl gemeinschaftlich ausgeführt haben.

Ein gemeinschaftlicher Tatplan zwischen den handelnden Personen lag vor; fraglich könnte allerdings sein, ob A und B an der Tatausführung gemeinschaftlich beteiligt waren, da sie am Wochenende bei der unmittelbaren Ausführungshandlung nicht anwesend waren und ihre Tatbeiträge in der Vorbereitungs- bzw. Nachbereitungsphase erbrachten.

Zu den Anforderungen an einen Tatbeitrag, der eine mittäterschaftliche Zurechnung begangener Ausführungshandlungen gestattet, werden unterschiedliche Ansichten vertreten.[40]

Nach Ansicht der insbesondere von der Rechtsprechung vertretenen subjektiven Theorie ist auf subjektive Elemente (animus auctoris) der Beteilig-

40 Vgl. zum Meinungsstreit Fischer Vor § 25 Rdnr. 3 f.

ten wie Tatinteresse, Tatplanung oder auch Wille zur Tatherrschaft abzustellen. Angesichts des überragenden Interesses von A und B an der Tatbeute sind sie deshalb als Mittäter des X anzusehen.

Tatherrschaftslehre

In der Literatur wird eine Zurechnung fremder Tatbeiträge nur unter den Voraussetzungen sog. Tatherrschaft vorgenommen: Der Beteiligte muss durch Leisten seines Tatbeitrages zum Träger der Tatherrschaft werden. Allerdings wird innerhalb dieser Tatherrschaftslehre unterschiedlich beurteilt, wann der objektive Tatbeitrag zu erbringen ist:

Enge Tatausführungsherrschaft

oder

arbeitsteilig in jeder Phase?

Ein Teil dieser Lehre verlangt im Sinne einer engen Tatherrschaftslehre einen Tatbeitrag unmittelbar in der Ausführungsphase im Sinne einer „Tatbestandsherrschaft". Danach wären A und B keinesfalls Mittäter, da die Wegnahmehandlung durch X spätestens mit Verlassen des Betriebsgeländes vollendet war.

Nach anderem, weitem Verständnis kann Tatherrschaft auch durch „arbeitsteiliges" Vorgehen in jeder Phase der Tat begründet werden. Danach wären A und B durch ihre notwendig erbrachten Tatbeiträge in der Vorbereitungsphase sicher Mittäter.

Stellungnahme erforderlich zwischen subjektiver Theorie und weiter Tatherrschaftslehre einerseits sowie enger Tatherrschaftslehre andererseits

Die enge Tatherrschaftslehre ist abzulehnen. Schon der Wortlaut des § 25 Abs. 2 spricht gegen dieses enge Verständnis, da Mittäter eben eine „Straftat" gemeinschaftlich begehen, nicht notwendig gemeinsam einen „Tatbestand"; außerdem werden die beiden weitergehenden Ansichten dem sozialen Phänomen „Mittäter" durch Abstellen auf arbeitsteiliges Vorgehen, auch unter Berücksichtigung der jeweiligen Interessen, besser gerecht. Vorliegend ist deshalb von einer mittäterschaftlichen Begehung auszugehen, da A und B unmittelbar wirtschaftliches Interesse an der Begehung des Diebstahls hatten und objektiv arbeitsteilig mit X dergestalt vorgingen, dass A und B notwendige Vorbereitungsakte durch Anfertigen eines Schlüsselabdrucks durchführten, der X im Gegenzug den Teilakt der Wegnahme beisteuerte.

3. A und B handelten vorsätzlich und in der Absicht rechtswidriger Zueignung sowie rechtswidrig und schuldhaft.

Regelbeispiele nicht vergessen!

4. Zugleich könnten A und B unter den Voraussetzungen des § 243 Abs. 1 S. 2 einen besonders schweren Fall des Diebstahls begangen haben.

a) So könnte ihr Mittäter X gemäß Nr. 1 mit einem falschen Schlüssel in einen umschlossenen Raum eingedrungen sein.

Unter umschlossenem Raum ist jedes Raumgebilde zu verstehen, das dazu bestimmt ist, von Menschen betreten zu werden und das mit mindestens teilweise künstlichen Vorrichtungen zur Abwehr des Eindringens unbefugter umgeben ist. Hierunter sind vor allem auch Autos mit ihrem Innenraum zu verstehen.

Beachte: Ein Dietrich ist kein Schlüssel

In diesen umschlossenen Raum ist der X mittels eines falschen Schlüssels, der zum Zeitpunkt der Tat nicht vom Berechtigten zur Öffnung bestimmt war, eingedrungen. Die Verwirklichung dieses Regelbeispiels durch den X wird A und B gleichermaßen nach den Voraussetzungen der Mittäterschaft gemäß § 25 Abs. 2 im Sinne einer eigenen Verwirklichung des Regelbeispiels zugerechnet.

b) Des Weiteren könnte das Regelbeispiel des § 243 Abs. 1 S. 2 Nr. 2 vorliegen: Dann müsste eine Sache gestohlen worden sein, die durch eine Schutzvorrichtung gegen Wegnahme besonders gesichert ist.

Soweit der X das verschlossene Fahrzeug mit dem Nachschlüssel öffnete, verwirklichte er das Regelbeispiel der Nr. 1, nicht zugleich die Nr. 2. Dieses Regelbeispiel wurde aber eigenständig verwirklicht, als der X mit dem Nachschlüssel das Lenkradschloss öffnete und das Fahrzeug startete; denn ein Kraftfahrzeug ist neben allgemeiner Verschließbarkeit gegen Diebstahl insbesondere durch die Sicherung eines Lenkradschlosses gesichert. Diese Sicherung überwand der X mittels des Nachschlüssels.

Auch diese Verwirklichung des weiteren Regelbeispiels durch X ist A und B mittäterschaftlich gemäß § 25 Abs. 2 zuzurechnen.

§ 243 Abs. 1 S. 2 Nr. 1, 2, 4, 5, 6, 7 werden bei Kenntnis zugerechnet!

Ergebnis: A und B sind der Begehung eines gemeinschaftlichen Diebstahls in einem besonders schweren Fall gemäß §§ 242 Abs. 1, 243 Abs. 1 S. 2 Nr. 1 u. 2; 25 Abs. 2 schuldig.

Qualifikation nach dem Grundtatbestand prüfen

II. A und B könnten sich des Weiteren wegen eines gemeinschaftlichen Bandendiebstahls gemäß §§ 244 Abs. 1 Nr. 2, 25 Abs. 2 strafbar gemacht haben, indem sie als Mitglieder einer Bande unter Mitwirkung durch X gestohlen haben.

1. A und B begingen gemeinschaftlich einen Diebstahl gemäß §§ 242 Abs. 1, 25 Abs. 2 (s.o.).

2. Außerdem müssten sie als Mitglied einer Bande, die sich zur fortgesetzten Begehung von Raub oder Diebstahl verbunden hat, unter Mitwirkung eines anderen Mitglieds gestohlen haben.

Bande = loser Zusammenschluss
Vereinigung = straffe Organisation

a) Eine Bande ist eine lose Gruppe von Personen, die sich ausdrücklich oder stillschweigend zur Verübung fortgesetzter, im Einzelnen noch ungewisser Diebes- oder Raubtaten verbunden hat.

Streitstand überholt

Nachdem in Rechtsprechung und Literatur die Mindestanzahl der zur Bande zusammengeschlossenen Personen unterschiedlich mit zwei oder drei Mitgliedern beurteilt wurde, hat der Bundesgerichtshof[41] seine bisherige Rechtsprechung aufgegeben und bejaht nunmehr das Bestehen einer Bande erst bei einem Zusammenschluss von mindestens drei Personen.

Vorliegend hatten sich A, B und C zu dieser Bande zusammengeschlossen.

b) Zugleich muss die Abrede zwischen den Bandenmitgliedern getroffen sein, fortgesetzt Diebstähle oder Raubdelikte zu begehen. Hierzu reicht bereits die Abrede, mehrere selbstständige, im Einzelnen gegebenenfalls noch ungewisse Taten zukünftig zu begehen.

Diese Vereinbarung wurde zwischen den Beteiligten A, B und C getroffen.

c) Schließlich müsste es sich bei dem begangenen Diebstahl um eine Bandentat gehandelt haben. Hierzu ist erforderlich, dass die Tat unter Mitwirkung eines anderen Bandenmitglieds begangen wurde.

Streitstand überholt!

Bei der Auslegung dieser Tatbestandsvoraussetzung ist lange überwiegend vertreten worden, dass hierunter ein zeitliches und örtliches Zusammenwirken von mindestens zwei Bandenmitgliedern vor Ort verlangt wer-

---

41 BGHSt 46, 321.

den müsse. Unter Aufgabe der bisherigen Rechtsprechung verlangt der BGH nunmehr, dass – gleichgültig ob am Tatort oder woanders – mindestens ein Bandenmitglied als Täter beteiligt sein muss und mindestens ein weiteres Bandenmitglied – als Täter oder Teilnehmer – an der konkreten Tat mitwirken muss. Die Wegnahmehandlung muss nicht mehr von mehreren Beteiligten in zeitlichem und örtlichem Zusammenwirken begangen werden. Sie kann auch durch eine Person ausgeführt werden, die nicht Bandenmitglied ist; in diesem Fall müssen allerdings mindestens zwei nicht anwesende Bandenmitglieder beteiligt sein.

Ausführungshandlung durch Außenstehende reicht!

Vorliegend waren A und B als Mitglieder der Bande in der Vorbereitungsphase beteiligt, der Diebstahl wurde durch X ausgeführt, unbeschadet seiner fehlenden Bandenmitgliedschaft.

Damit haben A und B gemeinschaftlich (als Mitglieder der Bande A, B, C) einen Bandendiebstahl unter Mitwirkung des X begangen.

3. A und B handelten vorsätzlich.

Ergebnis für A und B: A und B sind der Begehung eines gemeinschaftlichen Bandendiebstahls gemäß §§ 242, 244 Abs. 1 Nr. 2, 25 Abs. 2 schuldig. Die Qualifikation des § 244 verdrängt insoweit den Grundtatbestand und damit auch das Regelbeispiel gemäß § 243 Abs. 1, sodass beide als Mittäter aus § 244 bestraft werden.

B. Strafbarkeit des X

I. X ist der Begehung eines gemeinschaftlichen Diebstahls gemäß §§ 242 Abs. 1, 25 Abs. 2 schuldig, als er am Wochenende das Kraftfahrzeug unter Verwendung des Nachschlüssels entwendete. Seine täterschaftliche Haftung folgt bereits daraus, dass er alle objektiven Tatbestandsvoraussetzungen des § 242 Abs. 1 durch Fortschaffen des Fahrzeugs verwirklichte (vgl. § 25 Abs. 1, 1. Var.); überdies handelte er in der Absicht, das Fahrzeug A und B als Dritten zuzueignen sowie auf der Grundlage eines gemeinschaftlichen Tatentschlusses mit A und B, die auch ihrerseits Mittäter zu X sein wollten.

Nicht vergessen: Gemeinschaftlichen Tatentschluss des weiteren Mittäters X zu den übrigen Mittätern – und umgekehrt – bejahen.

Schließlich ist die Strafe des X gemäß § 243 Abs. 1 S. 2 Nr. 1 u. 2 (s.o.) zu schärfen.

II. Eine Strafbarkeit des X aus §§ 244 Abs. 1 Nr. 2, 25 Abs. 2 wegen eines gemeinschaftlichen Bandendiebstahls scheidet schon deshalb aus, da X nicht Mitglied der Bande war.

III. X könnte weiter einer Beihilfe zu dem von A und B begangenen Bandendiebstahl gemäß §§ 244 Abs. 1 Nr. 2, 27 schuldig sein.

1. A und B begingen mit ihrem gemeinschaftlichen Bandendiebstahl eine vorsätzlich rechtswidrige Haupttat.

2. Hierzu leistete der X Hilfe, indem er das Fahrzeug am Wochenende entwendete.

3. X handelte vorsätzlich hinsichtlich der vorsätzlich begangenen rechtswidrigen Haupttat von A und B sowie vorsätzlich bezüglich seines eigenen Gehilfenbeitrages.

H.M.: § 28 Abs. 2 als Tatbestandsverschiebung

4. Fraglich ist allerdings, ob die Strafbarkeit des X deshalb noch eine Veränderung zu erfahren hat, weil er als Außenstehender, eben nicht als Mitglied einer Bande, seinen Gehilfenbeitrag leistete. Denn bestimmt ein Gesetz, dass besondere persönliche Merkmale die Strafe schärfen, mildern oder ausschließen, so gilt das nur für den Beteiligten, bei dem sie vorliegen (§ 28 Abs. 2). Dieses wird im Hinblick auf die Bandenmitgliedschaft durchaus unterschiedlich beurteilt:

Nach überwiegender Ansicht[42] handelt es sich hierbei um ein besonderes persönliches Merkmal, da die Bandenabrede der Beteiligten untereinander die besondere Beziehung der Beteiligten zueinander charakterisiert. Danach verbliebe es für X bei einer Haftung aus dem Grundtatbestand.

Nach einer Minderansicht[43] handelt es sich dagegen bei der Bandenmitgliedschaft um ein rein tatbezogenes, das Unrecht des Bandendiebstahls umschreibendes Tatmerkmal: Der Gehilfe hafte bereits bei bloßer Kenntnis vom Bandendiebstahl streng akzessorisch.

Stellungnahme

Auf der Grundlage der überwiegenden Ansicht ist vorliegend zugunsten des X eine Tatbestandsverschiebung vorzunehmen, sodass es nur bei einer Beihilfe zum mittäterschaftlich begangenen Diebstahl von A und B verbleibt. Die besondere Gefährlichkeit einer Bandentat ergibt sich aus dem dauerhaften Miteinander der Mitglieder: Als eingespieltes Team mit entsprechender Abrede stellen sie eine hohe Gefahr für das Rechtsgut „Eigentum" dar. Zu dieser erhöhten Gefährlichkeit trägt der außenstehende Beteiligte durch seine einmalige Hilfe dauerhaft nichts bei.

Es könnte auch die Annahme von Tateinheit gemäß § 52 zur Klarstellung erwogen werden.

Ergebnis für X: Die Beihilfe zum Bandendiebstahl tritt im Wege der Gesetzeskonkurrenz hinter dem zugleich verwirklichten mittäterschaftlich begangenen Diebstahl (s.o.) zurück.

X ist der Begehung eines mittäterschaftlich begangenen Diebstahls gemäß §§ 242 Abs. 1, 25 Abs. 2 schuldig, seine Strafe ist gemäß § 243 Abs. 1 zu schärfen.

42 BGHSt 46, 120; Fischer § 244 Rdnr. 44.
43 Sch/Sch/Eser/Bosch § 244 Rdnr. 28.

2. Teil: Unterschlagung

Aufbauschema zu § 246 Abs. 1

I. Tatbestand

1. objektiver Tatbestand

- Tatobjekt: Fremde bewegliche Sache
- Tathandlung und Taterfolg: Sich oder einem Dritten zueignen der Sache/des Sachwerts
  = Der Zueignungswille (hinsichtlich Aneignung und Enteignung) wird durch ein Täterverhalten nach außen erkennbar objektiv manifestiert und bestätigt (das Vorhandensein des Willens selbst wird erst im Vorsatz geprüft)
- Rechtswidrigkeit der Zueignung
- Ggf.: § 246 Abs. 2: Anvertraut sein
  (als Qualifikation: § 28 ist möglich)

2. subjektiver Tatbestand

Vorsatz; dolus eventualis genügt bzgl. aller TBM:

- Fremdheit der Sache
- Zueignung (Aneignungs- und Enteignungswille)
- Rechtswidrigkeit der Zueignung
- ggf.: Anvertraut sein

II. Rechtswidrigkeit

III. Schuld

IV. Formelle Subsidiarität ggü. allen (nicht nur Vermögensdelikten!) durch dieselbe Handlung verwirklichten Delikten mit schwerer Strafdrohung

V. Strafantrag (§§ 247, 248 a)

Fall 12: Unberechtigtes Kopieren von Daten als Unterschlagung
(BayObLG NJW 1992, 1777)

A war als selbstständiger Vertriebsbeauftragter bei einem EDV-Unternehmen beschäftigt. Mit Einverständnis seines Arbeitgebers hatte er 93 Datenträger mit nach Hause genommen, um damit während seiner Freizeit evtl. arbeiten zu können, z.B. Angebotsschreiben zu verbessern. Auf diesen Datenträgern waren nämlich Geschäftsunterlagen des Arbeitgebers gespeichert. Weil A tatsächlich seinem Arbeitgeber wirtschaftlich Konkurrenz machte, wurde ihm das Arbeitsverhältnis fristlos gekündigt. Zugleich erhielt er die Aufforderung, binnen einer Frist von einer Woche die 93 Datenträger herauszugeben. Der A kam dieser Aufforderung nicht nach, kopierte nach Ablauf der Frist von einem ihm überlassenen Datenträger einen Angebotstext und verwendete ihn für ein eigenes Geschäft. Strafbarkeit des A?

Historischer Ablauf

Mitnahme als Unterschlagung der Datenträger

I. Eine Strafbarkeit des A wegen Diebstahls gemäß § 242 Abs. 1 an den Datenträgern durch Mitnahme scheidet aus, da er diese für ihn fremden beweglichen Sachen nicht unter den Voraussetzungen einer Wegnahme erlangt hatte: Im Einverständnis mit seinem Arbeitgeber durfte er diese Datenträger mitnehmen und alleinige Sachherrschaft hieran ausüben.

Unterlassen der Herausgabe als Unterschlagung der Datenträger

II. A könnte eine Unterschlagung gemäß § 246 Abs. 1 an den Datenträgern durch Verstreichenlassen der Herausgabefrist begangen haben.

1. Die Datenträger sind für A fremde bewegliche Sachen.

Rechtlicher Obersatz

2. Diese müsste er sich (oder einem Dritten) rechtswidrig zugeeignet haben. Dieses ist anzunehmen, wenn der Täter die Sache oder den in ihr verkörperten Sachwert mit Ausschlusswirkung gegenüber dem Eigentümer seinem eigenen (oder dem Vermögen eines Dritten) in der Weise zuführt, dass er selbst (oder der Dritte) zum Scheineigentümer wird. Anders als beim Diebstahl, wo bereits die Absicht der Zueignung genügt, ist für die Erfüllung des Tatbestandes des § 246 eine nach außen erkennbare Handlung erforderlich, durch die der Zueignungswille manifestiert wird.

Beachte: Dieses subjektive Merkmal kann schon im objektiven Tatbestand erörtert werden.

Subsumtion

Vorliegend bestand das Verhalten des A darin, dass er die ihm gesetzte Herausgabefrist verstreichen ließ, mithin die Datenträger auf Verlangen seines ehemaligen Arbeitgebers nicht an diesen herausgab.

Zueignungswille bei Unterlassen (§ 13)?

Im bloßen Unterlassen der geschuldeten Rückgabe einer Sache kann allerdings nicht ohne Weiteres die Manifestation des Zueignungswillens erblickt werden, da ein solches Verhalten nicht den sicheren Schluss darauf zulässt, dass der Gewahrsamsinhaber den Gegenstand unter Ausschluss der Rechte des Eigentümers seinem Vermögen einverleiben will, sondern auf einer das fremde Eigentum nicht infrage stellenden Nachlässigkeit beruhen kann. Erst bei Hinzutreten weiterer Verhaltensweisen – etwa Verbergen der Sache durch den herausgabepflichtigen Besitzer vor dem Eigentümer, Leugnung des Besitzes, intensiver Gebrauch in einer Weise – wird sicher auf einen Zueignungswillen zu schließen sein.

Mithin verwirklichte der A durch Verstreichenlassen der ihm gesetzten Herausgabefrist noch nicht den Tatbestand einer Unterschlagung.

III. A könnte § 246 Abs. 1 durch Kopieren der Daten begangen haben.

Kopieren der Daten als Unterschlagung/als neue Tathandlung

Im Hinblick auf die auf dem Datenträger enthaltenen Informationen scheidet indes eine Unterschlagung aus, da diese Daten mangels Körperlichkeit keine Sacheigenschaft aufweisen; es handelt sich vielmehr um nicht körperliche, computergespeicherte Informationen.

IV. Durch das Kopieren der Daten von dem Datenträger könnte der A Daten gemäß § 202 a Abs. 1 ausgespäht haben.

Ausspähen von Daten

1. Bei den elektronischen Informationen auf der Diskette handelt es sich um Daten im Sinne der Legaldefinition des § 202 a Abs. 2, da sich diese Informationen elektronisch gespeichert auf dem Datenträger befanden.

Beachte: Legaldefinition gilt nur für § 202 a!

2. Weiterhin müssten die Daten gegen unberechtigten Zugang besonders gesichert sein. Diese besondere Sicherung kann mechanischer Art sein (verschlossene Räume, Verplombungen), insbesondere sind aber Soft- und Hardware integrierte Sicherungen (Passwörter, Datenverschlüsselungen usw.) gemeint. Nicht ausreichend als tatbestandsmäßige Sicherung ist eine bloße Anweisung, mit den Daten nur in bestimmter Weise zu verfahren.

Mithin scheidet vorliegend eine Strafbarkeit nach § 202 a aus.

V. A könnte durch Kopieren der Daten eine Unterschlagung an dem Datenträger selbst gemäß § 246 Abs. 1 begangen haben.

Kopieren der Daten als Unterschlagung der Diskette

1. Der Datenträger ist eine fremde bewegliche Sache. Diesen müsste sich der A – erkennbar nach außen – rechtswidrig zugeeignet haben

a) So könnte erwogen werden, dass sich A durch Kopieren der Daten und Nutzung des Datenträgers dessen Sachsubstanz zugeeignet hätte.

Subsumtion

Indes lässt sich aus diesem Verhalten ebenso wenig wie aus der bloßen Nichtrückgabe des Datenträgers der Schluss ziehen, A habe seinen ursprünglichen Arbeitgeber hinsichtlich des Datenträgers von seinem Eigentum ausschließen wollen. Die Benutzung des Datenträgers stellt keine Dokumentation eines Zueignungswillens dar, vielmehr wird nur deutlich, dass A den Inhalt des Datenträgers für eigene Zwecke verwenden wollte. Hieraus kann aber nicht auf einen mangelnden Rückgabewillen bezüglich des Datenträgers selbst geschlossen werden.

b) Es könnte aber das Verhalten des A als Aneignung der Sache „ihrem Wert nach" vorliegen. Nach der Substanz- und Sachwerttheorie (Vereinigungstheorie) besteht das Wesen der Zueignung darin, dass die Sache selbst oder der in ihr verkörperte (wirtschaftliche) Wert dem eigenen Vermögen einverleibt wird. Eine Zueignung liegt dann vor, wenn die Sache oder der in ihr verkörperte Wert dem Eigentümer dauernd entzogen wird. Diese Voraussetzung ist nicht gegeben, wenn die Sache unverändert (äußerlich wie ihrem Wert nach) zurückgegeben und in der Zwischenzeit nur zu einer anderweitigen Bereicherung des Täters benutzt werden soll.

So verhält es sich hier: Der Datenträger blieb nach seinem Inhalt und seiner Funktionsfähigkeit unverändert; er konnte als Arbeitsmittel vom ehemaligen Arbeitgeber des A weiterhin bestimmungsgemäß benutzt werden.

Mithin scheidet auch eine Strafbarkeit wegen Unterschlagung am Datenträger aus.

Ergebnis: A ist straflos.

Fall 13: Formelle Subsidiarität der Unterschlagung
(BGHSt 47, 243)

A hatte seinen Nachbarn N im offenen Streit erstochen. Im Anschluss hieran nahm er dessen Mobiltelefon und Geldbeutel an sich. Es konnte nicht geklärt werden, wann A den Entschluss zur Mitnahme der Objekte gefasst hatte. Tage später wurde der A gefasst.

Strafbarkeit des A?

Beachte: „Dickschiffe" nach vorn!

I. A könnte einen Mord gemäß § 211 begangen haben, als er den N erstach.

1. A tötete einen Menschen.

2. Des Weiteren müsste er Mordmerkmale verwirklicht haben.

2. Gruppe als objektive Tatbestandsmerkmale

a) Tatbezogene Mordmerkmale der zweiten Gruppe des § 211 scheiden aus: Insbesondere ist angesichts der Tötung im offenen Streit keine für Heimtücke erforderliche Arglosigkeit des Opfers anzunehmen.

1. + 3. Gruppe als subjektive Tatbestandsmerkmale

b) Täterbezogene Mordmerkmale sind dem Geschehen gleichermaßen nicht mit Sicherheit zu entnehmen: Da unklar ist, wann A den Entschluss gefasst hatte, Mobiltelefon und Geldbeutel des Opfers an sich zu nehmen, ist nach dem Grundsatz „in dubio pro reo" davon auszugehen, dass er diesen Entschluss erst nach der Tötung gefasst hatte, mithin nicht Motiv der Tötung war.

Eine Strafbarkeit aus § 211 scheidet aus.

II. A ist eines Totschlags gemäß § 212 Abs. 1 schuldig.

III. Eine Bestrafung aus §§ 249, 250, 251 scheidet aus, da der A – in dubio pro reo – das Gewaltmittel (Messer) nicht einsetzte, um Mobiltelefon und Geldbeutel an sich zu nehmen.

IV. A könnte einen Diebstahl gemäß § 242 Abs. 1 begangen haben, als er die Gegenstände nach Tötung seines Nachbarn an sich nahm.

1. Dann müssten Mobiltelefon und Geldbeutel als bewegliche Sachen für den A auch fremd gewesen sein.

Es gilt das BGB!

Vorliegend ist zu beachten, dass zum Zeitpunkt der Ansichnahme der ursprüngliche Eigentümer bereits getötet war, er mithin als Rechtsgutträger eines Eigentumsdeliktes ausschied. Allerdings ist zu berücksichtigen, dass die Fremdheit i.S.d. § 242 Abs. 1 den Regelungen des bürgerlichen Rechts folgt. Infolgedessen gelten nunmehr gemäß § 1922 BGB die Erben des N als dessen Gesamtrechtsnachfolger; sollte es diese nicht geben, rückt an deren Stelle gemäß § 1936 BGB der Fiskus mit seinem gesetzlichen Erbrecht.

Mithin waren Mobiltelefon und Geldbeutel zum Zeitpunkt der Ansichnahme für den A fremd.

2. Diese fremden beweglichen Sachen müsste der A weggenommen, mithin Gewahrsam gebrochen und neuen Gewahrsam begründet haben.

Zum Zeitpunkt der Ansichnahme war N bereits verstorben, konnte mithin keinen Herrschaftswillen, den der Täter hätte brechen müssen, ausüben.

Unterscheide (zivilrechtlichen) Besitz und (tatsächlichen) Gewahrsam

Mit dem Todesfall und der eingetretenen Gesamtrechtsnachfolge (zugunsten etwaiger Erben bzw. des Fiskus) treten die nunmehr Berechtigten in den sog. Erbenbesitz gemäß § 857 BGB ein. Dieser – letztlich gesetzlich fingierte – Besitz ist indes für die strafrechtliche Beurteilung der tatsächlichen Gewahrsamsverhältnisse unbedeutend: Die Besitzregelung des BGB, das auch Besitz ohne tatsächliche Herrschaft kennt (Besitzdiener gemäß § 855 BGB), gilt nicht für die Begründung von Gewahrsam, da dieser eine vom Herrschaftswillen getragene tatsächliche Sachherrschaft voraussetzt.

Da auf der Grundlage des Zweifelssatzes auch nicht davon ausgegangen werden kann, dass A bereits mit der Tötung fremden Gewahrsam brechen wollte, scheidet die Begehung eines Diebstahls zum Zeitpunkt der Ansichnahme der für A fremden beweglichen Sachen aus.

V. A könnte eine Unterschlagung gemäß § 246 Abs. 1 begangen haben, als er dem Toten das Mobiltelefon und das Geld abnahm.

Beachte: § 246 wird in der Regel am Ende als Auffangnorm geprüft.

1. Als A das Mobiltelefon und den Geldbeutel, für ihn insoweit fremde bewegliche Sachen, an sich nahm, eignete er sich diese (rechtswidrig) zu: Bereits im Ansichnehmen fremder Gegenstände – hier insbesondere der Sachen eines Toten nach begangener Straftat – manifestiert sich der Zueignungswille erkennbar nach außen.

2. Der A handelte rechtswidrig und schuldhaft.

3. Fraglich ist, ob § 246 im Wege der formellen Subsidiarität zurücktritt. Dann müsste die Tat in anderen Vorschriften mit schwererer Strafe bedroht sein.

a) Diese Subsidiaritätsklausel erfasst aber nur Fälle der Gleichzeitigkeit,[44] setzt also Tateinheit zwischen der Unterschlagung und dem anderen Delikt voraus. Sie ist allerdings auch anwendbar, wenn die Annahme dieser Tatidentität auf der Anwendung des Zweifelssatzes beruht.[45] Davon ist vorliegend auszugehen: es kann nicht ausgeschlossen werden, dass A bereits bei Tötung seines Opfers die Vorstellung hatte, dessen Geld und Wertsachen an sich zu bringen; dann würden Tötung und Eigentumsdelikt in natürlicher Handlungseinheit zueinander stehen.

Beachte: die Prüfung des Zweifelssatzes hat in der Falllösung stets neu anzusetzen: es ist immer die für den Täter konkret günstigste Variante zu unterstellen!

b) Dem Wortlaut nach könnte nun die Klausel erfüllt sein, weil § 212 gegenüber § 246 tatsächlich eine höhere Strafdrohung enthält.

Die Subsidiaritätsklausel könnte aber deshalb nicht anwendbar sein, weil es sich bei der Vorschrift mit höherer Strafandrohung um einen Totschlag mit dem Rechtsgut Leben und nicht um ein Zueignungsdelikt handelt.

Die überwiegende Ansicht[46] wendet dennoch die Klausel an: Eine derartige Einschränkung der Subsidiaritätsklausel ist mit dem Wortlaut des Gesetzes, dessen möglicher Wortsinn die äußerste Grenze der Auslegung strafrechtlicher Bestimmungen zum Nachteil eines Beschuldigten markiert, unvereinbar. Deshalb muss die Subsidiaritätsklausel des § 246 für alle Delikte mit höherer Strafdrohung gelten, wie überdies ein Vergleich mit der in § 265 eingefügten Subsidiaritätsklausel belegt: § 265 enthält nach seiner Änderung eine spezielle Subsidiaritätsklausel („wenn die Tat nicht in § 263 mit Strafe bedroht ist"), wie sie auch in anderen Normen anzutreffen ist (§§ 145, 145 d, 202, 218 c, 316). Eine derartige Beschränkung enthält § 246 gerade nicht.

Art. 103 GG

Ergebnis: A ist strafbar wegen Totschlags gemäß § 212 Abs. 1.

44 Fischer § 246 Rdnr. 23.
45 BGHSt 47, 243.
46 BGHSt a.a.O.

3. Teil: Sachbeschädigung

Aufbauschema zu § 303

I. Tatbestand

1. objektiver Tatbestand

- Tatobjekt: Fremde (nicht notwendig bewegliche!) Sache
- Tathandlung und Taterfolg, Abs. 1:
  - Beschädigen = nicht ganz unerhebliche körperliche Einwirkung auf die Sache
  - Zerstören = wesentliche Beschädigung: Sache wird unbrauchbar
- Tathandlung und Taterfolg, Abs. 2:
  - Verändern des Erscheinungsbildes
  - unbefugt (Tatbestandsmerkmal!)
  - nicht nur unerheblich
  - nicht nur vorübergehend

2. subjektiver Tatbestand

Vorsatz bezüglich

- Tatobjekt
- Tathandlung und -erfolg

II. Rechtswidrigkeit

III. Schuld

IV. Strafantrag oder Bejahung des öffentlichen Verfolgungsinteresses (§ 303 c)

Fall 14: Wildes Plakatieren
(BGHSt 29, 129; BayObLG NJW 1987, 3271)

Student S war Mitveranstalter einer studentischen Feier, die mit 40 x 60 cm großen bunten Plakaten beworben wurde. Er entschloss sich, ein derartiges Plakat an einen Verteilerkasten eines Versorgungsunternehmens zu kleben. Ein Polizeibeamter, der den Vorgang beobachtet hatte, zog das Plakat ohne weitere Rückstände unverzüglich wieder ab. Nach Rückkehr in seine Wohnung ließ S aus einem Reifen des Fahrrads eines Mitbewohners des Hauses, in dem auch S wohnte, die Luft ab, da er sich über den Mitbewohner schon einige Male zuvor geärgert hatte. An dem Fahrrad, das von seinem Eigentümer für tägliche Besorgungen, Arztbesuche und dergleichen dringend benötigt wurde, befand sich eine Luftpumpe.

Strafbarkeit des S?

I. S könnte eine Sachbeschädigung gemäß § 303 Abs. 1 an dem Verteilerkasten begangen haben, als er hierauf ein Plakat klebte.

1. Der Verteilerkasten stellt als körperlicher Gegenstand eine Sache dar, die überdies in fremdem Eigentum steht.

Beachte: Die Sache muss nicht beweglich sein!

2. Diese fremde Sache müsste S beschädigt oder zerstört haben. Angesichts des Aufklebens eines Plakats auf den Verteilerkasten könnte er diesen beschädigt haben.

Rechtlicher Obersatz

Beschädigung ist eine nicht ganz unerhebliche Verletzung der Substanz. Nach überwiegender Ansicht ist ein Eingriff in die Substanz nicht notwendige Voraussetzung; vielmehr reichen körperliche Einwirkungen aus, die die (technische) Brauchbarkeit der Sache nachhaltig beeinträchtigen.

Subsumtion

a) An einer derartigen Substanzverletzung fehlt es hier ganz offensichtlich, da das zuvor angeklebte Plakat vom Polizeibeamten unverzüglich ohne weitere Rückstände entfernt werden konnte. Insoweit scheidet vorliegend auch eine Beschädigung aus, die etwa infolge der Reinigung der Sache auftreten kann.

b) Fraglich ist, ob die durch Plakatierung vorgenommene etwaige äußere Verunstaltung des Verteilerkastens ohne Verletzung der Sachsubstanz den Tatbestand der Sachbeschädigung erfüllen kann.

So wird teilweise angenommen,[47] eine Sachbeschädigung liege stets dann schon vor, wenn der Gestaltungswille des Eigentümers oder das vernünftige Interesse des Eigentümers am Zustand und Erscheinungsbild der Sache beeinträchtigt wird und ihm ein nicht unerheblicher Instandsetzungsaufwand entsteht.

Dieser Auslegung ist der BGH entgegengetreten:[48] § 303 schützt nicht, wie etwa § 1004 BGB, die Belange des Eigentümers in umfassender Weise; strafrechtlichen Schutz gewährt § 303 nur dem Interesse des Eigentümers an der körperlichen Unversehrtheit seiner Sache. Überdies wäre das Abstellen

47 OLG Hamburg NJW 1979, 1614; Schroeder JR 1976, 339.
48 BGHSt 29, 129.

auf den „Gestaltungswillen" des Eigentümers zu undeutlich, zu unbestimmt. Es kann nicht Aufgabe des Strafrichters sein, das „richtige" ästhetische Urteil zu finden und an die Stelle einer anderen Beurteilung, beispielsweise durch den Eigentümer, zu setzen.

Wortlaut!

Mit der Rechtsprechung des BGH ist vorliegend eine Sachbeschädigung abzulehnen: Auslegungsmaßstab ist in vorderster Linie der Wortlaut einer Norm; danach muss es sich aber um eine „Beschädigung" handeln, eben mit einem „Schaden" am Eigentum; davon kann keinesfalls die Rede sein, wenn ein aufgeklebtes Plakat ohne weitere Substanzbeeinträchtigung des beklebten Objekts wieder entfernt werden kann. Weitere ästhetische Gesichtspunkte, die schon vom Wortlaut des „Beschädigens" nicht erfasst sind, können überdies wegen inhaltlicher Konturenlosigkeit keine Appellfunktion erfüllen.

S ist durch das Überkleben des Verteilerkastens keiner Sachbeschädigung nach § 303 Abs. 1 schuldig.

II. S könnte eine Sachbeschädigung nach § 303 Abs. 2 begangen haben, als er den Verteilerkasten „wild" plakatierte. Dann müsste er unbefugt das Erscheinungsbild einer fremden Sache nicht nur unerheblich und nicht nur vorübergehend verändert haben.

Mit der Regelung sollen Fälle erfasst werden, in denen eine Verunstaltung, Verdeckung oder Veränderung der Erscheinung die Grenze der Substanzverletzung nicht überschreitet.

1. A hat den Verteilerkasten in seinem Erscheinungsbild verändert, als er das Plakat aufklebte. Damit hat er den optischen Eindruck, den die Oberfläche des Verteilerkastens bei einem Betrachter erzeugt, verändert.

2. Fraglich ist allerdings, ob es sich hierbei um eine bloß unerhebliche und vorübergehende Veränderung gehandelt hat.

Obersatz

Unerheblich sind Veränderungen in der Regel, wenn keine Einwirkung auf die Sache oder auf den Gegenstand vorliegt und wenn sie nicht dauerhaft sind; vorübergehend sind solche Veränderungen, die ohne Aufwand binnen kurzer Zeit selbst wieder vergehen oder entfernt werden können.

Subsumtion

Da der die Tat beobachtende Polizeibeamte das eigenmächtig angebrachte Plakat sofort wieder entfernen konnte, war die Veränderung des Erscheinungsbildes lediglich vorübergehender Natur.

Mithin scheidet auch eine Strafbarkeit nach § 303 Abs. 2 aus.

III. S könnte eine Sachbeschädigung gemäß § 303 Abs. 1 begangen haben, als er aus dem Reifen des Fahrrads seines Mitbewohners die Luft herausließ.

1. Das Fahrrad seines Mitbewohners ist eine für S fremde Sache.

Rechtlicher Obersatz

2. Fraglich ist allerdings, ob der S durch Herauslassen der Luft das Fahrrad beschädigt hat. Unter Sachbeschädigung ist jede nicht ganz unerhebliche körperliche Einwirkung auf eine Sache zu verstehen, durch die ihre sachliche, stoffliche Zusammensetzung verändert oder ihre Unversehrtheit derart aufgehoben wird, dass die Brauchbarkeit für ihre Zwecke gemindert ist.

Subsumtion

a) Das Ablassen der Luft aus einem Reifen eines Fahrrads führt zunächst zur Einschränkung der Gebrauchsfähigkeit des Fahrrads: Ohne Luft in einem der zwei Reifen ist ein bestimmungsgemäßer Gebrauch nicht möglich. Für die strafrechtliche Vollendung des § 303 Abs. 1 ist es überdies unerheblich, dass die durch das Ablassen der Luft beseitigte Gebrauchsfähigkeit durch erneutes Aufpumpen des Reifens wiederhergestellt werden könnte: Denn hierin läge nur eine nachträgliche Schadensbeseitigung, die den bereits eingetretenen tatbestandlichen Erfolg rückwirkend nicht entfallen ließe.

Demgemäß könnten die Voraussetzungen einer Sachbeschädigung vorliegend bejaht werden.

Teleologische Reduktion

b) In einem Eingriff, der ohne Veränderung der Sachsubstanz (lediglich) die Gebrauchsfähigkeit der Sache beeinträchtigt, kann allerdings dann keine Sachbeschädigung erblickt werden, wenn der Eingriff nur geringfügig ist, d.h. wenn die Gebrauchsfähigkeit ohne nennenswerten Aufwand an Zeit, Arbeit oder Kosten wiederhergestellt werden kann.

So ist in der Rechtsprechung anerkannt,[49] dass das Ablassen der Luft aus nur einem Reifen eines Kraftfahrzeugs dann nicht den Tatbestand der Sachbeschädigung erfüllt, wenn der Fahrer ein Ersatzrad bei sich führt und auch keine sonstigen besonderen Umstände vorliegen, die das Wiederaufpumpen erschweren. Deshalb liegt es nahe, das Ablassen der Luft aus einem Reifen eines Fahrrads zumindest in aller Regel dann nicht als Sachbeschädigung anzusehen, wenn sich an dem Fahrrad eine (funktionsfähige) Luftpumpe befindet. Denn das Wiederaufpumpen eines Fahrradreifens erfordert im Allgemeinen einen wesentlich geringeren Aufwand an Zeit und Mühe als ein Radwechsel an einem Kraftwagen.

Abwägung

Andererseits könnte Berücksichtigung finden, dass das Wiederaufpumpen auch eines Fahrradreifens einen nicht ganz unerheblichen Zeitaufwand und darüber hinaus während der Dauer der Tätigkeit die Anwendung körperlicher Kraft, die normalerweise durchaus als körperliche Anstrengung und Mühe empfunden wird, erfordert.

Überzeugender ist es jedoch, angesichts der Geringfügigkeit des Eingriffs – vergleichbar etwa mit dem Verdrehen eines Außenspiegels an einem Kraftfahrzeug – tatbestandlich die Voraussetzungen einer Sachbeschädigung aus Gründen des Bagatellprinzips abzulehnen.

Ergebnis: S ist straflos.

49 BGHSt 13, 207.

4. Teil: Betrug

Aufbauschema zu § 263

I. Tatbestand

1. objektiver Tatbestand

- Tathandlung: Täuschung über Tatsache
  - ausdrücklich
  - konkludent = schlüssige Erklärung
  - durch pflichtwidriges Unterlassen
- dadurch Irrtum über Tatsache erregen oder unterhalten
  - Erregen als Hervorrufen der Fehlvorstellung
  - Unterhalten durch Bestärken vorhandener Fehlvorstellung oder Verhinderung/Erschwerung der Aufklärung
- dadurch (ungeschriebenes Tatbestandsmerkmal!) Vermögensverfügung = jedes Handeln, Dulden oder Unterlassen, das sich unmittelbar vermögensmindernd auswirkt
  - unmittelbar = wenn Vermögensminderung täuschungsbedingt vom Opfer und ohne deliktische Zwischenakte des Täters veranlasst wurde
  - Dreiecksbetrug: Ist ein anderer als der Getäuschte Vermögensträger, muss zwischen dem Verfügenden und dem Vermögensträger eine tatsächliche oder rechtliche Nähebeziehung bestehen.
  - Vermögensschaden

2. subjektiver Tatbestand

- Tatbestandsvorsatz – bzgl. aller objektiven Tatbestandsmerkmale genügt dolus eventualis
- Absicht (dolus directus 1. Grades) stoffgleicher (ungeschriebenes Tatbestandsmerkmal!) Eigen- oder Drittbereicherung
- Rechtswidrigkeit der geplanten Bereicherung (= objektives Tatbestandsmerkmal!)
- Vorsatz (alle Formen) bzgl. dieser Rechtswidrigkeit

II. Rechtswidrigkeit

III. Schuld

IV. Regelbeispiele des § 263 Abs. 3 S. 2

V. Strafantrag (§ 263 Abs. 4 i.V.m. §§ 247, 248 a)

Fall 15: Prozessbetrug im Mahnverfahren
(OLG Düsseldorf NStZ 1991, 586)

K übte den Beruf eines Finanzmaklers aus. In mehreren Fällen täuschte er interessierte Kunden über Finanzierungsmöglichkeiten und veranlasste diese zu Maklleraufträgen. Trotz Erfolglosigkeit seiner Maklerbemühungen beantragte er bei einem Amtsgericht gegen S einen Mahnbescheid in Höhe von 1.000 € und bezeichnete seinen Anspruch mit „Maklerauftrag vom 07.10.2006". Zugleich beantragte er für den Fall, dass der Gegner nicht rechtzeitig Widerspruch erhebt, einen Vollstreckungsbescheid. Der zuständige Rechtspfleger erließ diesen Mahnbescheid. K war sich im Klaren darüber, dass er die Maklercourtage wegen fehlenden Nachweises nicht verdient hatte. Nach erhobenem Widerspruch durch S wies das zuständige Amtsgericht die Klage des K ab.

Strafbarkeit des K?

I. A könnte einen Betrug gemäß § 263 Abs. 1 zulasten des S begangen haben, als er den Mahnbescheid beantragte.

Schon beim Obersatz sollte deutlich werden, zu wessen Lasten ein Betrug geprüft wird.

1. Dann müsste er über Tatsachen getäuscht haben.

Tatsache oder Werturteil?

a) Tatsachen sind gegenwärtige oder vergangene Verhältnisse, Zustände oder Geschehnisse. Hiervon abzugrenzen sind bloße Werturteile, bei denen die Äußerung nicht die Behauptung einer intersubjektiven überprüfbaren Wirklichkeit, sondern allein diejenige einer subjektiven Bewertung eines äußeren oder inneren Geschehens enthält. Bloße Rechtsausführungen sind, wenn sie allein die Rechtslage (z.B. das Bestehen eines Zahlungsanspruchs) beurteilen, keine Tatsachenerklärung; anderes gilt, wenn zugleich (ausdrücklich oder konkludent) über anspruchsbegründende Tatsachen getäuscht wird.

Subsumtion

b) Vorliegend gab der K bei der Bezeichnung des Anspruchs gemäß § 690 Abs. 1 Nr. 3 ZPO lediglich „Maklerauftrag vom 07.10.2006" an. Mit dieser – wenn auch knappen – Erklärung gab der K nicht etwa nur eine rechtliche Beurteilung eines möglicherweise bestehenden Anspruchs wieder, sondern erklärte zugleich in Form einer verkürzten Rechtstatsache, dass er aus einem am 07.10.2006 erteilten und schließlich abgewickelten Maklerauftrag eine entsprechende Courtage verdient hat.

„Rechtstatsache"

Infolgedessen enthält die im Mahnantrag vorgenommene Bezeichnung des Anspruchs eine unwahre (Rechts-)Tatsachenerklärung.

c) Durch die konkrete Bezeichnung des Anspruchs hat der K ausdrücklich die unwahre Behauptung des Vorliegens dieser Umstände aufgestellt und eine Täuschung vorgenommen.

2. Durch die Täuschung muss ein Irrtum erregt oder unterhalten werden; dieses ist spiegelbildliches Gegenstück zur Täuschung und selbstständiges Betrugsmerkmal.

Beachte: Nicht inhaltsgleich mit § 16!

a) Irrtum ist nach überwiegender Ansicht jeder Widerspruch zwischen einer subjektiven Vorstellung und der Wirklichkeit, wobei ein Irrtum auch dann bejaht wird, wenn der Getäuschte Zweifel an der Wahrheit des Vorgespiegelten hat. Das gänzliche Fehlen einer Vorstellung, also die Unkenntnis der relevanten Tatsachen, begründet dagegen noch keinen Irrtum.

Anderes gilt eben bei § 16!

b) Vorliegend war der Rechtspfleger zuständig für den Erlass des Mahnbescheides, § 20 Abs. 1 Nr. 1 RPflG.

Gemäß § 692 Abs. 1 Nr. 2 ZPO enthält der Mahnbescheid den ausdrücklichen Hinweis, dass das Gericht nicht geprüft hat, ob dem Antragsteller – hier dem K – der geltend gemachte Anspruch zusteht.

aa) Hieraus und aus dem im Übrigen automatisierten Mahnverfahren wird in der Literatur[50] ganz überwiegend die Ansicht vertreten, dass eine positive Fehlvorstellung des Rechtspflegers im Mahnverfahren nicht gegeben sei. Ohne weitere Prüfung erlasse er vielmehr in jedem Fall einen Mahnbescheid. Damit wäre der Betrug mangels Irrtumserregung abzulehnen.

bb) Demgegenüber hat die Rechtsprechung[51] die Position eingenommen, dass trotz fehlender materieller Prüfungspflicht eine Täuschung des Rechtspflegers sehr wohl möglich sei. Denn unabhängig von dieser Prüfungspflicht müsse der Rechtspfleger bei Kenntnis der Nicht-Existenz des geltend gemachten Anspruchs den Erlass eines Mahn- oder Vollstreckungsbescheides ablehnen, wolle er nicht zum Mittäter eines Betruges werden. Infolgedessen wird ein Rechtspfleger stets bei Erlass des Mahnbescheides das begleitende Bewusstsein, dass „alles in Ordnung" sei, haben. Danach könnte vorliegend ein Betrug begangen worden sein.

Sachgedankliches Mitbewusstsein: „Alles in Ordnung"

Stellungnahme

cc) Im Ergebnis ist ein Irrtum anzunehmen: Der Hinweis gemäß § 692 Abs. 1 Nr. 2 ZPO dient der Information des vermeintlichen Schuldners, dass trotz Erlasses eines Mahnbescheides eine materiell beständige Prüfung des Anspruchs durch ein unabhängiges Gericht noch nicht stattgefunden hat; so soll dem Schuldner eben nicht das Gefühl vermittelt werden, dass mit Erlass des Mahnbescheides gleichsam alles „gelaufen" sei. Dessen ungeachtet macht sich aber das Rechtspflegeorgan vor Erlass eines Mahnbescheides im Groben darüber Gedanken, dass „wohl alles in Ordnung" sei, zumal sich der Staat bei grob fahrlässiger Unkenntnis des Rechtspflegers möglichen Ersatzansprüchen mit Durchgriffsmöglichkeit ausgesetzt sieht.

Infolgedessen kann vorliegend ein Irrtum des Rechtspflegeorgans bejaht werden.

Beachte: Vermögensverfügung als ungeschriebenes Tatbestandsmerkmal

3. Als ungeschriebenes Tatbestandsmerkmal setzt § 263 Abs. 1 eine Verfügung des aufgrund der Täuschung Irrenden über eigenes oder fremdes Vermögen voraus.

Beachte: nicht Verfügung i.S.d. BGB

Verfügung ist jedes Tun oder Unterlassen, das sich unmittelbar vermögensmindernd auswirkt.

a) Eine Vermögensverfügung über eigenes Vermögen – des Rechtspflegers bzw. des Staates – scheidet von vornherein aus.

b) Der Erlass des Mahnbescheides könnte sich aber als Vermögensverfügung zulasten des S auswirken.

„Näheverhältnis" ist unproblematisch!

Angesichts der gesetzlichen Regelungen in der ZPO, ein entsprechendes Mahnverfahren zu betreuen, war der Rechtspfleger tatsächlich und rechtlich in der Lage, unmittelbar vermögensmindernde Handlungen in Bezug auf das Schuldnervermögen vorzunehmen.

---

50 Lackner/Kühl § 263 Rdnr. 17.

51 BGHSt 17, 257; OLG Düsseldorf NStZ 1991, 586.

Indes stellt sich die Frage, ob bereits der Erlass des Mahnbescheides eine derartig unmittelbar vermögensmindernde Wirkung hat.

Angesichts des weiteren notwendigen Verfahrensablaufs – ggf. Widerspruch gegen den Mahnbescheid, Erlass eines Vollstreckungsbescheides – ist diese unmittelbare Auswirkung im Vermögen des Schuldners abzulehnen: Allein der Erlass des Mahnbescheides wirkte sich noch nicht unmittelbar vermögensmindernd zulasten des S aus, da der Mahnbescheid für sich betrachtet keinen Zahlungstitel enthält, sondern nur die erste Stufe des Mahnverfahrens darstellt; mit dieser Urkunde kann der Antragsteller letztlich keine Vermögensveränderung zu seinen Gunsten herbeiführen. Konkreten Vermögensbezug hätte es erstmalig im streitigen Erkenntnisverfahren nach eingelegtem Widerspruch mit einem entsprechenden Urteil (§ 704 ZPO) bzw. mit Erlass des Vollstreckungsbescheides (§§ 700 Abs. 1, 704 ZPO) gegeben: Aus diesen Zahlungstiteln hätte vollstreckt werden können.

ZPO-Normen benennen!

Der K ist nicht der Begehung eines Betruges schuldig.

II. K könnte aber durch Beantragung des Mahnbescheides einen versuchten Betrug gemäß §§ 263, 22 begangen haben.

1. Bei Erlass des Mahnbescheides hatte der K den Tatentschluss, in dem zuständigen Rechtspfleger durch eine unwahre Tatsachenbehauptung einen Irrtum zu erregen. Zugleich stellte er sich vor, dass nach Erlass des Mahnbescheides später noch ein Vollstreckungsbescheid durch den Rechtspfleger ergehen würde, dieser mithin unmittelbar über das Vermögen des S verfügen würde. Des Weiteren hatte K die Vorstellung, dass er aus diesem Vollstreckungsbescheid die nicht bestehende Forderung in Höhe von 1.000 € gegen den S werde vollstrecken können, jenem mithin eine Vermögenseinbuße in Höhe dieses Vollstreckungsbetrages entstehen würde.

Beachte: Ein Versuch setzt einen „Entschluss" zur Verwirklichung des Tatbestandes (aller objektiven und subjektiven Merkmale) voraus; nicht „Entschluss" durch „Vorsatz" ersetzen!

2. Der K handelte insoweit auch in rechtswidriger Bereicherungsabsicht.

3. Fraglich könnte allerdings sein, ob der K bereits mit Beantragung des Mahnbescheides nach seiner Vorstellung von der Tat unmittelbar zur Verwirklichung des Betrugstatbestandes angesetzt hat.

Wortlaut des § 22 beachten

So könnte erwogen werden, dass die Beantragung des Mahnbescheides als bloße Vorbereitungshandlung für einen in der Erwirkung des späteren Vollstreckungsbescheides liegenden Betrug anzusehen ist. Allerdings ist hierbei zu berücksichtigen, dass das streng formalisierte Mahnbescheidsverfahren seinen Ursprung im Antrag auf Erlass eines Mahnbescheides nimmt und der Antragsteller zugleich mit diesem Antrag den weiteren Antrag auf Erlass eines Vollstreckungsbescheides stellt. Mit Abgabe dieser beiden Anträge an das zuständige Mahngericht hat der jeweilige Antragsteller das Notwendige veranlasst, um nach Fristablauf einen Vollstreckungsbescheid als Vollstreckungstitel zu erhalten. Mit dem Ausfüllen des Mahnbescheidsformulars und der anschließenden Abgabe der Handlungsherrschaft sollte das Mahnverfahren nach seiner Vorstellung ungestörten Fortgang ohne Zwischenakte nehmen und unmittelbar in die Tatbestandshandlung einmünden.

Infolgedessen hat der K unmittelbar zur Tatbestandsverwirklichung angesetzt.

4. Der K handelte rechtswidrig und schuldhaft. Rücktrittshandlungen i.S.v. § 24 sind nicht ersichtlich.

Nach Bejahung des Versuchs noch kurzen Blick auf den Rücktritt werfen!

Ergebnis: K ist eines versuchten Betruges gemäß §§ 263, 22 schuldig.

Fall 16: Abhebung und Auszahlung fehlgebuchter Gutschriften
(BGHSt 46, 194; OLG Köln NJW 1987, 2527)

A unterhielt bei der D-Bank ein Geschäftskonto. Auf dieses Konto erfolgte am 12.02.2006 im Wege einer Fehlbuchung eine Gutschrift i.H.v. 369.769,57 €. Der noch am selben Tag von A ausgedruckte Datensatz enthielt zu seinem Konto diese Gutschrift. Infolge eines Tippfehlers hatte eine Sachbearbeiterin bei einer bankinternen Umbuchung eine falsche Filialennummer eingegeben, weshalb es bei ansonsten identischer Kontonummer zu der Gutschrift auf dem Konto des A kam. Der A erkannte, dass es sich um eine fehlerhafte Gutschrift handelte und verfügte über das Guthaben mit insgesamt 25 Überweisungen; außerdem ließ er sich nach Ausfüllen eines Auszahlungsscheins 1.000 € bar auszahlen. Auf die Frage des Kassierers, ob es große Scheine sein dürften, antwortete der A mit „Ja" und erhielt 2.000 € ausgezahlt, weil der Kassierer sich verzählt hatte. Der A bemerkte auch dieses, nahm das Geld entgegen und gab es aus. Strafbarkeit des A?

I. A könnte einen Betrug gemäß § 263 Abs. 1 gegenüber und zulasten der D-Bank begangen haben, als er die Überweisungen gegenüber seiner Bank veranlasste.

1. Dann müsste er über Tatsachen getäuscht haben.

Was „sagt" A?

Mit seinem Verhalten gab der A ausdrücklich die Erklärung ab, dass er eine Transaktion von seinem Konto zugunsten eines jeweiligen Empfängers wünsche. Dieses allein erfüllt sicher nicht die Anforderung einer Täuschungshandlung.

Was „meint" A?

Etwas anderes könnte gelten, wenn in der Einreichung der Überweisungsträger zugleich die schlüssige Erklärung läge, dass dem Überweisenden ein entsprechendes Guthaben auf dem Belastungskonto auch materiell zustehe; so könnte erwogen werden, dass der Überweisungswunsch zugleich die Erklärung einschließt, die Auszahlung aus dem ihm zustehenden Guthaben zu verlangen. Indes können Behauptungen über Rechte nur Gegenstand einer Täuschungshandlung sein, soweit sie zugleich konkludent Tatsachenbehauptungen enthalten. Die bloße (unzutreffende) Behauptung eines Anspruchs ist dagegen allein nicht geeignet, überhaupt eine Täuschungshandlung i.S.d. § 263 zu begründen.

Tatsachenbehauptung oder Werturteil?

Insoweit käme allenfalls in Betracht, dem Überweisungsauftrag einen zusätzlichen tatsächlichen Aussageinhalt dergestalt beizulegen, dass für die zu überweisende Summe eine ausreichende Kontodeckung vorhanden sei.

Der Bundesgerichtshof hat sich wegen der vielgestaltigen Bankpraxis, bei der Abbuchungen ohne entsprechende Kontodeckung nicht selten sind, gegen die bisherige Rechtsprechung der Oberlandesgerichte gestellt und einen derartigen Erklärungswert abgelehnt. Angesichts vielfältig eingeräumter Dispositionskredite und häufig auch darüber hinausgehender weiterer geduldeter Überziehungen wird überdies der Anweisende häufig keine konkrete Kenntnis über den Stand seines Kontos haben. Außerdem fällt die Führung des Kontos und die ordnungsgemäße Buchung von Last- und Gutschriften gemäß §§ 677 ff. BGB in den Pflichtenkreis der kontoführenden Bank. Damit trägt sie die Verantwortung für die Kontoführung und damit grundsätzlich auch das Risiko, dass die Schuld besteht und die Leistung den Anspruch nicht übersteigt.

2. Damit scheidet eine Bestrafung wegen Betruges durch Vorlage der Überweisungsformulare aus.

II. Dem A könnte weitergehend ein Betrugsvorwurf gem. §§ 263 Abs. 1, 13 deshalb gemacht werden, weil er nicht auf die Fehlbuchung hingewiesen hat.

Unechtes Unterlassen nur bei Bestehen einer Garantenstellung

Nutzt ein Täter die Fehlvorstellung über die infolge der unrichtigen Buchung vorhandene Stornomöglichkeit – bzw. eine daneben bestehende Bereicherungseinrede (§ 821 BGB) – aus, führt dies aber nur dann zu einer Strafbarkeit durch Unterlassen, wenn eine entsprechende Offenbarungspflicht besteht.

Fraglich ist, ob der A gemäß § 13 Abs. 1 zur Offenlegung der Fehlbuchung verpflichtet war.

Ingerenz?

1. So könnte eine Garantenstellung unter dem Gesichtspunkt der Herbeiführung einer Gefahrenlage (Ingerenz) infrage kommen. Dann müsste der A sich gefahrerhöhend – nach überwiegender Ansicht gar pflichtwidrig – für das Vermögen der Bank verhalten haben.

A hatte zu der Fehlbuchung in keiner Weise beigetragen und war deshalb auch nicht an der Schaffung der durch die versehentliche Gutschrift entstandenen Gefahrenlage beteiligt. Er hatte diese lediglich durch seine Überweisungen später ausgenutzt.

§ 242 BGB?

2. Des Weiteren könnte eine Aufklärungspflicht aus den allgemeinen Grundsätzen von Treu und Glauben (§ 242 BGB) hergeleitet werden.

Derartige Aufklärungspflichten setzen nach einhelliger Einsicht als Grundlage ein besonderes Vertrauensverhältnis zwischen den handelnden Personen voraus. Es werden besondere Umstände im zwischenmenschlichen Bereich gefordert, aufgrund derer sich ein entsprechendes Aufklärungsverhalten des Leistungsempfängers gleichsam aufdrängt.

Davon kann vorliegend, angesichts des Massengeschäftes zwischen Bank und Kunden, keine Rede sein.

Schadenshöhe?

3. Des Weiteren könnte erwogen werden, aus der Höhe des drohenden Schadens für sich gesehen eine Offenbarungspflicht abzuleiten. Hierbei bliebe aber unberücksichtigt, dass der „Schadensfaktor" sich auf die Eigenart der zu beurteilenden Rechtsbeziehung zwischen den handelnden Parteien in der Regel nicht auswirkt. Im Übrigen ist das Verschweigen einer zur Selbstschädigung des anderen führenden Tatsache vom Grunde her gleich strafwürdig, ob der Schaden groß oder gering ist. Überdies wäre zu bedenken, dass eine Abgrenzung der Garantenpflicht nach der Höhe des drohenden Schadens im Hinblick auf das Bestimmtheitserfordernis des Art. 103 Abs. 2 GG nur schwer zu konkretisieren wäre.

Vertrag?

4. Schließlich könnte sich die Garantenstellung aus dem Vertrag zwischen Bank und Kunden ergeben.

Nach überwiegender Ansicht[52] reichen die vertraglichen Beziehungen alleine hierfür nicht aus, hinzutreten muss ein durch das Vertragsverhältnis vermitteltes besonderes Vertrauensverhältnis.

---

52 Fischer § 263 Rdnr. 47.

Die Rechtsbeziehungen der Bank zu ihrem Kontoinhaber regeln §§ 676 ff. BGB: Danach besteht für den Kunden aus dem Girovertrag die Hauptpflicht zur Zahlung des für die Kontoführung vereinbarten Entgelts; im Gegenzug ist die Bank verpflichtet, im Rahmen der Kontoführung die Abwicklung der Gut- und Lastschriften auf dem Girokonto vorzunehmen. Hierin erschöpfen sich allerdings die vertraglichen Beziehungen in einem gewöhnlichen Leistungsaustauschverhältnis. Deshalb wird nach überwiegender Ansicht durch die bloße Unterhaltung eines Girokontos keine Garantenstellung begründende Vertrauensbeziehung geschaffen.

Mithin ist der A auch nicht der Begehung eines Betruges durch Unterlassen gemäß §§ 263 Abs. 1, 13 schuldig.

Obersatz „offen" lassen

III. Schließlich könnte der A einen Betrug gemäß § 263 Abs. 1 dadurch begangen haben, dass er sich insgesamt 2.000 € in bar auszahlen ließ.

1. Soweit der A die Frage des Bankkassierers nach den großen Scheinen mit einem „Ja" beantwortete, stellt diese Äußerung keine Täuschung über Tatsachen dar: Angesichts einer erwarteten Barauszahlung i.H.v. 1.000 € stellt die bejahende Antwort nach großen Scheinen keine Täuschung über Tatsachen dar, da der A die Auszahlung der erwarteten Summe eben in großen Scheinen annehmen wollte.

2. Fraglich ist, ob die bloße Entgegennahme des Geldes zugleich eine schlüssige Erklärung darüber enthält, dass die angenommene Leistung vom anderen geschuldet sei.

So verhält es sich in der Regel bei Entgegennahme zuviel geleisteten Wechselgeldes!

Nach allgemeiner Verkehrsanschauung ist jedoch in der bloßen Entgegennahme einer Leistung nicht zugleich die Erklärung des Geschuldetseins enthalten. Es gehört grundsätzlich in den Risikobereich des Leistenden, dass die Schuld überhaupt besteht und die erbrachte Leistung den Anspruch nicht übersteigt. Deshalb erfüllt die Annahme zuviel gezahlten (auch Wechsel-)Geldes nicht den Betrugstatbestand.

3. Gleichfalls war der A nicht verpflichtet, nach den Grundsätzen des § 13 Abs. 1 den vorhandenen Irrtum des Kassierers aufzuklären: Weder bestanden zwischen ihm und dem Kassierer bzw. der Bank derartig starke zwischenmenschliche Beziehungen, die rechtliche und nicht mehr bloß sittliche Pflichten zur Offenlegung der tatsächlichen Verhältnisse auslösten, noch begründete das Vertragsverhältnis zur Bank diese besondere Rücksichtnahme (s.o.).

IV. A könnte durch Behalten und späteres Ausgeben des Geldes eine Unterschlagung gemäß § 246 Abs. 1 begangen haben.

Dann müsste er sich eine fremde bewegliche Sache rechtswidrig zugeeignet haben.

§§ 119, 123 BGB scheiden offensichtlich aus!

Mit der Auszahlung des Bargeldes an ihn erfolgte jedoch eine Übereignung der Geldscheine gemäß § 929 S. 1 BGB: Der Kassierer einigte sich im Namen der Bank mit dem A über die Übereignung der Geldscheine und übergab sie anschließend. Ein entsprechender Irrtum des Kassierers ist für die von ihm abgegebene Willenserklärung bedeutungslos.

Ergebnis: A ist straflos.

Fall 17: Sammelgaragen-Fall
(BGHSt 18, 221)

X und W unterhielten eine Liebesbeziehung. Die W hatte ihr Fahrzeug in einer hochhausähnlichen Sammelgarage untergestellt. In dieser Garage wurde für jeden untergestellten Wagen ein Zündschlüssel beim Pförtner (P) hinterlegt und dort an einem Schlüsselbrett aufbewahrt. Den zweiten Schlüssel behielten die Fahrzeughalter. Die Verfügungsberechtigten bekamen jedoch von der Garagenverwaltung auf Verlangen die dortigen Schlüssel ausgehändigt. Der X holte einmal den Wagen mit dem Sohn seiner Freundin nach deren vorangegangener telefonischer Genehmigung aus der Garage zu einer Fahrt ab. Dies wiederholte er in etwa sechs bis acht Fällen allein; am Morgen des 20. Mai während der Nachtschicht des Pförtnerdienstes sprach der X wieder in der Sammelgarage vor und holte in der Absicht, nicht zurückzukehren, ohne Wissen und Genehmigung der W deren Wagen ab, der ihm auch ausgehändigt wurde. Der Wagen wurde erst sechs Monate später sichergestellt.

Strafbarkeit des X?

I. X könnte einen Betrug gemäß § 263 Abs. 1 gegenüber P und zulasten der W begangen haben, als er sich das Fahrzeug von P in der Absicht aushändigen ließ, nicht damit zurückzukehren.

Schon im Einleitungssatz ist deutlich zu machen, zu wessen Lasten der Betrug geprüft wird.

1. Dann müsste er über Tatsachen getäuscht haben.

a) Ausdrückliche Erklärungen gab der X bei Abholung des Fahrzeugs nicht ab, insbesondere wurde er nicht ausdrücklich nach seiner etwaigen Berechtigung gefragt.

b) Allerdings könnte er den P konkludent (schlüssig) getäuscht haben. Dann müsste seinem äußeren Verhalten ein entsprechender typischerweise enthaltener Erklärungswert innewohnen.

Stets genauen Erklärungswert ermitteln!

Aufgrund seiner vorherigen Nutzungen mit dem Fahrzeug erklärte der X auch am 20. Mai, dass die Genehmigung der W immer noch vorläge. Mithin spiegelte X wahrheitswidrig mit seinem Verhalten vor, zur Benutzung des Fahrzeugs der W berechtigt zu sein.

2. Der P erlag durch dieses Verhalten des X auch einem entsprechenden Irrtum, da er an die Berechtigung des X auch bei dieser Fahrt glaubte.

3. Durch diesen Irrtum müsste es in der Person des P zu einer unmittelbar vermögensmindernden Verfügung gekommen sein. Verfügung ist die Aufhebung, Belastung, Übertragung oder inhaltliche Veränderung eines dinglichen Rechts.

a) Ersichtlich verfügte der P nicht über eigenes Vermögen, als er das Fahrzeug dem X überließ.

b) Möglicherweise verfügte der P aber über Vermögen der W, als er dem X die Fahrzeugschlüssel aushändigte und duldete, dass dieser mit dem Fahrzeug davonfuhr.

Notwendigerweise müssen beim Betrug Irrender und Verfügender identisch sein, nicht dagegen Verfügender und Geschädigter; unter bestimmten Voraussetzungen kann ein Dritter (sog. Dreiecksbetrug) durchaus zu-

Aufbauhinweis: Besser aus **der Norm** heraus die Abgrenzung vornehmen, die im Ergebnis bejaht werden soll.

lasten eines Drittvermögens verfügen. Insbesondere bei der Herausgabe von Gegenständen ist allerdings zu klären, ob der Dritte mit seinem Verhalten als verlängerter Arm des Täters handelt (dann unter Umständen Diebstahl in mittelbarer Täterschaft gemäß §§ 242 Abs. 1, 25 Abs. 1, 2. Var.) oder aus seiner Position heraus mehr für den Vermögensträger (dann Dreiecksbetrug gemäß § 263 Abs. 1) tätig wird.

aa) Eine derartige Zurechnung des Handelns durch einen Dritten zulasten des Vermögensträgers erfolgt unzweifelhaft, wenn der Getäuschte (Dritte) aufgrund Gesetzes, behördlichen Auftrags oder Rechtgeschäfts zur Vermögensverfügung zulasten des Drittvermögens ermächtigt ist (s.o. Fall 15: Rechtspfleger im Mahnverfahren).

bb) In den darüber hinausgehenden Fällen muss zwischen dem Verfügendem und dem Drittvermögen eine Nähebeziehung vorliegen, deren Voraussetzungen indes unterschiedlich beurteilt werden.

Tatsächliches Näheverhältnis: Was kann er?

So verlangt die überwiegende Ansicht,[53] dass der Verfügende tatsächlich im Lager des Vermögensinhabers stehe (Lagertheorie) oder ein sonstiges faktisches Näheverhältnis zum geschädigten Drittvermögen aufweist.

Rechtliches Näheverhältnis: Was darf er?

Demgegenüber reicht nach einer anderen Ansicht[54] die rein faktische Möglichkeit, auf das Vermögen eines Dritten zuzugreifen, nicht aus; vielmehr setze die Nähebeziehung voraus, dass der Verfügende ausdrücklich oder stillschweigend zur Verfügung ermächtigt war (Befugnistheorie).

Nach beiden Maßstäben ist vorliegend der W das Handeln des P zuzurechnen: Er stand faktisch im Lager der W als durch sie eingesetzter Gewahrsamshüter, zum anderen war er durch entsprechende Handhabung in der Vergangenheit und Duldung der W ermächtigt, bis zum Widerruf dem X das Fahrzeug auszuhändigen.

Mithin ist von einer Verfügung durch P zulasten des Vermögens der W auszugehen.

4. Durch die Herausgabe des Fahrzeugs ist der W auch ein Vermögensschaden entstanden: Sie verlor die Sachherrschaft am Fahrzeug, ohne zugleich einen Ausgleich für diese Vermögenseinbuße zu erhalten.

5. Der X handelte mit Vorsatz und der Absicht, sich einen (zivilrechtlichen) rechtswidrigen Vermögensvorteil zu verschaffen.

6. Der X handelte rechtswidrig und schuldhaft.

Regelbeispiele?

7. Ein besonders schwerer Fall des begangenen Betruges gemäß § 263 Abs. 3 liegt nicht vor.

Ergebnis: X ist strafbar gemäß § 263 Abs. 1.

II. Des Weiteren könnte der X sich strafbar gemacht haben gemäß § 248 b Abs. 1, als er das Fahrzeug der W abholte und damit wegfuhr.

Mit dem Abholen und Fortfahren des Fahrzeugs nahm der X gegen den Willen der Berechtigten, hier der W, das Fahrzeug in Gebrauch.

---

53 BGHSt 18, 221; Lackner JZ 1966, 320.

54 Samson JA 1978, 564.

Da X sich mit diesem Verhalten aber bereits nach § 263 Abs. 1 strafbar gemacht hat, tritt der Normverstoß des § 248 b wegen der in Abs. 1 bestimmten formellen Subsidiarität zurück.

III. Des Weiteren könnte der X einen Diebstahl gemäß § 242 Abs. 1 an dem verbrauchten Benzin im Kraftfahrzeug begangen haben.

Stichwort: „Umkehrung der formellen Subsidiarität"

Die überwiegende Ansicht[55] verneint bereits das Vorliegen des Tatbestandes des § 242 Abs. 1 – sei es mit der Begründung, dass der Verbrauch des Benzins von § 248 b Abs. 1 „miterfasst" sei, sei es mit dem Hinweis, dass das Benzin keine selbstständige fremde „Sache", sondern Bestandteil des weggenommenen Fahrzeugs sei. Nach anderen Ansichten[56] tritt jedenfalls der möglicherweise mitverwirklichte § 242 Abs. 1 im Wege der Gesetzeskonkurrenz hinter dem tatbestandsmäßig gegebenen § 248 b Abs. 1 zurück.

Stellungnahme ist überflüssig.

Da nach einhelliger Ansicht jedenfalls ein Diebstahl am verbrauchten Benzin ausscheidet, bedarf es keiner weiteren Entscheidung der unterschiedlichen Ansichten.

Ergebnis: X hat einen Betrug in Form des Dreiecksbetruges gegenüber P zulasten der W gemäß § 263 Abs. 1 begangen.

---

55 Hoyer in SK-StGB § 248 b Rdnr. 18.
56 Fischer § 248 b Rdnr. 11.

Fall 18: (Provisionsvertreter-)Betrug
(OLG Düsseldorf NJW 1990, 2397)

Z war als Zeitschriftenwerber tätig. Er veranlasste die L, ein Abonnement einer Zeitschrift zu bestellen, deren Bezug sie schon länger wünschte. Um ihr den Bezug dieser Zeitschrift „schmackhaft zu machen", erklärte Z wahrheitswidrig, er habe eine karitative Organisation gegründet, die sich um die Betreuung älterer Menschen kümmere. Die durch das Abonnement der Zeitschriften fällig werdenden Provisionen kämen dieser Vereinigung zugute. L, die weniger an einem Dauerabonnement dieser Zeitschrift interessiert war, sondern in erster Linie ein soziales Werk tun wollte, verpflichtete sich daraufhin schriftlich zu einem 2-Jahres-Bezug der Zeitschrift. Sie zahlte zwei Monatsbeiträge und erkannte nun, dass der Z die Zeitschrift nicht aus sozialer Motivation vertrieb, sondern um selbst die Provision zu erhalten. Sie kündigte den Vertrag gegenüber dem Verlag, der die Kündigung sofort akzeptierte. Z hatte in Ansehung dieses Vertrages 70 € Provision erhalten.

Strafbarkeit des Z?

Im Obersatz benennen, zu wessen Lasten der Betrug geprüft wird

I. Z könnte einen Betrug gemäß § 263 Abs. 1 gegenüber und zum Nachteil der L begangen haben, als er diese unter Hinweis auf sein soziales Engagement zum Abschluss des Vertrages veranlasste.

1. Dann müsste Z die L über Tatsachen getäuscht haben.

Dieses ist geschehen: Der Z erklärte der L wahrheitswidrig, dass fällig werdende Provisionen der von ihm gegründeten sozialen Vereinigung zugute kämen.

2. Die L befand sich hierüber in einem Irrtum.

3. L müsste weiter über ihr Vermögen verfügt haben.

Eingehungs- und Erfüllungsphasen können zusammengefasst werden

Dieses tat sie tatsächlich in zweierlei Hinsicht: Zum einen verpflichtete sie sich schriftlich in einem 2-Jahres-Vertrag zum Bezug der Zeitschrift; hierin wird nach überwiegender Ansicht[57] die Begehung eines sog. Eingehungsbetruges erblickt, da die L durch Eingehen der vertraglichen Verpflichtung, zukünftig monatliche Raten zu leisten, eine Minderung ihres Vermögens unmittelbar herbeigeführt hat. Zum anderen verfügte die L aber auch dadurch real über ihr Vermögen, dass sie bereits zwei Monatsbeträge Abonnementskosten an den Verlag überwies.

4. Schließlich müsste die L hierdurch einen Vermögensschaden erlitten haben.

Unter dem Begriff „Vermögen" wird nach überwiegender Ansicht die Summe der geldwerten Güter einer Person nach Abzug der Verbindlichkeiten verstanden.

Rechtlicher Obersatz

Voraussetzung für eine Vermögensschädigung ist eine Minderung des Vermögens in seinem Wert. Ein Vermögensschaden i.S.d. § 263 Abs. 1 liegt regelmäßig dann vor, wenn bei einem Vergleich zwischen dem Wert des Ver-

57 Fischer § 263 Rdnr. 176.

mögens vor und nach der Vermögensverfügung der Gesamtsaldo zulasten des „Geschädigten" ausfällt.

a) Grundsätzlich ist ein Vermögensschaden dann abzulehnen, wenn bei einem Eingehungs- bzw. Erfüllungsbetrug die aus dem Vermögen (abgeflossene) Leistung und die (dem Vermögen zugeflossene) Gegenleistung wirtschaftlich ausgewogen sind.

Subsumtion

So verhält es sich vorliegend: Die monatlich erbrachten (bzw. zukünftig zu erbringenden) monatlichen Leistungen entsprachen der Höhe nach dem Wert der empfangenen Gegenleistung, die Zeitschriften wurden durch Z keinesfalls überteuert an die L verkauft.

b) Dennoch schließt die objektive Gleichwertigkeit von Leistung und Gegenleistung einen Vermögensschaden nicht in jedem Fall aus. Bei einem Vergleich der beiderseitigen Verpflichtung ist nämlich zu berücksichtigen, dass ein Vermögensgegenstand nicht für jeden den gleichen Wert haben muss; insofern könnte es angezeigt sein, bei der konkreten Schadensermittlung die Person des Vermögensträgers mit seinem weiteren Umfeld bzw. seinen verfolgten Zielen und Zwecken zu berücksichtigen.

Ausnahme: Vermögensschaden durch persönlichen Schadenseinschlag

aa) So wird trotz wirtschaftlicher Ausgewogenheit von Leistung und Gegenleistung dann ein Vermögensschaden angenommen, wenn ein sog. „persönlicher Schadenseinschlag" anzunehmen ist. Dieser kann vorliegen, wenn der Vermögensträger für die empfangene Gegenleistung individuell keine Verwendungsmöglichkeit hat (Beispiel: Melkmaschinenfall); gleichfalls wird dieser persönliche Schadenseinschlag anzunehmen sein, wenn der Vermögensträger durch das betrügerisch zustande gekommene Geschäft zu anderen, weiteren vermögensnachteiligen Maßnahmen (Beispiel: hohe Kreditaufnahme) gezwungen wird; aber auch dann liegt ein individueller Schaden vor, wenn dem Vermögensträger durch das betrügerische Geschäft die vorhandenen wirtschaftlichen Mittel derartig entzogen werden, dass eine normale Lebensführung kaum noch möglich ist (Lexikonbestellung durch Sozialhilfeempfänger).

Subsumtion

Ein derartig persönlicher Schadenseinschlag ist in Ansehung der L als Vermögensträger vorliegend abzulehnen. Eine individuelle Verwendungsmöglichkeit der Zeitschrift hatte sie durchaus, wirtschaftliche Not durch weitere vermögensnachteilige Maßnahmen oder Entzug wirtschaftlicher Mittel hatte sie nicht zu befürchten.

Ausnahme: Vermögensschaden durch Zweckverfehlung

bb) Schließlich könnte erwogen werden, den vereitelten sozialen Zweckbezug als persönlichen Schadensfaktor anzuerkennen.

Nach überwiegender Ansicht[58] wird die Annahme eines Vermögensschadens trotz Ausgewogenheit und Gegenleistung in den Fällen erörtert, in denen der Vermögensträger mit seiner bewusst vorgenommenen Vermögensminderung zusätzlich einen weiteren Zweck, hier insbesondere im sozialen Bereich, verfolgte (sog. Zweckverfehlung). Danach ist auch in den Fällen ein Vermögensschaden anzunehmen, in denen der Vermögensträger für seine erbrachten Leistungen (etwa monatliche Zahlungen) eine Gegenleistung zu erwarten hat, die sich aus zwei Elementen zusammensetzt: zum einen eine wirtschaftlich reale Gegenleistung (Ware), zum anderen

58 Fischer § 263 Rdnr. 146 m.w.N.

das Erreichen eines weitergehenden sozialen Zwecks (karitative Unterstützung). Das Erreichen dieses karitativen Zwecks stellt dann nicht mehr einen bloßen Motivirrtum für die erbrachte Leistung dar, sondern ist vielmehr Hauptbestandteil im gegenseitigen Austauschverhältnis des begründeten Verhältnisses i.S.v. Leistung und Gegenleistung. Danach läge ein Betrug vor.

Nach einer anderen Ansicht[59] haben derartig karitative Zweckbestimmungen jedenfalls dann außer Betracht zu bleiben, wenn der Vermögensträger für seine Leistung eine wirtschaftlich ausgewogene Gegenleistung erhält: Der karitative Zweck stehe dann nicht im Gegenseitigkeitsverhältnis von Leistung und Gegenleistung. Etwas anderes mag dann gelten, wenn der einzige Zweckbezug in einer karitativen Unterstützung läge. Nach dieser Ansicht wäre ein Betrug abzulehnen.

Der ablehnenden Ansicht ist zuzugeben, dass § 263 das Vermögen schlechthin (vor einem Ärmerwerden) schützt, nicht dagegen die Motivlage, warum entsprechende Verfügungen getroffen werden. Allerdings kann nicht unberücksichtigt bleiben, dass – wie vorliegend – die Verfolgung eines karitativen Zwecks unmittelbarer Vertragsbestandteil war, um dessen Erfüllung die L als Bestellerin auch wirtschaftlich „geprellt" wurde.[60] Da Z keineswegs die Provision an karitative Zwecke abführte, war das Vermögen der L individuell in dieser Höhe geschädigt.

Keine Auswirkung tatsächlicher Stornierungsbereitschaft

c) Das Vorliegen eines Vermögensschadens entfällt vorliegend auch nicht deshalb, weil auf die bloße Beanstandung der L das Abonnement storniert wurde: Abgesehen davon, dass beim Eingehungsbetrug nach überwiegender Ansicht die Vollendung bereits zum Zeitpunkt des Vertragsschlusses anzunehmen ist, hatte L bereits zwei Monatsraten an den Verlag entrichtet. Selbst bei – nicht fallrelevanter – Erstattung gezahlter Monatsraten wäre der Betrug in seiner Vollendung noch zu bejahen, da die Erstattung betrügerisch erlangter Geldbeträge lediglich als nachträgliche Schadenswiedergutmachung im Rahmen individueller Strafzumessung zu bewerten ist.

5. Z handelte vorsätzlich.

6. Des Weiteren müsste Z in der Absicht gehandelt haben, sich oder einem Dritten einen rechtswidrigen Vermögensvorteil zu verschaffen; überdies müsste dieser vom Täter erstrebte Vorteil stoffgleich sein: Der Vorteil muss unmittelbare Kehrseite des Schadens sein, er muss als unmittelbare Folge aus der täuschungsbedingten Verfügung des Opfers stammen.

Stoffgleichheit

a) Vorliegend erstrebte der Z im Sinne eigentlicher Absicht den Erhalt der Provision nach Vertragsabschluss. Dieser von ihm erstrebte Vermögensvorteil stammte indes nicht unmittelbar aus dem Vermögen der L, sondern aus dem Vermögen des von ihm vertretenen Verlages. Dieser unmittelbare wirtschaftliche Vorteil, den er erstrebte, war mithin nicht deckungsgleich mit dem real eingetretenen Schaden bei der L, es fehlte insoweit die Stoffgleichheit.

b) Nun ist allerdings zu berücksichtigen, dass der Z erst eine Provisionszahlung erhalten hatte, nachdem er gegenüber dem Verlag einen (äußerlich

59 Cramer in Schönke/Schröder/Perron § 263 Rdnr. 105.

60 So auch BGH wistra 2003, 457 ff.

wirksam zustande gekommenen) Vertragsabschluss über den Bezug einer Zeitschrift vorweisen konnte. Dieser Vertragsabschluss zugunsten des Verlages war für ihn zwingende Voraussetzung, um seinen Provisionsvorteil zu erhalten. Deswegen hatte der Z auch bei Abschluss des Vertrages zulasten der L die klare Zielvorstellung, einen entsprechenden Anspruch des Verlages gegen die L aus diesem Vertrag herbeizuführen, um somit die notwendige Voraussetzung seines Provisionsanspruchs gegen den Verlag zu schaffen.

Notwendiges Zwischenziel als dolus directus 1. Grades

Mithin handelte der Z nicht in (ausschließlicher) Absicht gerichtet auf einen Vermögensvorteil zu eigenen Gunsten aus dem Verlag, sondern gleichermaßen zielgerichtet auf das Verschaffen eines Vermögensvorteils zugunsten des Verlages, um überhaupt eigene Provisionen erhalten zu können. Nur mit Erreichen dieses notwendigen Zwischenziels konnte er sicher sein, die Provision zu erhalten. Damit ist aber die Bereicherungsabsicht zu bejahen.

7. Der Z handelte rechtswidrig und schuldhaft.

Ergebnis: Z hat sich wegen Betruges, § 263 Abs. 1, strafbar gemacht.

II. Z könnte des Weiteren einen Betrug gegenüber und zulasten des Verlages begangen haben, als er den durch L abgeschlossenen Vertrag zwecks Erhaltes eigener Provision einreichte.

1. L täuschte den Verlag über das Zustandekommen des Vertrages, indem er diesen im Unklaren darüber ließ, dass der Vertragsabschluss mit Mitteln der Täuschung, mithin anfechtbar gemäß § 123 BGB, zustande gekommen war.

2. Der Verlag verfügte irrtumsbedingt über eigenes Vermögen, als er die Provision an Z auskehrte.

3. Z handelte insoweit auch mit Vorsatz und rechtswidriger Bereicherungsabsicht.

4. Die Tat des Z war rechtswidrig und schuldhaft.

Ergebnis: Z ist strafbar wegen Betruges in zwei tatmehrheitlichen Fällen gemäß §§ 263 Abs. 1, 53.

Fall 19: Vermögensschaden bei vereinbartem Rücktrittsrecht
(BGHSt 34, 199)

Der A organisierte Werbung und Vertrieb für Verjüngungs- und Abmagerungsmittel sowie für „Haarverdicker" und „Nichtraucherpillen". Wie er wusste, waren sämtliche Produkte ebenso wirkungslos wie harmlos. Er verkaufte sie zu Preisen zwischen 30 € bis 40 € „ohne jedes Risiko" per Nachnahme zzgl. Versandspesen mit „Rückgaberecht innerhalb von 14 Tagen mit voller Geld-zurück-Garantie". Aufgrund seiner Erfahrung ging er von einem Reklamationsanteil von höchstens 10% aller Bestellungen aus. Tatsächlich wurde dieser Prozentsatz sogar unterschritten. Zur Erledigung der Reklamationen sowie für die Werbeanzeigen hatte er stets ausreichend Barmittel zur Verfügung; die Besteller hatten bei Reklamationen den vollen Kaufpreis zurückerhalten.

Strafbarkeit des A?

A könnte sich wegen Betruges gemäß § 263 Abs. 1 gegenüber und zum Nachteil der jeweiligen Besteller strafbar gemacht haben, als er die wirkungslosen Mittel vertrieb.

1. Dann müsste A über Tatsachen getäuscht haben.

Tatsache oder (anpreisendes) Werturteil?

Hierfür ist es erforderlich, dass die abgegebene Erklärung einen Tatsachenkern enthält; insbesondere bei erkennbaren Anpreisungen im Rahmen einer Werbeaktion werden häufig offensichtlich überzogene und einseitig positive Aussagen über ein Produkt vorgenommen, die mehr den Anforderungen eines persönlichen Werturteils als der Nachprüfung zugängliche Tatsachen enthalten.

Vorliegend beinhaltete die Anpreisung diesen notwendigen Tatsachenkern, da sie zugleich die Erklärung enthielt, dass die Mittel zur Verjüngung, Abmagerung, Haarverdickung bzw. zum Nichtraucherstatus führen. Damit hat A die Grenze des bloß persönlichen Werturteils überschritten.

Beachte: Auch (oder gerade!) der „Dumme" genießt Vermögensschutz!

2. Durch die Täuschung über die Wirksamkeit der zwar harmlosen, aber auch wirkungslosen Präparate erregte der A bei den jeweiligen Bestellern einen Irrtum, denn diese glaubten, die Präparate hätten im Kern die versprochene – wenn auch vielleicht übertrieben geschilderte – Wirkung, zumal der Verkauf noch mit einer „Geld-zurück-Garantie" beworben wurde.

Für die Annahme des Irrtums bleibt unbeachtlich, dass die Besteller bei hinreichend sorgfältiger Prüfung die Täuschung hätten erkennen können, insbesondere hat die individuelle Leichtgläubigkeit des jeweiligen Opfers außer Betracht zu bleiben.

3. Durch diesen Irrtum verfügten die Besteller über ihr Vermögen, indem sie das Geld für die Nachnahmesendung aushändigten.

4. Des Weiteren müssten die Besteller einen Vermögensschaden erlitten haben.

Angesichts getätigter Zahlungen für das wirkungslose Mittel erlitten die jeweiligen Vermögensmassen der Besteller eine wirtschaftliche Einbuße, wurden mithin ärmer.

Allerdings könnte hier beachtlich sein, dass den jeweiligen Bestellern ein Rücktrittsrecht im Sinne einer „Geld-zurück-Garantie" eingeräumt war.

Eingehungsbetrug

a) Bei einem Eingehungsbetrug, dessen Vollendung nach überwiegender Ansicht schon in der Eingehung einer jeweiligen Verbindlichkeit gesehen wird, können zivilrechtliche Gegenrechte nicht völlig außer Betracht bleiben. So verschiebt ein bestehendes zivilrechtliches Widerrufsrecht, sich nämlich einseitig vom geschlossenen Vertrag noch lösen zu können, den Zeitpunkt der betrugsrelevanten Vollendung bis zum Ablauf des Widerrufsrechts.[61] Dagegen haben Anfechtungsmöglichkeiten (§§ 123, 119 BGB) oder eine tatsächliche Stornierungsbereitschaft des Vertragspartners keinerlei Auswirkung auf die angenommene Vollendung, da die Lösung des Vertrages letztlich einhergeht mit Prozessrisiken, die der Geschädigte nicht zu tragen hat.

Fallbezug

Vorliegend war indes der Zeitpunkt des Eingehungsbetruges schon überschritten, da die jeweiligen Besteller gegen Nachnahme den zunächst geschuldeten Kaufpreis bereits entrichtet hatten.

Erfüllungsbetrug

b) Fraglich könnte allerdings sein, ob angesichts der vertraglich zugesicherten „Geld-zurück-Garantie" und hiermit verbundener wirtschaftlicher Positionen der jeweiligen Besteller ein Schaden angenommen werden kann.

Nach wirtschaftlicher Betrachtung verbleibt es bei dem eingetretenen Schaden. In dem hier zu beurteilenden Fall des Verkaufs von „Wundermitteln" ist und bleibt nach objektiv-wirtschaftlicher Betrachtung das Vermögen der Getäuschten um den Kaufpreis vermindert, ohne dass die Getäuschten ein entsprechendes Äquivalent als Ausgleich erhalten hätten. Auch das zugesagte Rücktrittsrecht mit der Geld-zurück-Garantie gleicht diese Vermögensminderung wirtschaftlich nicht vollwertig aus. Bezogen auf die Gesamtheit aller Geschäfte, die allesamt wegen der Wirkungslosigkeit der Präparate rückabwicklungsfähig waren, konnte diese Zusage wirtschaftlich nicht werthaltig sein, da angesichts der Vielzahl der vom Verkäufer getätigten Zusagen die Rückabwicklung mit ihrer wirtschaftlichen Bedienbarkeit völlig unsicher war. Diese Unsicherheit der Opfer, ob und gegebenenfalls wie ein Rücktrittsrecht überhaupt ausgeübt werden kann, wenn das Präparat teilweise oder – um die erwünschte Wirkung herbeizuführen – gar ganz verbraucht wurde, macht das zugesagte Recht der Rückabwicklung mit der verbundenen Geld-zurück-Garantie wirtschaftlich (fast) wertlos.

Mithin sind alle Besteller in ihrem Vermögen geschädigt worden.

5. Der A handelte vorsätzlich und in rechtswidriger Bereicherungsabsicht.

6. Die Tat des A war rechtswidrig und schuldhaft.

Ergebnis: Der A ist der Begehung einer Vielzahl von Betrugstaten gemäß § 263 Abs. 1 schuldig, die allesamt gemäß § 53 tatmehrheitlich konkurrieren.

61 Fischer § 263 Rdnr. 176.

Fall 20: Vermögensschutz bei verbotenen Rechtsgeschäften
(KG NJW 2001, 86)

Um vorzeitig an ihr Vermögen zu kommen, hatte E den Plan gefasst, seine Ehefrau F durch einen gedungenen Mörder töten zu lassen, und suchte nun nach einer Person, die geeignet und bereit erschien, die Tat auszuführen. Er traf auf K, dem er 50.000 € zur Tötung der Ehefrau anbot. K ging zum Schein auf das Angebot des E ein und sagte zu, die Ehefrau am nächsten Wochenende zu töten. Einzelheiten der Tatausführung besprachen die beiden nicht. E vereinbarte mit K, dass der „Killerlohn" nach vollzogener Tat in bar ausgehändigt werden sollte. E hatte zu keinem Zeitpunkt vor, dem K Geld zu bezahlen. K verlangte für die Begehung der Auftragstötung einen Vorschuss von 1.000 €, die der E – notgedrungen – ohne weitergehende Zahlungsbereitschaft zahlte. Der K offenbarte sich der Polizei, daraufhin wurde E festgenommen.

Strafbarkeit von E und K?

A. Strafbarkeit des E

§ 30 ist – wie §§ 22, 25, 26, 27 – stets mit einer BT-Norm zu prüfen!

I. E könnte sich der versuchten Anstiftung zu einem Totschlag gemäß §§ 212 Abs. 1, 30 Abs. 1 schuldig gemacht haben, indem er mit K das Angebot besprach.

1. E hatte den Entschluss, einen anderen, nämlich den K, zu bestimmen, dass dieser ein Verbrechen begeht: E wollte in K dessen Entschluss wecken, zulasten der Ehefrau des E einen Totschlag gemäß § 212 Abs. 1 zu begehen.

2. E hat zu der Anstiftung des K unmittelbar angesetzt.

3. E handelte rechtswidrig und schuldhaft.

E ist der Begehung einer versuchten Anstiftung zu einem Totschlag schuldig.

II. Des Weiteren ist der E der versuchten Anstiftung zum Mord gemäß §§ 211, 30 Abs. 1 schuldig, da E den K zu einer Tötung aus Habgier – Tötung der F gegen Geld – bestimmen wollte. Er selbst handelte aus demselben Tötungsmotiv, sodass auch die Bestrafung seiner Teilnahme aus dem Mordstrafrahmen zu erfolgen hat, und zwar entweder über die Anwendung des § 28 Abs. 2 (Lit.) oder über die Versagung einer Strafmilderung nach § 28 Abs. 1 (Rspr.).

III. E könnte weiterhin einen versuchten Betrug gegenüber und zulasten des K begangen haben, als er diesem die Zahlung eines „Killerlohns" in Aussicht stellte, den er tatsächlich aber nie zahlen wollte.

Ein vollendeter Betrug liegt nicht vor, da es zu einer weiteren Durchführung des in Aussicht genommenen Plans zu keinem Zeitpunkt gekommen ist.

Die Strafbarkeit des versuchten Betruges folgt aus § 263 Abs. 2.

Beachte: Nicht auf „Vorsatz" reduzieren!

1. E müsste den Tatentschluss gehabt haben, alle (objektiven und subjektiven) Tatbestandsvoraussetzungen des Betruges zu verwirklichen.

a) Er hatte die Vorstellung, den K über die eigene Zahlungsbereitschaft zu täuschen, insoweit war auch ein entsprechender Irrtum in der Person des K beabsichtigt.

b) Fraglich ist allerdings, ob der E sich auch vorstellte, eine betrugsspezifische Vermögensverfügung in der Person des K auszulösen.

Soweit der E die Vorstellung hatte, mit K einen „Vertrag" über den Auftragsmord an seiner Ehefrau abzuschließen, er mithin glaubte, K würde sich zu einer entsprechenden „Verbindlichkeit" verpflichten, stellte dieser vorgestellte „Vertragsabschluss" angesichts greifbarer Sittenwidrigkeit gemäß §§ 134, 138 BGB keine Vermögensverfügung dar.

So offensichtlich: Deshalb ist die Prüfung eines „vollendeten" Eingehungsbetruges entbehrlich.

Allerdings stellte sich der E vor, K werde ihm gegenüber eine tatsächliche „Dienstleistung" erbringen, indem jener die F töten werde.

Im Strafrecht ist anerkannt, dass der Arbeitsleistung eines Menschen Vermögenswert zukommt, soweit sie im Austausch gegen Entgelt erbracht wird; Verfügungsgegenstände können durchaus geldwerte Arbeitsleistungen sein.

Vorliegend könnte dieses aber im Hinblick darauf zweifelhaft sein, dass die in Aussicht gestellte Arbeitsleistung des K in der Auftragstötung der Ehefrau des K liegen sollte. Ob derartige Arbeitsleistungen noch strafrechtlichen Vermögensschutz genießen, wird unterschiedlich beurteilt.

Juristisch-ökonomischer Vermögensbegriff

Der der sog. juristisch-ökonomische Vermögensbegriff[62] grenzt all jene Vermögenspositionen aus dem strafrechtlich-wirtschaftlichen Schutz aus, die „juristisch" (gemeint: zivilrechtlich!) zu missbilligen sind bzw. keine zivilrechtliche Beständigkeit besitzen. Die Einheit der Rechtsordnung gebietet insoweit, dass das Strafrecht die zivilrechtlichen Wertungen beachtet. Danach hätte der K keinesfalls einen Vermögensschaden erlitten, da seine „vertraglich" zugesicherte Arbeitsleistung verboten war.

Wirtschaftlicher Vermögensbegriff

Der wirtschaftliche Vermögensbegriff[63] schützt all jene Positionen, die in der Wirtschaftsordnung einen entsprechenden wirtschaftlichen Wert haben. Die zivilrechtlichen Wertungen änderten nichts an einem wirtschaftlichen Wert des jeweiligen Gutes, könnten es allenfalls – wie etwa bei Hehlerware deutlich wird – weniger wert erscheinen lassen. Dieser weite wirtschaftliche Ansatz wird allerdings in den Fällen eingeschränkt, in denen Arbeitskraft für verbotene (Beispiel: Killerlohn, Drogengeschäfte) oder sittenwidrige (Beispiel: Schmiergeldzahlungen) Rechtsgeschäfte eingesetzt werden soll. In diesem Bereich gibt es eben keinen auch wirtschaftlich messbaren Wert.

Stellungnahme überflüssig!

Mithin hatte der E nach allen Ansichten keinen Tatenschluss, den K zur Vornahme einer Vermögensverfügung durch Ausführung der Auftragstötung zu veranlassen.

2. Eine Strafbarkeit des E aus §§ 263 Abs. 1, 22 scheidet aus.

Nähere Konkurrenzbestimmung ist entbehrlich

Konkurrenzen und Ergebnis für E: E ist einer versuchten Anstiftung zum Totschlag gemäß §§ 212 Abs. 1, 30 Abs. 1 sowie einer versuchten Anstiftung zum Mord gem. §§ 211, 30 Abs. 1 schuldig. Die versuchte Anstiftung zum Mord verdrängt die versuchte Anstiftung zum Totschlag, sodass E aus §§ 211, 30 Abs. 1 strafbar ist.

---

62 Fischer § 263 Rdnr. 89.
63 BGHSt 26, 347; 48, 322.

B. Strafbarkeit des K

I. K könnte sich gemäß §§ 212 Abs. 1, 30 Abs. 2 strafbar gemacht haben, als er gegenüber dem E erklärte, er werde die F töten.

1. Dann müsste sich K dazu bereit erklärt haben, ein Verbrechen zu begehen.

a) Die Tötung der Ehefrau wäre als verwirklichter Totschlag gemäß § 212 Abs. 1 mit der Strafandrohung nicht unter fünf Jahren Freiheitsstrafe ein Verbrechen i.S.v. § 12 Abs. 1.

b) Hierzu müsste sich der K bereit erklärt haben.

Darunter ist die Erklärung, ein bestimmtes Verbrechen begehen zu wollen, zu verstehen. Allerdings muss die Erklärung vom Handelnden ernst gemeint sein.

Hieran fehlt es vorliegend, da K von Beginn an nicht vorhatte, die Tat auszuführen.

Eine Bestrafung des K gemäß § 212 Abs. 1, 30 Abs. 2 scheidet mithin aus.

II. Des Weiteren könnte sich K der Begehung eines Betruges gemäß § 263 Abs. 1 schuldig gemacht haben, als er dem E 1.000 € Anzahlung für die in Aussicht gestellte Auftragstötung abnahm.

1. Der K täuschte den E über seine Bereitschaft, die Tötung durchzuführen; dadurch entstand in E ein entsprechender Irrtum, der den E auch veranlasste, eine Vermögensverfügung i.H.v. 1.000 € zu treffen, indem er diesen Betrag an K auszahlte.

Fraglich ist allerdings, ob der E in Höhe dieser 1.000 € einen Vermögensschaden erlitten hat.

Juristisch-ökonomisch

a) Im Rahmen des juristisch-ökonomisch vertretenen Vermögensbegriffes ist ein derartiger Schaden abzulehnen, da der Tatbestand des Betruges einen Eingriff in das rechtlich geschützte Vermögen voraussetze. Dieses ist aber nicht erfüllt, wenn der Getäuschte zu der tatsächlich sein Vermögen mindernden Aufwendung durch die Vorspiegelung einer Gegenleistung bestimmt worden ist, die eine unsittliche oder unerlaubte Handlung ausmachen würde. Der Staat kann die Verletzung solcher Verträge, denen er überhaupt die rechtliche Anerkennung versagt, nicht strafrechtlich ahnden. Insbesondere unter dem Gesichtspunkt der Einheit der Rechtsordnung käme es anderenfalls zu unauflösbaren Wertungswidersprüchen.

Subsumtion

Nach dieser Ansicht hätte der E keinen Vermögensschaden erlitten, er hätte gleichsam auf „eigene Gefahr" in Kenntnis bestehender Sittenwidrigkeit geleistet.

Wirtschaftlich

b) Demgegenüber vertritt die überwiegende Ansicht einen wirtschaftlichen Vermögensbegriff; danach ist vorliegend das Vermögen des E um 1.000 € geschmälert worden, ohne eine Gegenleistung hierfür erhalten zu haben. Ein Vermögensverlust kann nicht deshalb verneint werden, weil das Verlorene gemäß § 817 S. 2 BGB nicht im Rechtswege zurückverlangt werden kann. Im Gegenteil muss derjenige, der nicht die Möglichkeit hat, nachträglich einen Ausgleich seines Verlustes zu erreichen, erst recht als strafrechtlich geschädigt gelten. Im Übrigen sind die Unterschiede zwischen dem Privat- und dem Strafrecht daraus zu erklären, dass die Aufgaben der beiden Rechtsordnungen völlig verschiedenartig sind. Außerdem kann die Verfolgung verbotener Zwecke durch den Getäuschten kein Freibrief für den Schädiger sein, sich die Vermögenswerte, die der Getäuschte zu unerlaubten Zwecken riskiert, zu eigenen Nutzen zu verschaffen.

Nach dieser Ansicht läge ein tatbestandlicher Vermögensschaden vor. Subsumtion

c) Dem wirtschaftlichen Vermögensverständnis ist der Vorzug zu geben.

Stellungnahme

Wortlaut aufnehmen

Der zunächst maßgebliche Wortlaut des Betruges enthält zur Bestimmung des Vermögensschadens keinerlei Hinweis auf etwaige zivilrechtliche Wertungen; anderes gilt etwa bei der „Bereicherungsabsicht", die laut Gesetz auf einen „rechtswidrigen" Vorteil – gemeint ist zivilrechtlich rechtswidrigen Vorteil – gerichtet sein muss. Vom Regelungsinhalt gebietet der Betrug als umfassendes Vermögensdelikt ebenfalls keine über den Wortlaut hinausgehende Beschränkung, soll er doch den Getäuschten davor bewahren, ärmer zu werden. Insoweit verbietet sich die Annahme unterschiedlich schützenswerter Vermögensmassen. Dem wirtschaftlichen Vermögensbegriff ist mithin der Vorzug zu geben.

E erlitt folglich einen Vermögensschaden.

2. K handelte vorsätzlich und in rechtswidriger Bereicherungsabsicht.

3. Die Tat des K war rechtswidrig und schuldhaft.

Ergebnis für K: K ist eines Betruges gemäß § 263 Abs. 1 schuldig.

Fall 21: Betrug durch doppeltes Dienstverhältnis als Referendar
(OLG Saarbrücken NJW 2007, 2868 f)

Anfang Juni 2007 stellte R im Bundesland S einen Antrag auf Einstellung als Rechtsreferendar im Vorbereitungsdienst. Wenig später stellte er im benachbarten Bundesland H denselben Antrag. Hierbei wurde er auf dem Fragebogen gefragt, ob er er sich schon in einem anderen Bundesland beworben habe, was von ihm bejaht wurde. Ende Juni bekam er die Zusage von beiden Bundesländern; um sich im Ergebnis vier Prüfungsversuche sichern zu wollen, trat er beide Stellen an und bezog entsprechende Referendarsbesoldung. Bei seinem Dienstantritt in S wurde er durch ein Merkblatt informiert, dass er wesentliche Änderungen seiner dienstlichen und persönlichen Verhältnisse anzuzeigen habe. Bis Oktober 2007 leistete er in beiden Bundesländern seinen Dienst und erhielt Bezüge; im November schied er sodann aus dem Vorbereitungsdienst in S aus und setzte sein Referendariat in H fort.

Strafbarkeit des A gemäß § 263?

I. R könnte einen Betrug zulasten der Anstellungsbehörde in S gemäß § 263 Abs. 1 begangen haben, als er sich in S um die Aufnahme in den Vorbereitungsdienst bewarb; allerdings hatte er weder ausdrücklich noch konkludent zu diesem Zeitpunkt unwahre bzw. unvollständige Angaben gemacht.

II. Ebenso scheidet ein Betrug gemäß § 263 Abs. 1 aus, als er sich im Nachbarland H ein weiteres Mal bewarb: denn wahrheitsgemäß gab er dort an, sich bereits zuvor in einem anderen Bundesland beworben zu haben.

III. R könnte allerdings einen Betrug durch Unterlassen gemäß §§ 263 Abs. 1, 13 gegenüber und zulasten der Anstellungsbehörde in S begangen haben, als er seinen Dienstherrn in S im weiteren Verlauf über die zweite Anstellung in H im Unklaren ließ.

Dann hätte er gemäß § 13 Abs. 1 rechtlich dafür einstehen müssen, dass der zum Tatbestand des Betruges gehörende Erfolg nicht eintritt. Eine derartige Garantenstellung ist beim Betrug nur dann anzunehmen, wenn der Täter nicht nur zur Aufklärung eines Irrtums, sondern gerade zur Abwendung eines Vermögensschadens verpflichtet ist.

Fraglich ist, woraus R eine derartige Aufklärungspflicht erlangt haben könnte.

1. So könnte erwogen werden, dass sich derartige Aufklärungspflichten schon aus denjenigen gesetzlichen Regelungen ergeben, die den juristischen Vorbereitungsdienst ausgestalten und etwa zum Gegenstand haben, dass der Rechtsreferendar seine volle Arbeitskraft dem Dienstherrn schuldet.[64] Allerdings dienen diese Regelungen nicht dem Schutz des Fiskalvermögens, sondern es sollen die Beeinträchtigungen dienstlicher Belange durch Aufnahme von Nebentätigkeiten verhindert werden. Verstöße hiergegen werden typischerweise disziplinarrechtlich geahndet, nicht dagegen mit Mitteln des Strafgesetzbuches. Mithin scheiden diese Regelun-

64 Vgl. etwa § 22 Abs. 4 S. 1 JAG.

gen als Grundlage einer vermögensschützenden strafrechtlichen Aufklärungspflicht aus.

2. Eine vermögensbezogene, zur Begründung einer Garantenstellung geeignete Aufklärungspflicht könnte sich des Weiteren aus dem Gesichtspunkt einer freiwilligen, insbesondere vertraglichen Übernahme ergeben.

Jedoch lag eine ausdrückliche Vereinbarung zwischen R und der Anstellungsbehörde in S mit dem Inhalt, den Antritt weiterer Referendarstellen mitzuteilen, nicht vor. Soweit dem R bei Dienstantritt ein Merkblatt überreicht wurde, kann hierdurch ebenfalls eine Verpflichtung nicht begründet werden: durch einseitiges Überreichen eines Merkblattes nach Einstellung kommt sicher keine wechselseitige Vereinbarung zustande.

Auch dem öffentlich-rechtlich ausgestalteten Vorbereitungsdienst – sei es in Verbindung mit dem Merkblatt, sei es in Verbindung mit dem freiwilligen Eintritt des R in diesen Dienst – kann selbstständig keine Offenbarungspflicht entnommen werden: dann hätte R zusätzlich ein besonderes Vertrauensverhältnis begründen müssen, das auch die Wahrung der Vermögensinteressen der Gegenseite umfasst.[65] Ein besonderes Vertrauensverhältnis wird etwa in den Fällen enger persönlicher Verbundenheit oder bei besonderen, insbesondere vermögensbezogenen Beratungspflichten angenommen. Bei dem von Anfang an zeitlich befristeten, lediglich öffentlich-rechtlich ausgestalteten Ausbildungsverhältnis ist jedoch kein besonderes Vertrauensverhältnis anzunehmen, das gerade die Vermögensinteressen der Anstellungskörperschaft schützen soll.

3. Eine Garantenstellung aus Treu und Glauben gemäß § 242 BGB ist ebenfalls abzulehnen, da diese nur in Fällen besonderer Vertrauensverhältnisse in Betracht kommt, an dem es vorliegend gerade fehlt.

4. Schließlich scheidet auch eine Aufklärungspflicht aus Ingerenz aus. R hat keinerlei objektiv pflichtwidrige Erklärungen abgegeben, die ihn bei nachträglicher Kenntnis der Unrichtigkeit zur Richtigstellung verpflichtet hätten; R hatte bereits bei Stellung seines Antrages auf Zulassung zum juristischen Vorbereitungsdienst in S keine unrichtigen oder unvollständigen Angaben gemacht.

Ergebnis: R ist straflos.

---

65 BGH NJW 2000, 3013 ff.

Fall 22: Vermögensschaden beim Anstellungsbetrug
(KG NStZ 1998, 413 ff.)

Der A lebte bis zur Wiederherstellung der deutschen Einheit in der DDR, wo er bis zu deren Ende bei der deutschen Volkspolizei beschäftigt war. Im Dezember 1983 hatte er sich als inoffizieller Mitarbeiter (IM) gegenüber dem Ministerium für Staatsicherheit der DDR verpflichtet und in der Folgezeit 66 handschriftliche Berichte erstellt. Mit Wirkung vom 3. Oktober 1990 wurde er nach der Wiedervereinigung nunmehr Angestellter im Polizeidienst des Landes Berlin. Den zuvor übersandten Personalfragebogen füllte er aus und verneinte die an ihn gerichtete Frage nach einer etwaigen Mitarbeit für das frühere Ministerium für Staatssicherheit. Die insoweit dann auf dem Fragebogen enthaltenen Zusatzfragen ließ er unbeantwortet. In der Folgezeit wurde er in das Beamtenverhältnis auf Probe berufen und erbrachte völlig zufriedenstellende Leistungen. Sodann kam seine frühere Mitarbeit als IM heraus. Der sich androhenden Entlassung kam er durch freiwilliges Ausscheiden aus dem Beamtenverhältnis zuvor. Als Beamter hatte er Bezüge i.H.v. ca. 60.000 € erhalten.

Strafbarkeit des A gemäß § 263?

A könnte einen Betrug gemäß § 263 Abs. 1 gegenüber und zulasten der Anstellungsbehörde begangen haben, als er den Fragebogen fehler- und lückenhaft ausgefüllt hat.

1. Dann müsste A über Tatsachen getäuscht haben.

Vorliegend beantwortete der A die ihm vorgelegte Frage nach einer früheren Mitarbeit als informeller Mitarbeiter (IM) nicht wahrheitsgetreu.

2. Durch diese falsche Angabe im Fragebogen befand sich die Anstellungsbehörde hierüber im Irrtum und traf deswegen die unmittelbare Vermögensverfügung, ihn als Angestellten in den Polizeidienst zunächst zu übernehmen.

3. Fraglich ist allerdings, ob der Anstellungsbehörde insoweit ein Vermögensschaden entstanden ist; dieses könnte insbesondere im Hinblick darauf zweifelhaft sein, dass A in der Folgezeit durchaus zufriedenstellende dienstliche Leistungen, die letztlich seiner Entlohnung bzw. Besoldung entsprachen, erbracht hat.

Anstellungsbetrug in freier Wirtschaft

a) Allein eine Täuschung über Vorbildung und berufliche Bewährungszeiten führen im privaten Anstellungsbereich noch nicht zu einem Vermögensschaden, sofern der die Arbeitsstelle erhaltende Täter nur die aufgrund des Arbeitsvertrages zugesagte Arbeitsleistung ordnungsgemäß erbringt.

Eine Ausnahme ist sicher dann anzunehmen, wenn der Täter eine zwingend vorausgesetzte Ausbildung vortäuscht (Beispiel: Approbation als Arzt) oder die privatwirtschaftliche Anstellung ein besonderes Vertrauensverhältnis voraussetzt, das der Täter letztlich nicht rechtfertigt (Beispiel: Verurteilung wegen Veruntreuung).

b) Fraglich ist indes, ob diese Grundsätze auch beim Anstellungsbetrug durch Amtserschleichung im öffentlichen Dienst einschlägig sind.

Anstellungsbetrug im öffentlichen Dienst

Hiernach sind zwei Fallgruppen des Vermögensschadens zu unterscheiden: die fehlende fachliche und die fehlende persönliche Eignung.

Fachliche Qualifikation?

Täuscht der Beamte über für das Amt rechtlich unerlässliche Anforderungen an die fachliche Qualifikation, insbesondere die Ausbildung, die nach Gesetz oder Verwaltungsvorschriften notwendige Voraussetzung für die Anstellung oder Beförderung ist, fehlt es schon regelmäßig an der Gleichwertigkeit von Leistung und Gegenleistung. Denn die Bezahlung im öffentlichen Dienst ist laufbahnabhängig; die Laufbahn wird wiederum von Ausbildung und Qualifikation bestimmt. Eine solche Täuschung liegt hier nicht vor.

Subsumtion

„Persönliche Würdigkeit?"

Subsumtion

Ein Vermögensschaden könnte aber durch fehlende persönliche Eignung infolge sittlicher oder charakterlicher Mängel (Stichwort: persönliche Würdigkeit) vorliegen: Gerade bei einem Polizeibeamten, der zum Gesetzesvollzug, zu dem auch Zwangsmaßnahmen gegenüber Bürgern gehören können, berufen ist, muss die Gewähr gegeben sein, dass seine Amtsführung von sachfremden Gesichtspunkten unbeeinflusst bleibt und er persönlich auch zuverlässig ist. Diese persönliche Zuverlässigkeit ist ein maßgeblicher objektiver Faktor für die Bemessung des wirtschaftlichen Wertes der versprochenen Leistung durch ihn. Dass er während der Anstellung fachlich nicht zu beanstandende Leistungen erbringt, ändert nichts an der Vermögensgefährdung, die zum Zeitpunkt des Vertragsschlusses bestand; die beanstandungsfreie Durchführung der Tätigkeit ist letztlich bloße Strafzumessungsfrage.

4. Vorsatz, Bereicherungsabsicht, Rechtswidrigkeit und Schuld sind gegeben.

Ergebnis: Der A ist eines (Anstellungs-)Betruges gemäß § 263 Abs. 1 schuldig.

5. Teil: Computerbetrug

Aufbauschema zu § 263 a

I. Tatbestand

1. objektiver Tatbestand

- Tathandlung
  - Abs. 1, 1. Var.: unrichtige Programmgestaltung oder
  - Abs. 1, 2. Var.: Verwendung unrichtiger/unvollständiger Daten oder
  - Abs. 1, 3. Var.: unbefugte Verwendung von Daten oder
  - Abs. 1, 4. Var.: sonst unbefugte Einwirkung auf den Ablauf
- dadurch
- Beeinflussung des Ergebnisses eines Datenverarbeitungsvorganges
  - als vergleichbarer Zwischenerfolg eines Irrtums
  - mit Vermögensbezug
- dadurch
- Vermögensschaden beim Systembetreiber oder Dritten

2. subjektiver Tatbestand: s. § 263

II. Rechtswidrigkeit

III. Schuld

III. Regelbeispiele: § 263 a Abs. 2 i.V.m. § 263 Abs. 3

IV. Strafantrag: § 263 a Abs. 2 i.V.m. § 263 Abs. 4 i.V.m. §§ 247, 248 a

Fall 23: Abhebung am Geldautomaten
(OLG Dresden StV 2005, 443)

A freundete sich mit der Y an. Die einfach strukturierte Frau fasste sehr schnell Zutrauen zu ihm und vertraute ihm ihre EC-Codekarte nebst Geheimzahl an. Eine Befugnis, über das Konto der Y bei der Sparkasse zu verfügen, hatte A nicht, was er auch wusste. Er erhielt die Codekarte lediglich, um entweder im Auftrag der Y Kontoauszüge zu holen oder in deren Beisein Haushaltsgeld vom Konto abzuheben. Trotzdem hob er mit der Codekarte unter Verwendung der Geheimnummer am Geldautomaten der Sparkasse vom Konto der Y 1.000 € ab. Nachdem er das Geld abgehoben hatte, verschwand er spurlos aus dem Lebensbereich der Geschädigten. Strafbarkeit des A?

I. A könnte durch Eingabe der Geheimnummer und Betätigen der Geldausgabetaste einen Computerbetrug gegenüber der Sparkasse und zulasten der Y gemäß § 263 a Abs. 1 begangen haben.

Das Obersatzverhalten genau benennen!

1. Dann müsste er unbefugt Daten verwendet haben.

a) Der Begriff der Daten ist von dem des § 202 a Abs. 2 zu unterscheiden und weiter zu fassen: Daten i.S.v. § 263 a sind kodierte Informationen in einer im Wege automatisierter Verarbeitung nutzbaren Darstellungsform; ausreichend ist hierfür eine Kodierung jedenfalls im Moment der Eingabe.

Beachte: Keine Legaldefinition im AT!

Die Eingabe der Geheimnummer i.V.m. den weiteren kodierten Informationen auf der EC-Karte, aber auch die weiteren Informationsschritte am Geldautomaten (Geldbetragstaste, Bestätigungstaste) erfüllen die Anforderung derartiger kodierter Informationen.

b) Diese Daten müsste A unbefugt verwendet haben.

Das Tatbestandsmerkmals „unbefugt" wird unterschiedlich beurteilt.

aa) Nach einem weiten Verständnis ist „unbefugt" aus der Sicht des kartenausgebenden Instituts zu verstehen: Die Bank bestimmt durch Ausgabe der Karte, wer berechtigt (= befugt) die Daten einsetzen darf.

Weite Auslegung

Danach war A zu keinem Zeitpunkt von der Bank ermächtigt worden, die Daten einzusetzen, er handelte mithin unbefugt.

Subsumtion

bb) Nach überwiegender Ansicht[66] ist dieses Merkmal dagegen streng in Anlehnung an § 263 Abs. 1 betrugsspezifisch auszulegen: Unbefugt ist die Verwendung danach dann, wenn sie gegenüber einer natürlichen Person Täuschungscharakter hätte; denn § 263 a will die Strafbarkeitslücke schließen, die dadurch entstanden ist, dass der Tatbestand des Betruges menschliche Entscheidungsprozesse voraussetzt, die bei dem Einsatz von EDV-Anlagen fehlen. Konkret ist die Täuschungsähnlichkeit der Datenverwendung durch einen Vergleich mit der Irreführung eines fiktiven Menschen zu ermitteln, der sich lediglich mit den Fragen befasst, die auch der Computer prüft. Dieser fiktive Schalterbeamte würde dann aber – ebenso wie der Computer – die entsprechende Geheimnummer mit dem dazugehörigen Konto vergleichen und sich überdies von der materiellen Berechtigung des diese Informationen nutzenden Bankkunden leiten lassen.

Enge Auslegung

66 Fischer § 263 a Rdnr. 11.

Subsumtion

Vorliegend hat der A die entsprechenden Kontodaten berechtigt von der Y erhalten, er war insoweit nach außen bevollmächtigt worden, diese Daten etwa zum Abholen der Kontoauszüge einzusetzen. Soweit der A diese ihm erteilte Vollmacht abredewidrig missbrauchte, stellt sich dieser Missbrauch dennoch nicht als „Täuschung" der Bank dar, sondern gegebenenfalls als missbräuchliches Verhalten gegenüber der Y, § 263 a scheidet aus.

Stellungnahme

cc) Bei der inhaltlichen Bestimmung des Merkmals „unbefugt" ist dessen Stellung in der konkreten Norm zu beachten: Schon die Überschrift des § 263 a als Computerbetrug macht deutlich, dass es sich um Regelungen eines gesonderten Betruges handeln muss; auch der Aufbau des Wortlauts dieser Norm entspricht völlig demjenigen des § 263 Abs. 1. Mithin sind Auslegungshilfen aus § 263 Abs. 1 heranzuziehen, sodass eine „betrugsspezifische" Auslegung geboten ist. Danach kommt diesem Merkmal eine sog. „Täuschungsäquivalenz" zu: Der die Daten nutzende Täter erklärt sinngemäß „Ich darf das", „Ich bin der formell Berechtigte". Eben diese formelle Berechtigung hatte der A aber durch Y erhalten.

Mithin scheidet eine unbefugte Verwendung von Daten aus.

2. A hat sich nicht gemäß § 263 a Abs. 1 strafbar gemacht.

II. Ein Betrug gemäß § 263 Abs. 1 gegenüber und zulasten der Y scheidet aus, da dem Sachverhalt keine Hinweise zu entnehmen sind, wonach der A schon täuschungsbedingt in den Besitz der Karte gelangt war.

Beachte: Anderes Obersatzverhalten als bei § 263 a!

III. Der A könnte einen Diebstahl gemäß § 242 Abs. 1 durch Herausnahme der Geldscheine begangen haben.

Angesichts der Nutzung des Geldautomaten mit der richtigen Geheimnummer ist indes von keinem Gewahrsamsbruch an den Geldscheinen auszugehen, da die Bank als ursprüngliche Sachherrschaftsträgerin der Geldscheine einverständlich die Sachherrschaft nach Eingabe der richtigen Geheimnummer i.V.m. den Kontodaten an den jeweiligen Benutzer übertragen wollte (vgl. Fall 8).

Besser: Variante, nicht Alternative! „Var." immer, wenn mehr als zwei Möglichkeiten zur Auswahl stehen. „Alt." nur, wenn nur zwei Möglichkeiten.

IV. Des Weiteren könnte sich der A durch Gebrauch der Karte gemäß § 266 Abs. 1, 2. Var. der Begehung einer Untreue schuldig gemacht haben.

1. Dann müsste er eine Vermögensbetreuungspflicht verletzt haben.

Rechtlicher Obersatz

a) Unter Vermögensbetreuungspflicht ist eine inhaltlich besonders herausgehobene Pflicht zu verstehen, Vermögensinteressen eines Dritten zu betreuen, d.h. diesem drohende Vermögensnachteile abzuwenden. Der Täter muss innerhalb eines nicht ganz unbedeutenden Pflichtenkreises im Interesse des Vermögensinhabers tätig und zur fremdnützigen Vermögensfürsorge verpflichtet sein. Allgemeine schuldrechtliche Verpflichtungen, so aus allgemeinen Austauschverhältnissen, reichen nicht aus.

Subsumtion

Vorliegend hatte die Y dem A ihre Scheckkarte und persönliche Geheimzahl überlassen. Wesensmäßig hatte sie ihm damit die Zugriffsmöglichkeit auf ihr Konto eröffnet, vergleichbar einer erteilten Bankvollmacht. Die Erteilung dieser Befugnis geht aber mit großem Vertrauen des Vollmachtgebers einher. Nur mit diesem Vertrauensvorschuss räumte die Y dem A eben die faktische Möglichkeit ein, Zugriff auf ihr Konto zu nehmen, sei es auch nur, um Kontoauszüge abzuholen oder in ihrem Beisein Haushaltsgeld abzuheben. Infolgedessen bestand eine Vermögensbetreuungspflicht.

b) Diese verletzte der A durch missbräuchliche Nutzung der Karte.

Schaden bei Y als Kontoinhaberin

2. Der Y entstand ein Vermögensschaden in Höhe des abgeholten Betrages, da zunächst ihr Konto mit dem abgehobenen Geldbetrag belastet wurde. Angesichts ihres Verhaltens, nämlich „leichtfertig" Karte und Geheimnummer einem Dritten anzuvertrauen, übernimmt sie auch jedes Missbrauchsrisiko im Verhältnis zur Bank, sodass letztlich ein Schadensausgleich zulasten der kontoführenden Bank ausgeschlossen ist.

3. A handelte vorsätzlich, rechtswidrig und schuldhaft.

Ergebnis: A ist einer Untreue gemäß § 266 Abs. 1, 2. Var. schuldig.

V. A könnte zugleich eine Unterschlagung gemäß § 246 Abs. 1 durch Herausnahme der Geldscheine aus dem Geldautomaten begangen haben.

1. Zum Zeitpunkt der Herausnahme waren die Geldscheine für A fremde bewegliche Sachen. Eine Übereignung der Geldscheine an ihn fand nicht statt (vgl. Fall 8).

2. Allerdings könnte fraglich sein, ob sich der A diese für ihn fremden Geldscheine (rechtswidrig) zugeeignet hat.

Konkurrenzlösung

a) Nach einer Minderansicht[67] sollen angesichts des Wortsinns Zueignungshandlungen bei jeder, auch mehrfachen Manifestationshandlung tatbestandsmäßig sein.

Subsumtion

Mit dem Herausnehmen der Geldscheine hätte sich eine Eigentümerstellung anmaßende Handlung nach außen manifestiert, § 246 ist zu bejahen.

Tatbestandslösung

b) Die Rechtsprechung[68] nimmt dagegen aus dem Tatbestand der Unterschlagung diejenigen Manifestationshandlungen aus, die nach bereits erfolgter Zueignung zeitlich später folgen. Mit der ersten Zueignungshandlung sei der Eigentumsangriff endgültig vollzogen.

Subsumtion

Danach würde eine Unterschlagung vorliegend jedenfalls dann ausscheiden, wenn A schon zuvor am Geld eine Eigentümerstellung anmaßende Manifestationshandlung vorgenommen hätte. Dieses ist sicher anzunehmen, wenn die Eingabe der Geheimnummer durch A bereits den Tatbestand einer – im weitesten Sinne auch das Eigentum schützenden – Norm verletzt hätte. Wie oben bereits festgestellt, erfüllte sein Verhalten mit Eingabe der Geheimnummer nicht den Tatbestand eines Computerbetruges, indes aber den der Untreue. Damit wäre das spätere Verhalten des A als sog. tatbestandslose Zweitzueignung aus dem Anwendungsbereich des § 246 ausgeschlossen.

Stellungnahme

c) Der Auslegung der Rechtsprechung ist der Vorzug zu geben: der Wortsinn „Zueignen" legt das Verständnis nahe, dass es sich hierbei um einen einmaligen, eben nicht beliebig wiederholbaren deliktischen Erfolg handelt. Schließlich bliebe unklar, wann eine Verjährung möglicher Strafbarkeit beginnen soll, sofern weitere Unterschlagungshandlungen an den deliktisch erlangten Sachen geplant sind. Auch der Anwendungsbereich der Absatzhilfe (s. Fall 39) legt diese einschränkende Auslegung nahe.

Ergebnis: A ist wegen Untreue gemäß § 266 Abs. 1, 2. Var. strafbar.

---

67 Mitsch JuS 1998, 312.
68 BGH 14, 38; NStZ-RR 1996, 132.

Fall 24: „Leerspielen" eines Geldspielautomaten
(BGHSt 40, 331)

A war im Besitz eines illegalen Computerprogramms, das für den Spielverlauf bei einem bestimmten Geldspielautomaten maßgeblich war. Mit diesem auf einer Diskette gespeicherten Programm und einem tragbaren PC fuhr er sodann mit einem Pkw zu einer Gaststätte, in der ein Geldspielgerät der speziellen Marke aufgestellt war. Er spielte mehrfach, um Daten aus dem laufenden Spielprogramm in seinen Computer eingeben zu können. Das Programm berechnete den Programmverlauf aufgrund der eingegebenen Daten derart, dass er nun imstande war, durch Drücken der sog. Risikotaste in einem bestimmten Augenblick ein spezielles Gewinnbild herbeizuführen. Auf diese Weise erspielte er mehrere 1.000 €.

Strafbarkeit des A?

Anknüpfungsverhalten genau benennen!

I. A könnte sich der Begehung eines Computerbetruges gegenüber und zulasten des Automatenbetreibers gemäß § 263 a Abs. 1 schuldig gemacht haben, als er jeweils die Risikotaste in einem speziellen Augenblick drückte.

1. Dann müsste A unbefugt Daten verwendet haben.

Daten

a) Vorliegend setzte A kodierte Informationen in eine im Wege automatisierter Verarbeitung nutzbaren Darstellungsform ein, indem er die Daten aus dem laufenden Spielprogramm von seinem mitgebrachten Programm auswerten ließ und hierdurch das in dem Spielautomaten selbst enthaltene Programm benutzte.

Verwenden

b) Durch das Drücken der Risikotaste im speziellen Augenblick verwendete er diese elektronischen Dateninformationen (Daten).

Unbefugt

c) Des Weiteren müsste A unbefugt gehandelt haben.

Täuschungsäquivalenz?

Nach überwiegender Ansicht (siehe hierzu Fall 23) ist dieses Merkmal „betrugsspezifisch" auszulegen: Unbefugt ist die Verwendung danach dann, wenn sie gegenüber einer natürlichen Person Täuschungscharakter hätte. Daraus folgt, dass dem Willen des Automatenbetreibers – des Inhabers dieses Rechtsguts aus § 263 a – als vergleichbarer natürlicher Täuschungsadressat maßgebliche Bedeutung zukommt. Dessen Erwartungshorizont, soweit dieser sich an vernünftigen Gründen orientiert und erkennbar in Erscheinung tritt, kann nicht außer Betracht bleiben. Daraus folgt, dass gewinnbringendes Spielen an einem Geldspielgerät dann nicht unbefugt ist, wenn der Aufsteller dieses Spielen ausdrücklich oder stillschweigend gestattet hat oder wenn es seinem mutmaßlichen Willen entspricht.

Subsumtion

Hat ein Spieler sich das dem Spielautomaten zugrunde liegende Programm illegal verschafft, kann nicht davon ausgegangen werden, dass der Automatenbetreiber mit dem Spielen einverstanden sei. Insbesondere im Zusammenhang mit dem sog. Risikospiel fehlt es an einem derartigen Einverständnis. Denn indem der Täter zum Leerspielen die illegal erworbenen Kenntnisse einsetzt, bedient er sich bewusst eines „Schlüssels" zu einem Spielverlauf, den der Hersteller des Spielautomaten aus gutem Grund „verschlüsselt" hat. Es ist auch für jeden Außenstehenden erkennbar, dass ein solches „Spielen" nicht mehr im Risikobereich des Automatenbetreibers liegt, da die Beeinflussung des Ausgangs des Spiels nicht mehr nur auf rein geistige Fähigkeiten oder eine besondere Geschicklichkeit des Spielers zurückzuführen ist.

Infolgedessen hat A sich beim Spielen am Geldspielautomaten unbefugt verhalten.

2. Mit seinem Tatverhalten hat A das Ergebnis eines Datenverarbeitungsvorganges, hier nämlich den Ausgang des Spiels, beeinflusst und dadurch einen Vermögensschaden des Automatenausstellers herbeigeführt.

3. A handelte vorsätzlich und in rechtswidriger Bereicherungsabsicht.

4. Rechtfertigungsgründe und Schuldausschlussgründe lagen nicht vor.

Ergebnis: A ist der Begehung eines Computerbetruges gemäß § 263 a schuldig.

II. A könnte einen Diebstahl gemäß § 242 Abs. 1 an den Geldmünzen begangen haben, als er diese dem Geldspielautomaten entnahm.

Anderes Anknüpfungsverhalten

1. Dann müssten die Geldmünzen fremde bewegliche Sachen gewesen sein.

Diese Münzen waren bewegliche Sachen und daher taugliches Diebstahlsobjekt; fraglich könnte allerdings deren Fremdheit im Zeitpunkt der Herausnahme durch A sein. Möglicherweise könnte hiermit eine Übereignung des Geldes vom Automatenbetreiber an A verbunden sein, als der Automat die jeweiligen Geldmünzen auswarf.

Übereignung durch Spielen?

Vorliegend hatte A jedoch den Geldspielautomaten nicht ordnungsgemäß bedient, sodass eine Einigung zwischen dem Automatenbetreiber und A über den Eigentumsübergang nicht zustande kam. Die Einigungserklärung des Automatenbetreibers ist nämlich nach lebensnaher Auslegung gemäß §§ 157, 242 BGB mit der Bedingung verknüpft, dass der Spieler den Automaten ordnungsgemäß – konkret: in Unkenntnis des konkret laufenden Computerprogramms – bespielt.

Parallele zum Tanken ohne zu bezahlen

Mithin verblieb das Eigentum am Geld auch nach dem Auswurf beim Automatenbetreiber.

2. A müsste weiter die Geldstücke weggenommen haben; hierzu müsste er fremden Gewahrsam gebrochen und neuen begründet haben.

Fraglos begründete A neuen Gewahrsam, als er die Münzen einsteckte.

Zweifelhaft ist jedoch, ob dieser Gewahrsamsbegründung ein Bruch fremden Gewahrsams vorausgegangen ist. Dieses wäre abzulehnen, wenn der Automatenbetreiber mit der Aufhebung seiner Sachherrschaft einverstanden gewesen wäre.

Einverständnis beim Spielen?

Ein derartiges generelles, schon antizipiert abgegebenes Einverständnis des Automatenbetreibers liegt vor, wenn die Entnahme des „gewonnenen" Geldes nach äußerlich ordnungsgemäßer Bedienung des Automaten ermöglicht wurde (vgl. oben Fall 9).

Da A nach außen hin ohne Manipulation am Geldspielautomaten spielte, sich mithin „formell" wie ein redlicher Spieler verhielt, ist von einem tatsächlich erklärten Einverständnis des Automatenbetreibers auszugehen.

Ein Diebstahl scheidet vorliegend aus.

Obersatz: Allgemeines Spielen am Automaten

III. Des Weiteren könnte der A durch das Spielen des Erschleichens von Leistungen gemäß § 265 a Abs. 1 schuldig sein.

Dann müsste er die Leistung eines Automaten in der Absicht erschlichen haben, das Entgelt nicht zu entrichten.

1. Automat i.S.v. § 265 a ist ein technisches Gerät, dessen mechanische oder elektronische Steuerung entweder durch bar entrichtetes Entgelt oder durch gleichwertige Eingabe einer Codierung in Gang gesetzt und selbst tätig ist, d.h. ohne Beteiligung des Betreibers eine beliebige Leistung erbringt oder den Zugang zu ihrer Inanspruchnahme eröffnet. Hierunter fallen vor allem Geräte, die eine entgeltliche „Leistung" erbringen (Leistungsautomaten).

Ob hierunter auch Warenautomaten fallen, wird unterschiedlich beurteilt.

So wird die Ansicht[69] vertreten, dass auch Warenautomaten eine „Leistung" i.S.v. § 265 a erbringen, letztlich aber die Norm als formell subsidiär hinter einem möglicherweise ebenfalls verwirklichten Diebstahl zurücktritt.

Insbes.: § 242 BGB

Nach überwiegender Ansicht[70] sind Warenautomaten, bei denen das Entgelt im Wesentlichen für die Übereignung von Sachen entrichtet wird, aus dem Anwendungsbereich des § 265 a ausgenommen, da insoweit die Eigentumsdelikte die spezielleren Tatbestände darstellen.

Fallbezug

Bei Geldspielautomaten ist im Hinblick auf die Einordnung in den § 265 a zu unterscheiden: Soweit es um den Spielablauf selbst geht, handelt es sich um einen Leistungsautomaten; der Geldausgabe- und Geldrückgabeteil des Automaten könnte dagegen als Warenautomat zu behandeln sein, der durch § 242 geschützt wird.

2. Soweit A die Leistung des Spielablaufs herbeiführte, fehlt es indes an der weiteren Voraussetzung des „Erschleichens".

Dieses Erschleichen verlangt eine betrugsähnliche Handlung, wonach über die innere Willensrichtung des Täters hinaus ein manipulatives äußeres Verhalten notwendig ist, das vor allem in der Ausschaltung oder (aktiven) Umgehung von Sicherungsvorkehrungen bestehen kann, die das Entrichten des Entgelts für die Leistung sicherstellen sollen.

Da A aber vorliegend den Automaten mit gültigen Zahlungsmitteln und nicht etwa mit manipulierten Geldmünzen bediente, erschlich er nicht die Leistung des Automaten.

3. Soweit der A beim Spielen das Ziel verfolgte, mit Drücken der Risikotaste zum richtigen Augenblick einen Gewinn zu erzielen, um anschließend das gewonnene Geld dem Automaten entnehmen zu können, zielte er auf das Eigentum des Automatenaufstellers an den Geldstücken ab; die Herausgabe des scheinbar gewonnenen Geldes erfüllt aber nicht die Voraussetzung der „Leistung" des Automaten, sondern stellt sich vielmehr als dessen „Ware" dar, die übereignet werden soll.

Stellungnahme entbehrlich!

Eine Strafbarkeit aus § 265 a Abs. 1 scheidet mithin aus.

---

69 Hillenkamp, Strafrecht Besonderer Teil, S. 674; Mitsch JuS 1998, 312, 3.

70 Fischer § 265 a Rdnr. 11.

IV. Des Weiteren könnte A sich wegen Unterschlagung nach § 246 Abs. 1 schuldig gemacht haben, als er die Geldstücke an sich nahm.

1. Bei den Geldstücken handelt es sich für A um fremde bewegliche Sachen.

2. Diese müsste er sich (rechtswidrig) zugeeignet haben. Hierunter ist die Manifestation des Zueignungswillens zu verstehen (vgl. Fall 12).

Fraglich ist allerdings, ob A durch den Zugriff auf das Geld noch eine derartige tatbestandliche Zueignungshandlung vornahm. Denn insoweit könnte erwogen werden, dass der A, der schon durch unbefugte Verwendung von Daten den Spielverlauf mit entsprechender Gewinnausschüttung veranlasst hatte, zuvor bereits rechtswidrig das Eigentum des Automatenaufstellers angegriffen hatte (vgl. Fall 22).

Tatbestandslösung

Nach überwiegender Ansicht wäre dann das Verhalten des A als sog. wiederholte Zweitzueignung tatbestandslos: In Fällen, in denen sich der Täter die Sache zuvor bereits zugeeignet hat, kann er den Tatbestand nicht noch einmal erfüllen, weitere Zueignungsakte durch ihn sind tatbestandslos.

Konkurrenzlösung

Demgegenüber wird auch vertreten, dass in einer wiederholten Betätigung des Herrschaftswillens eine erneute Zueignung liegt, diese aber als mitbestrafte Nachtat gegenüber dem ersten Zueignungsakt zurücktritt.

Streitstand kann offen bleiben

Im Ergebnis besteht daher Einigkeit darüber, dass eine Haftung des A aus § 246 Abs. 1 ausscheidet.

Ergebnis: A ist wegen Computerbetruges gemäß § 263 a Abs. 1 strafbar.

6. Teil: Erschleichen von Leistungen

Aufbauschema zu § 265 a

I. Tatbestand

1. objektiver Tatbestand

- Tathandlung: Erschleichen
- Gegenstand des Erschleichens:
  - Abs. 1, 1. Var.: Leistung eines (Leistungs-)Automaten
  - Abs. 1, 2. Var.: Leistung eines öffentlichen Zwecken dienenden Telekommunikationsnetzes
  - Abs. 1, 3. Var.: Beförderung durch ein Verkehrsmittel
  - Abs. 1, 4. Var.: Zutritt zu einer Veranstaltung/Einrichtung

2. subjektiver Tatbestand

- Vorsatz bzgl. Tathandlung und Gegenstand des Erschleichens
- Absicht, Entgelt nicht (oder nicht voll) zu entrichten

II. Rechtswidrigkeit

III. Schuld

IV. Strafantrag (§ 265 a Abs. 3 i.V.m. §§ 247, 248 a)

Fall 25: Missbräuchliche Nutzung der Parkuhr
(OLG Saarbrücken VRS 1988, 345)

Anlässlich einer Leerung von Parkuhren stellten Mitarbeiter des privaten Betreibers fest, dass sich in einer Parkuhr, vor der ein Pkw parkte, mehrere 10-Centime-Stücke (frühere französische Währungseinheit) befanden; bei Bedienung der Parkuhr mit einem solchen Geldstück, das nach dem derzeitigen Kurs rund 0,03 € entspricht, wurde in der Uhr der gleiche Mechanismus betätigt, als wenn ein 0,50 €-Stück eingeworfen worden wäre. Nachdem Bedienstete diese Uhr vollständig entleert hatten, bemerkten sie bei ihrer anschließenden Beobachtung nach ungefähr 20 Minuten, dass die A, deren Fahrzeug vor der Uhr stand, die Uhr bediente. Sie öffneten die Uhr erneut und entnahmen ihr zwei Münzen von jeweils 10 Centimes.

A. Strafbarkeit hinsichtlich der Parkgebühr

I. Die A könnte einen Betrug gemäß § 263 Abs. 1 gegenüber und zum Nachteil des privaten Betreibers begangen haben, als sie anstelle von zwei 50-Cent-Stücken zwei 10-Centime-Stücke in die Parkuhr warf.

Rechtlicher Obersatz

1. Dann müsste sie eine täuschende Erklärung über Tatsachen abgegeben haben. Täuschungshandlung ist jede beliebige Handlung, die einen Erklärungswert hinsichtlich Tatsachen besitzt und auf die Vorstellung einer anderen natürlichen Person so einwirkt, dass sie zu einem Irrtum führen kann.

Subsumtion

Vorliegend gab die A durch Einwerfen der Geldmünzen die schlüssige Erklärung ab, die Parkuhr ordnungsgemäß, d.h. mit echten 50-Cent-Stücken, zu bedienen. Dieses äußere Verhalten geschah – objektiv – auch gegenüber einer anderen natürlichen Person, da sie während dieses Vorgangs beobachtet wurde. Da nach überwiegender Ansicht das „Täuschen" i.S.v. § 263 Abs. 1 kein subjektives Element des Handelnden, gerichtet auf Irrtumserregung, enthält, ist die Tathandlung zu bejahen.

Die fehlende Kenntnis der A ist erst im Vorsatz bedeutsam

2. Des Weiteren müsste in dem Bediensteten, der sie beobachtete, ein entsprechender Irrtum – Widerspruch zwischen einer subjektiven Vorstellung und der Wirklichkeit – erregt worden sein.

Dieses ist abzulehnen, da der die A beobachtende Bedienstete von vornherein dem Tun der A misstraute und davon ausging, dass A sich manipulativ an der Parkuhr verhalten werde.

Ein Betrug scheidet aus.

II. A könnte einen versuchten Betrug gemäß §§ 263 Abs. 1, 22 zum Nachteil des privaten Aufstellers begangen haben, als sie die zwei Münzen französischer Währung einwarf.

Die Haftung aus einem vollendeten Betrug scheidet aus (s.o.).

Die Strafbarkeit des versuchten Betruges folgt aus §§ 263 Abs. 2, 23.

1. A hätte in der Vorstellung handeln müssen, mit ihrem Verhalten alle Betrugsmerkmale zu erfüllen.

Tatentschluss

a) Sicherlich hatte die A den Entschluss, mit ihrem Verhalten einen etwaig auftauchenden Bediensteten des Privatunternehmens über die ordnungsgemäße Bedienung der Parkuhr zu täuschen und einen entsprechenden Irrtum bei diesem hervorzurufen.

2. Des Weiteren müsste sie in der Vorstellung gehandelt haben, dass der Bedienstete des Privatunternehmens eine Vermögensverfügung zulasten des Privatunternehmens getätigt hätte.

Lebensnahe Auslegung erforderlich

Diese könnte allenfalls darin zu sehen sein, dass – möglicherweise – der Bedienstete des Privatunternehmens es unterlassen hätte, den eigentlich zustehenden Differenzbetrag nachzufordern. Eine derartige Vorstellung der A anzunehmen, ist indes fernliegend, da es kaum den ständigen Gepflogenheiten bei Verstößen gegen die Pflicht zur Bedienung von Parkuhren entspricht, neben der Einleitung eines entsprechenden Ordnungswidrigkeitenverfahrens zusätzlich noch den zu wenig entrichteten Betrag nachzufordern. Infolgedessen kann auch nicht zulasten der A von einer entsprechenden Vorstellung hierüber ausgegangen werden.

Die A ist nicht wegen versuchten Betruges strafbar.

III. Schließlich könnte A gemäß § 265 a Abs. 1 des Erschleichens von Leistungen schuldig sein, als sie die Parkuhr betätigte.

Dann müsste sie die Leistung eines Automaten in der Absicht erschlichen haben, das Entgelt nicht zu entrichten.

Rechtlicher Obersatz

1. Automat i.S.v. § 265 a ist ein technisches Gerät, dessen mechanische oder elektronische Steuerung entweder durch bar zu entrichtendes Entgelt oder durch gleichwertige Eingabe einer Codierung in Gang gesetzt wird und selbsttätig eine beliebige Leistung erbringt oder den Zugang zu ihrer Inanspruchnahme eröffnet.

Subsumtion

Nach einhelliger Ansicht handelt es sich bei Parkuhren um keine Leistungsautomaten in diesem Sinne, da die Entgeltzahlung keine tatsächliche Leistung (Parkmöglichkeit), sondern nur die zeitweise Aufhebung des Parkverbots bewirkt. Dies zeigt auch der Unterschied zwischen einer Parkuhr und einem Automaten, der eine Schranke zu einem Parkraum eröffnet: Die Parkuhr gestattet die Benutzung einer Parkfläche erst mit dem In-Gang-Setzen, tatsächlich möglich ist die Benutzung aber auch ohne Bedienung der Parkuhr. Ein Parkautomat, der eine Schranke in Bewegung setzt, erbringt dagegen eine Leistung: Er ermöglicht demjenigen, der ihn bedient, erst die Inanspruchnahme der ihm bis dahin gerade nicht zugänglichen Parkfläche. Während durch ihn ein Benutzer also etwas erhält, was ihm ansonsten vorenthalten bleibt, steht die Parkfläche vor einer Parkuhr jederzeit zur Benutzung offen. Das Bedienen der Parkuhr bewirkt nicht die faktische Möglichkeit zu Inanspruchnahme der Parkfläche, vielmehr bewirkt es lediglich das In-Gang-Setzen eines technischen Beweismittels dafür, dass die Parkfläche nicht unerlaubt benutzt wird.

2. Deshalb scheidet hier eine Strafbarkeit aus § 265 a Abs. 1 aus.

B. Strafbarkeit bzgl. der Vermeidung eines möglichen Verwarngeldes

I. Ein (vollendeter) Betrug gemäß § 263 Abs. 1 gegenüber und zulasten des privaten Betreibers durch Einwerfen der französischen Münzen zwecks Vermeidung eines möglichen Verwarngeldes kommt aus den genannten Gründen (s.o.) nicht in Betracht: Der die A beobachtende Bedienstete der Privatgesellschaft befand sich in keinem Irrtum.

II. A könnte aber einen versuchten Betrug gemäß §§ 263 Abs. 1, 22 durch „Füttern" der Parkuhr begangen haben.

Dann müsste sie den Entschluss gehabt haben, alle Tatbestandsvoraussetzungen des § 263 Abs. 1 zu erfüllen.

1. A hatte die Vorstellung, die Bediensteten der Privatgesellschaft bei etwaigen Kontrollen über die ordnungsgemäße Entrichtung der Parkgebühr zu täuschen.

2. Sicher hatte die A darüber hinaus die Vorstellung, dass irrtumsbedingt der jeweilige Bedienstete es unterlassen würde, wegen des eigentlich ordnungswidrigen Verhaltens gegen sie ein Bußgeldverfahren in Gang zu setzen; sie stellte sich mithin vor, dass der jeweilige Bedienstete es unterlassen würde, ein entsprechendes Verwarngeld gegen sie festzusetzen.

3. Schließlich müsste sie in der Vorstellung gehandelt haben, dass durch das Unterlassen des Geltendmachens eines Verwarngeldanspruchs ein entsprechender Vermögensschaden entsteht.

Vermögen ist danach die Gesamtheit der geldwerten Güter einer natürlichen oder juristischen Person abzüglich der Verbindlichkeiten.

Auch der Staat, mithin die Rechtsgemeinschaft, nimmt mit seinem Vermögen insoweit am strafrechtlichen Schutz des § 263 teil.

Vorliegend wollte die A durch ihr Verhalten aber dem staatlichen Anspruch auf Erhalt einer Geldbuße oder eines Verwarnungsgeldes entgehen. Ob derartige Ansprüche am Vermögensschutz eines Betruges teilnehmen, wird unterschiedlich beurteilt.

Dieselbe Problematik taucht etwa in § 274 auf, wenn der Täter Urkunden unterdrückt, um sich einem Strafanspruch zu entziehen: Ist der Staat insoweit durch § 274 geschützt?

So wird vertreten,[71] dass angesichts des Forderungscharakters, der Durchsetzbarkeit und der insoweit auch fiskalischen Bedeutung vereinnahmter Bußgelder Vermögensschutz besteht.

Demgegenüber lehnt die überwiegende Ansicht[72] die Anwendung des § 263 ab, wenn der Täter mit Mitteln der Täuschung repressives Verhalten des Staates vereitelt, denn die Durchsetzung von Strafen, Sanktionen und Geldbußen wird durch andere Normen, etwa § 258, geschützt.

Mit der überwiegenden Ansicht ist die Annahme eines Betruges abzulehnen.

Stellungnahme

Die Vermögensdelikte sollen individuelles Vermögen schützen; hierzu ist sicher auch Vermögen der Gemeinschaft zu rechnen, insbesondere bei fiskalischem Auftreten des Staates. Sobald der Staat aber dem Bürger repressiv gegenübertritt, verlässt er diesen „privaten" Bereich, spezielle Normen regeln dann das Verhältnis Bürger/Staat. So sind insbesondere auch Regelungen wie § 258 Abs. 1 mit der Ausklammerung vereitelter Bußgelder, § 258 Abs. 5, 6 als Privilegierungen bestimmter Konfliktsituationen bis hin zu § 136 StPO als abschließend zu betrachten. Eine erweiternde Anwendung des § 263 auch auf diese Bereiche würde gerade diese Privilegierungen entwerten.

Eine Strafbarkeit wegen der Begehung eines versuchten Betruges scheidet aus.

Ergebnis: A hat sich nicht strafbar gemacht.

---

71 Mitsch, Strafrecht Besonderer Teil 2, Teilband 1, 2. Aufl., 7/88.
72 Fischer § 263 Rdnr. 99.

Fall 26: Erschleichen von Leistungen durch unauffälliges Auftreten
(BGH RÜ 2009, 234)

A benutzte den Eurocity 107 von Münster nach Hamburg, ohne einen gültigen Fahrausweis gelöst zu haben und ohne zahlen zu wollen. Dem kontrollierenden Schaffner zeigte er ein Firmenticket 2000, das – was ihm bekannt war – nur im Verkehrsverbund NRW Geltung besaß. Der Schaffner ließ ihn daraufhin unbehelligt weiterfahren.

Strafbarkeit des A?

Mit diesem späteren Verhalten aus Gründen der Konkurrenz beginnen!

I. A könnte einen Betrug begangen haben, als er das Firmenticket 2000 vorwies.

1. Dann müsste er über Tatsachen getäuscht haben.

a) Eine ausdrückliche Täuschung über Tatsachen scheidet vorliegend aus, da der A keinerlei unmittelbare Erklärung gegenüber dem Schaffner abgab: Auf die entsprechende Bitte nach dem Fahrausweis legte er ein gültiges Firmenticket 2000, dessen Inhaber er war, vor. Damit ging aber ausdrücklich keinerlei Erklärung einher.

b) Indes könnte hierin eine schlüssige Erklärung mit Täuschungselementen enthalten sein: Dann müsste der A zugleich durch Vorlage des Firmentickets 2000 erklärt haben, einen gültigen Fahrausweis für den Eurocity 107 für die Fahrt von Münster nach Hamburg zu besitzen.

Was wird typischerweise miterklärt? Keine lebensfremde Überdehnung!

Mit der Vorlage des gültigen Firmentickets 2000 erklärt der A typischerweise jedoch nur, dass er Inhaber dieses speziellen gültigen Tickets sei; eine weitergehende Erklärung, etwa dessen Geltung für die spezielle Fahrt, wird typischerweise nicht abgegeben. Der Erklärungsempfänger erwartet diesbezüglich auch keine Erklärungen, da er derjenige ist, der in eigener Verantwortlichkeit die Geltung des jeweiligen Fahrausweises für die spezielle Strecke zu überprüfen hat.

Damit scheidet die Begehung eines Betruges aus.

Jetzt das allgemeine Delikt prüfen

II. A könnte eine Beförderungserschleichung gemäß § 265 a Abs. 1, 3. Mod. begangen haben, als er den Zug bestieg.

Dann müsste er die Beförderung durch ein Verkehrsmittel erschlichen haben.

Rechtlicher Obersatz

1. Ein Verkehrsmittel i.S.v. Abs. 1 ist hier ein technisches Gerät, das dem Transport von Personen dient, wobei unter Beförderung das Verbringen von Personen von einem Ort zu einem anderen Ort zu verstehen ist.

Subsumtion

Der von A benutzte Eurocity erfüllt diese Voraussetzung.

2. A müsste die Beförderungsleistung erschlichen haben.

Ausgehend vom Wortverständnis und Stellung im Gesetz wird vertreten, dass ein Erschleichen der Beförderung ein manipulatives Einwirken auf, Umgehen oder Ausschalten von Sicherungen voraussetzt, die gerade die Entrichtung des Entgelts sicherstellen sollen.[73] Ein Erschleichen einer Beförderungsleistung (oder der Zutritt zu einer Veranstaltung oder Einrich-

73 Fischer § 265 a Rdnr. 6, 21.

tung) sei nicht schon das unbefugte unentgeltliche Sichverschaffen der Leistung (bzw. des Zutritts), vielmehr sei § 265 a nur in den Fällen einschlägig, in denen der Täter durch Umgehen oder Ausschalten von Kontrollmaßnahmen in den Genuss des Vorteils gelange (Beispiele: Einschleichen, Benutzen eines ungewöhnlichen Zugangs). Danach läge kein strafbares Verhalten vor, da A offen den Zug betrat.

Demgegenüber sieht die überwiegende Ansicht[74] § 265 a schon dann als erfüllt, wenn der Täter sich durch sein Verhalten mit dem Anschein der Ordnungsgemäßheit umgibt, wie z.B. durch das Nichtlösen oder Nichtentwerten eines Fahrausweises sowie ein unauffälliges und unbefangenes Auftreten.

Der weiten Auslegung ist der Vorzug zu geben.

Grammatikalische Auslegung: als Ausgangspunkt aller Gesetzesinterpretation

Ausgangspunkt ist immer der Wortlaut der Norm; danach beinhaltet der Begriff der „Erschleichung" lediglich die Herbeiführung eines Erfolges auf unrechtmäßigem, unlauterem oder unmoralischem Weg.

Verfassungskonforme Auslegung

Dieses Verständnis des „Erschleichens", das äußerlich nicht mehr von der bloßen Inanspruchnahme der Beförderungsleistung zu unterscheiden ist, widerspricht auch nicht dem Bestimmtheitsgebot des Art. 103 Abs. 2 GG, da das Tatbestandsmerkmal im Hinblick auf seine Funktion der Lückenausfüllung eine weite Auslegung zulässt.

Subjektiv-historische Auslegung: mangels Kenntnis regelmäßig in der Klausur kein Kriterium

Auch die Entstehungsgeschichte belegt die weite Auslegung: § 265 a entspricht fast wörtlich dem § 347 des Entwurfs eines Allgemeinen Deutschen Strafgesetzbuches von 1927, wonach etwa ein offenes Betreten durch vorhandene Sperren ausreichen sollte.

Objektiv-teleologische Auslegung

Nach seinem Normziel sollten gerade diejenigen Fälle erfasst werden, in denen es unklar bleibt, ob der Täter durch täuschungsähnliches oder manipulatives Verhalten Kontrollen umgeht.

Systematische Auslegung

Schließlich legt auch eine systematische Auslegung im Vergleich mit den anderen Tatbestandsalternativen keine andere Auslegung nahe, da der Täter einer Beförderungserschleichung in ein ohnehin in Betrieb befindliches Verkehrsmittel einsteigt, ohne dass aktive Umgehungen von Kontrolleinrichtungen notwendig sind.

3. Der A handelte vorsätzlich, in der Absicht, das Beförderungsentgelt nicht zu entrichten, rechtswidrig und schuldhaft.

Ergebnis: A ist wegen Erschleichens von Leistungen gemäß § 265 a Abs. 1 schuldig.

74 OLG Düsseldorf NJW 2000, 2120, BayObLG NJW 1969, 1042; OLG Hamburg NJW 1998, 2688.

7. Teil: Untreue

Aufbauschema zu § 266

I. Tatbestand

1. objektiver Tatbestand

- Missbrauchstatbestand: § 266 Abs. 1, 1. Alt.
  - Täterqualität: (spezielle) Verfügungs- oder Verpflichtungsbefugnis für fremdes Vermögen aufgrund Gesetzes, behördlichen Auftrags oder Rechtsgeschäfts
  - Tathandlung: Missbrauch dieser Befugnis = Handeln i.R.d. rechtlichen Könnens (Außenverhältnis) unter Überschreitung der Grenzen des rechtlichen Dürfens (Innenverhältnis). „Können", aber nicht „Dürfen".
  - bestehende Vermögensbetreuungspflicht (h.M.) Pflichteninhalt = Wahrnehmung fremder Vermögensinteressen von einiger Bedeutung und mit Handlungsspielraum
- Treuebruchstatbestand: § 266 Abs. 1, 2. Alt.
  - Täterqualität: Vermögensbetreuungspflicht
  - Tathandlung: Verletzung der spezifischen Vermögensbetreuungspflicht (nicht nur einer allgemeinen Schuldnerpflicht)
- Taterfolg: Vermögensnachteil bei dem betreuten Vermögen
  - Vermögensschaden (wie bei § 263)
  - als kausale, nicht notwendig unmittelbare Folge der Tathandlung

2. subjektiver Tatbestand

(nur) Vorsatz (alle Formen)

Beachte: Keine Bereicherungsabsicht nötig!

II. Rechtswidrigkeit

III. Schuld

IV. Regelbeispiele wie im Betrug (§ 266 Abs. 2 i.V.m. § 263 Abs. 3 S. 2)

V. Strafantrag (§ 266 Abs. 2 i.V.m. §§ 247, 248 a)

Fall 27: Nachlässige Vertretung als Untreue
(BGH NJW 1983, 461)

Rechtsanwalt A erhielt von der N-KG den Auftrag, in einer Verkehrsunfallsache Schadensersatzansprüche i.H.v. 6.000 € geltend zu machen und notfalls einzuklagen. Außer einer vorläufigen Schadensmeldung bei der gegnerischen Versicherung und Beiziehung der polizeilichen Unfallakten unternahm er jedoch nichts. Auf wiederholte Mahnungen der Mandantin reagierte er mit Ausflüchten. Die Forderung ist inzwischen verjährt, was A in Kauf genommen hat.

Strafbarkeit des A nach StGB?

A könnte durch das Unterlassen der notwendigen Rechtsverfolgung eine Untreue gemäß § 266 Abs. 1 begangen haben.

Eine genauere Angabe – welche Alternative des § 266? – kann im Einleitungssatz unterbleiben; alles Weitere ergibt sich aus der Tatbestandsprüfung.

I. So könnte er § 266 Abs. 1, 1. Alt. erfüllt haben.

Dann müsste A eine ihm rechtsgeschäftlich eingeräumte Befugnis, über fremdes Vermögen zu verfügen, unter Verstoß gegen die sich aus dem Innenverhältnis ergebenden Grenzen missbraucht haben.

1. Alternative: Missbrauchstatbestand: Überschreiten des rechtlichen Dürfens unter Beachtung des rechtlichen Könnens!

Vorliegend hatte die N-KG dem A den Auftrag erteilt, für sie als Rechtsanwalt Ansprüche geltend zu machen und notfalls einzuklagen. Infolgedessen war er nach außen hin rechtsgeschäftlich ermächtigt worden, die Interessen der N-KG wahrzunehmen.

Beachte: Das rechtsgeschäftliche Verhalten nach außen muss wirksam sein (Falle!)

Allerdings ist dem A kein aktives Verhalten mit Missbrauchstendenz vorzuwerfen, vielmehr hat er es unterlassen, entsprechend seines Auftrags tätig zu werden.

Der Missbrauchstatbestand des § 266 Abs. 1, 1. Alt. kann unzweifelhaft dann durch Unterlassen verwirklicht werden, wenn das Unterlassen selbst als rechtsgeschäftliche Handlung wirkt (Beispiel: Schweigen auf ein kaufmännisches Bestätigungsschreiben), hingegen ist für das Verjährenlassen einer Forderung die Annahme des Missbrauchstatbestandes zweifelhaft. Insoweit ist für einen strafrechtlich relevanten Missbrauch durch Unterlassen zu verlangen, dass diesem Unterlassen rechtsgeschäftliche Bedeutung zukommt bzw. dass sich in der Unterlassung selbst ein rechtsgeschäftlicher (oder hoheitlicher) Handlungswille ausdrückt.

Davon kann vorliegend nicht ausgegangen werden, zumal es an einem Erklärungsadressaten des Unterlassens des A fehlte.

II. Der A könnte allerdings § 266 Abs. 1, 2. Alt. in Form des Treuebruchs verwirklicht haben.

2. Alternative: Treuebruchstatbestand

Dann müsste er eine ihm obliegende Pflicht, fremde Vermögensinteressen wahrzunehmen, verletzt und dem ihm verbundenen Vermögensträger einen Vermögensschaden zugefügt haben.

Beachte: Ohne weitere Anwendung des § 13!

1. Da beim Treubruchstatbestand die Verletzung der Vermögensbetreuungspflicht nicht ausschließlich in Rechtshandlungen, sondern auch durch tatsächliche Einwirkungen auf das fremde Vermögen erfolgen kann, gibt es in der 2. Alt. des § 266 Abs. 1 keine Besonderheiten zum Unterlassungsverhalten eines Täters: Insbesondere das Unterlassen in Ansehung einer Vermögensbetreuungspflicht kann deren Verletzung beinhalten.

2. Der A müsste eine Vermögensbetreuungspflicht innegehabt haben.

Rechtlicher Obersatz

Hierunter ist eine inhaltlich besonders herausgehobene Pflicht zu verstehen, Vermögensinteressen eines Dritten zu betreuen, d.h. diesem drohende Vermögensnachteile abzuwenden. Der Inhaber einer Vermögensbetreuungspflicht muss innerhalb eines nicht ganz unbedeutenden Pflichtenkreises im Interesse des Vermögensinhabers tätig werden und zur fremdnützigen Vermögensfürsorge verpflichtet sein. Bloße Austauschverhältnisse (Mietvertrag, Kaufvertrag etc.) reichen hierfür nicht aus; die Vermögensbetreuung muss sich als Hauptpflicht darstellen.

Subsumtion

Diese steht bei einem Rechtsanwalt gegenüber seinem Mandanten im Zivilprozess oder bei einer vermögensrechtlichen Auseinandersetzung hinsichtlich der Anspruchsverfolgung (und etwaiger Weiterleitung eingegangener Zahlungen) außer Frage: Der Rechtsanwalt als Organ der Rechtspflege (§ 1 BRAO) steht in besonderem Maße in einem Vertrauensverhältnis zum Mandanten.

3. Diese Treuepflicht müsste A verletzt haben.

Die Verletzungshandlung kann auch in einem Unterlassen verwirklicht werden, insbesondere wenn Inhalt des Auftrags (als Grundlage der Vermögensbetreuungspflicht) die Vornahme bestimmter Handlungen war.

Vorliegend hatte A das Mandat übernommen, Ansprüche geltend zu machen; indem er dieses unterließ, verletzte er die ihm übertragene Vermögensbetreuungspflicht.

4. Der N-KG entstand ein Vermögensschaden: Die Schadensersatzforderung i.H.v. 6.000 € stellte als Forderung gegenüber dem Unfallverursacher einen selbstständigen Vermögenswert dar, dessen Realisierung durch Eintritt der Verjährung zunichte gemacht wurde.

Infolgedessen führte das Unterlassen des A zu einem Vermögensschaden i.H.v. 6.000 €.

5. A handelte zumindest mit bedingtem Vorsatz.

6. Das Verhalten des A war rechtswidrig und schuldhaft.

Ergebnis: A ist der Begehung einer Untreue gemäß § 266 Abs. 1, 2. Alt. schuldig und strafbar.

Fall 28: Untreue des Gerichtsvollziehers durch Gebührenüberhebung

A erhob als Gerichtsvollzieher in acht Vollstreckungsverfahren wissentlich zu hohe Gebühren. Nachdem er in den verschiedenen Vollstreckungsverfahren bereits früher tätig gewesen war und Teilzahlungen der Schuldner entgegen genommen hatte, erbrachten die Schuldner in den einzelnen Fällen jeweils weitere freiwillige Teilleistungen an A. Dieser hätte für die Entgegennahme dieser weiteren Teilzahlungen nach den Vorschriften des Gesetzes über Kosten der Gerichtsvollzieher maximal jeweils Gebühren i.H.v. 3,60 € ansetzen dürfen. Tatsächlich berechnete A in den einzelnen Fällen Gebühren von 21,10 € und erhob damit um 17,50 € überhöhte Gebühren, die er jeweils von den in bar und von den anderen Geldern nicht getrennt vereinnahmten Teilzahlungen der Schuldner vor Weiterleitung per Überweisung an die Gläubiger in Abzug brachte. A glaubte, dass sein Vorgehen wegen der Kleinstbeträge nicht auffallen würde.

Strafbarkeit von A? Erforderliche Strafanträge sind gestellt.

I. Indem A von den Schuldnern jeweils um 17,50 € erhöhte Kosten geltend machte, könnte er den Tatbestand der Gebührenüberhebung gemäß § 352 Abs. 1 verwirklicht haben.

A ist als Gerichtsvollzieher gemäß § 11 Abs. 1 Nr. 2 lit. c) Amtsträger,[75] der bei seiner Vollstreckungstätigkeit aus eigenem Recht Gebühren zu eigenem Vorteil nach dem Gerichtsvollzieherkostengesetz (GvKostG) zu erheben hat. Durch die fehlerhafte Abrechnung und das Einbehalten von 17,50 € bei den jeweiligen Vollstreckungshandlungen hat er zulasten der Schuldner Gebühren erhoben (§ 788 ZPO, § 13 Abs. 1 Nr. 1 GvKostG), die diese nicht hätten zahlen müssen. A handelte auch wissentlich – *„von denen er weiß"* –, rechtswidrig und schuldhaft.

II. Dagegen scheidet eine Strafbarkeit wegen Abgabenüberhebung nach § 353 Abs. 1 aus, da A es nicht unterlassen hatte, die rechtswidrig erhobenen Gebühren *„zur Kasse"* zu bringen.

III. Ein zugleich möglich begangener Betrug gemäß § 263 Abs. 1 zulasten der jeweiligen Schuldner liegt nicht vor, da § 352 als privilegierender Sondertatbestand eine abschließende Regelung vor Abrechnungsbetrügereien durch Amtsträger enthält.[76]

IV. Ebenfalls scheidet eine Unterschlagung gemäß § 246 Abs. 1 an den ihm übergebenen Geldscheinen bzw. Münzen aus, da A nach freiwilliger Übergabe der Wertträger das Eigentum hieran zur weiteren Verwertung erhalten hatte: So hat er gemäß § 170 Nr. 3 GVGA die weitere Auszahlung über das Gerichtsvollzieher-Dienstkonto abzuwickeln, nachdem er dorthin das Geld eingezahlt hätte.

V. A könnte eine Untreue gemäß § 266 Abs. 1 zum Nachteil der Gläubiger begangen haben, als er die überhöhten Kosten von dem von den Schuldnern

75 Fischer § 352 Rdnr. 3.
76 BGH NJW 2009, 2900 ff.

empfangenen Geld vor Weiterleitung an die Gläubiger in Abzug brachte.

1. Der sog. Missbrauchstatbestand des § 266 Abs. 1, 1. Var. scheidet von vornherein aus, da A durch den Einbehalt der Geldbeträge im Verhältnis zu den Gläubigern nicht sein rechtliches Können in einem Außenverhältnis zu einem Dritten unter Überschreitung des rechtlichen Dürfens missbraucht hatte.

2. Allerdings könnte A den sog. Treuebruchstatbestand des § 266 Abs. 1, 2. Var. verwirklicht haben. Dann müsste er eine gegenüber den Gläubigern obliegende Vermögensbetreuungspflicht verletzt und den Gläubigern einen Vermögensnachteil zugefügt haben.

a) Hierbei ist bereits fraglich, ob A als Gerichtsvollzieher eine Vermögensbetreuungspflicht gegenüber den Gläubigern inne hatte; denn als Gerichtsvollzieher wird er hoheitlich (als Organ der Rechtspflege) tätig; soweit § 753 Abs. 1 ZPO auf einen *„Auftrag des Gläubigers"* abstellt, ist hierunter allein der Antrag des Gläubigers zu verstehen.[77] Dennoch könnte erwogen werden, ihn allein als handelnden Beamten und nicht als Auftragnehmer einer Partei anzusehen.[78] Hierbei würde aber übersehen, dass der Gerichtsvollzieher im Interesse des Gläubigers handelt und insoweit verpflichtet ist, etwa empfangene Leistungen an den Gläubiger abzuliefern (vgl. § 815 Abs. 1 ZPO für *„gepfändetes"* Geld). Denn die Zwangsvollstreckung dient den Gläubigerinteressen. Sie erfordert als verfahrenseinleitende Prozesshandlung einen Antrag des Gläubigers. Damit bestimmt der Gläubiger Beginn, Art und Ausmaß des Vollstreckungszugriffs. Er hat die Herrschaft über seinen vollstreckbaren Anspruch und bleibt somit auch Herr seines Verfahrens.[79] Schließlich hat der Gerichtsvollzieher nach § 106 Nr. 6 GVGA die empfangene Leistung und nach § 138 Nr. 1 GVGA bzw. § 170 GVGA gepfändetes oder ihm gezahltes Geld nach Abzug der Vollstreckungskosten unverzüglich an den Gläubiger abzuliefern. Somit liegt in der Person des A eine Vermögensbetreuungspflicht vor.

b) Gegen diese Vermögensbetreuungspflicht hatte A verstoßen, indem er überhöhte Gebühren erhob und das von den Vollstreckungsschuldnern erhaltene Geld im Umfang der zu viel einbehaltenen Gebühren nicht an die Gläubiger weiterleitete.

c) Hierdurch müsste den Gläubigern ein Vermögensnachteil entstanden sein. Voraussetzung hierfür ist eine Vermögenseinbuße, die nach dem Prinzip der Gesamtsaldierung festzustellen ist, indem der Wert des Vermögens vor und nach der pflichtwidrigen Tathandlung verglichen wird.

aa) Eine Vermögensminderung zum Nachteil der Gläubiger könnte bereits in der Annahme der freiwilligen Leistung der Schuldner durch den Gerichtsvollzieher zu erblicken sein, wenn hierin – unabhängig vom weiteren Verbleib der Zahlung – zivilrechtlich eine ohne Berücksichtigung der Besonderheiten der Zwangsvollstreckung zu beachtende Erfüllung gemäß § 362 BGB zu erblicken wäre. Dann hätte sich das Vermögen der Gläubiger um den Bestand der Forderung gegen den jeweiligen Schuldner i.H.d. ge-

77 Zöller/Stöber § 753 Rdnr. 2, 5.
78 Vgl. OLG Köln NJW 1988, 503, 504.
79 Zöller/Stöber Vor § 704 Rdnr. 19.

leisteten Teilbetrags verringert, mit der Folge, dass dieser Vermögensnachteil erst durch Ablieferung des Geldbetrags an den Gläubiger kompensiert würde. Tatsächlich ist jedoch mit Blick auf die hoheitliche Stellung des Gerichtsvollziehers diese frühe – rein zivilrechtliche – Erfüllungswirkung abzulehnen. Vielmehr tritt die Erfüllungswirkung gemäß § 362 BGB erst bei Zahlung ein, wenn der Gerichtsvollzieher das empfangene Geld an den Gläubiger weitergeleitet hat.

bb) Allerdings gilt im Rahmen einer Zwangsvollstreckung gemäß § 815 Abs. 3 ZPO die Wegnahme des Geldes durch den Gerichtsvollzieher zugleich als Zahlung vonseiten des Schuldners; hiermit ist jedoch auch keine Erfüllungswirkung gemeint, vielmehr trägt der Gläubiger lediglich die Gefahr des Verlustes des gepfändeten Geldes. Andererseits bedeutet dieses aber, dass der Schuldner nicht ein weiteres Mal durch den Gläubiger in Anspruch genommen werden kann, mithin der Gläubiger an der Durchsetzung seines (eigentlich noch) bestehenden Anspruchs gehindert ist. Der BGH wendet diese Grundsätze aus § 815 Abs. 3 ZPO analog auf die freiwillig an einen Gerichtsvollzieher geleisteten Zahlungen an: Verwendet der Gerichtsvollzieher das Geld nicht entsprechend den vollstreckungsrechtlichen Vorschriften, trägt der Gläubiger somit die Gefahr. Er kann den Schuldner nicht nochmals in Anspruch nehmen.

Damit haben die Gläubiger aber durch die Annahme der freiwilligen Leistung der Schuldner seitens A die Durchsetzbarkeit ihrer jeweiligen Ansprüche verloren und insoweit eine Vermögensminderung erlitten; da A nunmehr überhöhte Gebühren erhob und das von den Vollstreckungsschuldnern erhaltene Geld im Umfang der zu viel einbehaltenen Gebühren nicht an die Gläubiger weiterleitete, wurde die Kompensation des Vermögensnachteils verhindert, sodass bei den Gläubigern real ein Vermögensnachteil i.H.d. verrechneten Beträge eintrat.

d) A handelte vorsätzlich, sowie rechtswidrig und schuldhaft.

e) Die wegen der Geringwertigkeit des Schadens gemäß §§ 266 Abs. 2, 248 a erforderlichen Strafanträge sind gestellt.

Ergebnis: A ist wegen Untreue in Tateinheit mit Gebührenüberhebung in acht Fällen strafbar, §§ 266 Abs. 1, 352 Abs. 1, 52.

Fall 29: Kundenkarte im Zwei-Partner-System
(BGHSt 38, 281)

A war Inhaber der sog. „air-plus Kreditkarte", die von der Lufthansa AG ausgegeben worden war. Diese setzte er gegenüber der Lufthansa AG ein, ohne zahlungsfähig und zahlungswillig zu sein: Unter Verwendung der Karte gelang es ihm, in einer Filiale der Lufthansa AG ein Flugticket zu erwerben. Mit Vorlage der Karte wurde ihm dieses Ticket über sein Kundenkonto bei der Lufthansa AG zum Ende des Monats in Rechnung gestellt.

Strafbarkeit des A?

I. A könnte sich durch Vorlage der „air-plus Kreditkarte" zum Erwerb des Flugtickets einer Untreue gemäß § 266 Abs. 1 strafbar gemacht haben.

1. Alternative: Missbrauchstatbestand

1. Eine Strafbarkeit aus dem Missbrauchstatbestand des § 266 Abs. 1, 1. Alt. setzt voraus, dass A eine ihm durch Rechtsgeschäft eingeräumte Befugnis, über fremdes Vermögen zu verfügen, missbraucht und dadurch demjenigen, dessen Vermögensinteressen er zu betreuen hatte, einen Nachteil zugefügt hätte.

Rechtlicher Obersatz

Der strafrechtliche Missbrauchstatbestand der Untreue verlangt insoweit als Tatverhalten ein Überschreiten des rechtlichen Dürfens (im Innenverhältnis zum Vermögensinhaber) unter Beachtung des rechtlichen Könnens (im Außenverhältnis zu Dritten).

Subsumtion

Unbeschadet weiterer Voraussetzungen fehlt es hieran: Der A setzte die „air-plus Kreditkarte", die ihm von der Lufthansa AG ausgehändigt worden war, nicht in einem Außenverhältnis ein, sondern nutzte sie lediglich intern gegenüber der Lufthansa im Innenverhältnis.

2. Alternative: Treuebruchstatbestand

2. Indes könnte eine Strafbarkeit des A nach dem Treuebruchstatbestand des § 266 Abs. 1, 2. Alt. vorliegen: Dann müsste er die ihm kraft Rechtsgeschäfts obliegende Pflicht, fremde Vermögensinteressen wahrzunehmen, verletzt und demjenigen, dessen Vermögensinteressen er zu betreuen hatte, einen Nachteil zugefügt haben.

Rechtlicher Obersatz

Kernvoraussetzung der 2. Alternative ist die Treuepflicht des Täters zum betreuten Vermögen, die als besonderes herausgehobene Pflicht zugleich Hauptpflicht der die Beteiligten verbindenden Rechtsbeziehung darstellen muss.

Subsumtion

Eine derartig starke Vermögensbetreuungspflicht ist vorliegend abzulehnen. A hatte zwar beim Gebrauch der Kundenkarte auch Vermögensinteressen der Lufthansa zu berücksichtigen, denn sicherlich war er vertraglich verpflichtet, die Karte nur dann zu verwenden, wenn er in der Lage war, die monatlichen Abrechnungen unverzüglich zu begleichen. Dabei handelt es sich aber nicht um eine eigenverantwortliche Vermögensbetreuungspflicht i.S.d. § 266 Abs. 1: Eine solche ist nämlich nur dann gegeben, wenn sie den wesentlichen Inhalt des Vertragsverhältnisses ausmacht und damit zu den Hauptpflichten aus dem Vertrag gehört. Der wesentliche Inhalt des Vertrages zwischen Lufthansa und dem A betraf jedoch nicht gerade eine Pflicht des A, Vermögensinteressen der Lufthansa zu betreuen, er ging vielmehr dahin, ihm den bargeldlosen Verkehr zu ermöglichen.

Ergebnis: Damit scheidet eine Strafbarkeit des A gemäß § 266 Abs. 1 aus.

II. A könnte sich gemäß § 266 b des Missbrauchs von Scheck- bzw. Kreditkarten schuldig gemacht haben, als er die Karte zum Erwerb des Flugtickets einsetzte.

Dann müsste A dem Aussteller einer Kreditkarte, die ihm überlassen wurde, durch Missbrauch der Möglichkeit, den Aussteller zu einer Zahlung zu veranlassen, einen Vermögensschaden zugefügt haben.

1. Tatgegenstand des § 266 b könnte vorliegend eine Kreditkarte sein.

Was hierunter zu verstehen ist, könnte angesichts des Erscheinungsbildes derartiger „Kreditkarten" im Wirtschaftsleben zweifelhaft sein.

Kreditkarte im Drei-Partner-System

a) Die klassische Kreditkarte wird im sog. „Drei-Partner-System" eingesetzt: Das die Karte ausgebende Unternehmen verpflichtet sich gegenüber Vertragsunternehmen, deren Forderung gegen den Kartenbenutzer zu bezahlen, und zieht diese Beträge dann wiederum – i.d.R. monatlich – vom Karteninhaber ein. Die missbräuchliche Benutzung der Karte mit der Folge, dass der Aussteller gleichwohl dem Vertragsunternehmen gegenüber zur Zahlung verpflichtet ist, führt i.d.R. zur Bestrafung nach § 266 b.

Stichwort: Factoring!

Nutzung als Kundenkarte

b) Vorliegend setzte A aber die „Kreditkarte" im sog. „Zwei-Partner-System" ein:

Unter Verwendung der Karte erhielt A Leistungen des Kartenausstellers ohne sofortige Bezahlung hierfür. In diesem Fall handelt es sich bei der „Kreditkarte" (besser: Kundenkarte) lediglich um den Ausweis über die Eröffnung eines Kundenkontos mit einem bestimmten Kreditrahmen, der es in den Filialen des Unternehmens ermöglicht, bestimmte Leistungen nicht gegen Barzahlung, sondern gegen Rechnung zu erhalten, ohne jeweils erneut eine Prüfung der Kreditwürdigkeit vornehmen zu müssen.

c) Ob die Kundenkarten im sog. „Zwei-Partner-System" tatgegenständliche Karten i.S.v. § 266 b darstellen, ist zweifelhaft.

Im Ergebnis ist dies aber abzulehnen:

Auslegungshilfe im Gesetzestext aufspüren

Schon der Wortlaut des § 266 b passt nicht, da danach die Überlassung der Karte dazu missbraucht werden muss, „den Aussteller zu einer Zahlung zu veranlassen". Im Zwei-Partner-System wird die Karte aber nur dazu benutzt, eine Leistung vom Aussteller selbst zu erlangen, zu einer Zahlung (an Dritte) wird er hingegen nicht veranlasst. Es handelt sich allein um eine Rechtsbeziehung zwischen dem Kartenaussteller und dem Kunden.

Außerdem ist die Nutzung der Karte schwerlich mit der Bezeichnung als „Kreditkarte" zu vereinbaren, da das kartenausgebende Unternehmen keinen „Kredit" gewährt, sondern allein – unter Stundung des Rechnungsbetrages – eine eigene Leistung durch Herausgabe von Waren (oder Dienstleistung) erbringt.

2. Damit scheidet eine Strafbarkeit des A aus § 266 b aus.

III. A könnte sich schließlich nach § 263 Abs. 1 schuldig gemacht haben, als er unter Vorlage der Kundenkarte das Flugticket kaufte, ohne zahlungsfähig und -willig zu sein.

Dann müsste A über Tatsachen getäuscht haben.

Schlüssige Erklärung über Zahlungswilligkeit

Mit Vorlage der Karte erklärte A ausdrücklich, Inhaber dieser Karte zu sein – was der Wahrheit entsprach –, aber auch zugleich schlüssig, zahlungswillig zu sein. Dies entsprach indes nicht den Tatsachen.

Auf der Grundlage dieser abgegebenen Erklärung müsste der Mitarbeiter einem entsprechenden Irrtum erlegen sein.

Dies setzt voraus, dass er sich bei Annahme der Karte und Abwicklung des Kaufgeschäftes über die miterklärte Zahlungswilligkeit des Kunden Vorstellungen gemacht hat.

In den Kreditkartenmissbrauchsfällen im sog. Drei-Partner-System wird ein derartiger Irrtum i.d.R. verneint, da die wirtschaftlichen Verhältnisse des Kreditkarteninhabers, insbesondere dessen Bonität, dem Vertragsunternehmen wegen der Zahlungsgarantie des kartenausgebenden Instituts gleichgültig sein kann. Der Vertrag zwischen dem Kreditkartenausgeber und dem Vertragsunternehmen verlangt von diesem eben nur die Prüfung der genannten formellen Voraussetzungen, nämlich Gültigkeit der Karte, Identität des Karteninhabers usw., nicht jedoch auch eine Überprüfung der Bonität des Karteninhabers.

Fallbezug

Ähnlich verhält es sich im Zwei-Partner-System, da der Angestellte des Kundenkarten ausgebenden Unternehmens i.d.R. weder die Pflicht noch die Möglichkeit hat, die Bonität des Kunden zu überprüfen; er wird sich ebenfalls allein auf die Gültigkeit der Kundenkarte verlassen, wenn ihm eine solche vorgelegt wird. Er wird also gleichfalls nur die formellen Voraussetzungen der Identität der Person und der nicht vorhandenen Kartensperre prüfen.

Eine Täuschung über Tatsachen liegt nicht vor. Eine Bestrafung des A aus § 263 Abs. 1 scheidet aus.

Beachte: Es ist nicht Aufgabe des StGB, schlicht vertragswidrige Verhaltensweisen zu pönalisieren.

Ergebnis: Das vertragswidrige Verhalten des A ist straflos.

8. Teil: Missbrauch von Scheck- und Kreditkarten

Aufbauschema zu § 266 b

I. Tatbestand

1. objektiver Tatbestand

- Täterqualität: (formell) berechtigter Inhaber einer
  - Scheckkarte (die es nicht mehr gibt!)
  - problematisch, ob fortexistierende ec-Funktion genügt
  - Kreditkarte
- Tathandlung: Missbrauch durch (nach außen) wirksames Einsetzen der Karte
- Taterfolg: Vermögensschaden beim Kartenaussteller

2. subjektiver Tatbestand

(nur) Vorsatz (alle Formen)

II. Rechtswidrigkeit

III. Schuld

IV. Strafantrag (§ 266 b Abs. 2 i.V.m. § 248 a)

Fall 30: Nutzung eigener Geldkarte am Geldautomaten
(BGHSt 47, 160)

A war Inhaber eines Kontos bei der Postbank und verfügte über einen Kontokorrentkredit i.H.v. 1.000 €. Zugleich war er im Besitz einer EC-Karte. Nachdem sein Konto mit 100 € überzogen war und er überdies wusste, weitere Überziehungen nicht ausgleichen zu können, hob er an einem Geldautomaten der Postbank 300 € ab. Am Folgetag suchte er eine Filiale der Deutschen Bank auf, nutzte am dortigen Geldautomaten neuerlich seine EC-Karte und hob zulasten seines Postbankkontos weitere 100 € ab.

Strafbarkeit des A?

Erster Tatkomplex: Die Bargeldabhebung bei der Postbank

„Seine" Bank

I. A könnte eine Untreue gemäß § 266 Abs. 1 begangen haben, als er 300 € bei der Postbankfiliale abhob.

Rechtlicher Obersatz

1. Die Strafbarkeit der sog. Missbrauchsuntreue gemäß § 266 Abs. 1, 1. Alt. setzt voraus, dass der Täter ein rechtliches Können (im Außenverhältnis zu Dritten) wahrnimmt, das über das rechtliche Dürfen (im Innenverhältnis zum Vermögensinhaber) hinausgeht.

Subsumtion

An einem derartigen Außenverhältnis fehlte es vorliegend, als A am Geldautomaten „seiner" Postbank Geld abhob.

2. Eine Strafbarkeit nach der sog. Treuebruchsuntreue setzt gemäß § 266 Abs. 1, 2. Alt. eine besonders herausgehobene Vermögensbetreuungspflicht voraus, die ihrerseits Hauptpflicht des die Beteiligten verbindenden Rechtsgeschäfts darstellen muss.

Dies ist nach einhelliger Ansicht im Verhältnis von Scheck- und Kreditkartenkunden zum Kreditinstitut nicht der Fall.

Eine Strafbarkeit aus § 266 Abs. 1 scheidet aus.

II. A könnte sich eines Missbrauchs von Scheckkarten gem. § 266 b Abs. 1, 1. Alt. schuldig gemacht haben, als er die Karte bei der Postbank einsetzte.

Dann müsste er dem Aussteller einer Scheckkarte, die ihm überlassen wurde, durch Missbrauch der Möglichkeit, den Aussteller zu einer Zahlung zu veranlassen, einen Vermögensschaden zugefügt haben.

1. A war berechtigter Karteninhaber, da ihm die Postbank als Aussteller der Karte diese überlassen hatte.

Was meint „Scheckkarte"?

2. Allerdings könnte fraglich sein, ob die ihm überlassene EC-Karte („Elektronic-Cash") noch als „Scheckkarte" einzuordnen ist.

Historischer Hintergrund der Norm

a) Tatgegenstand waren die bis 31. Dezember 2001 im Eurochequeverfahren gängigen Eurochequekarten mit der zugleich enthaltenen Garantie, bis zu einem Höchstbetrag bei Einhaltung bestimmter formeller Voraussetzungen zu leisten.

Beachte: Legaldefinition nur für diese Norm!

Nach Abschaffung des Eurochequeverfahrens haben diese EC-Karten als Eurochequekarten ihre Funktion verloren und sind nunmehr als sog. „Zahlungskarten" in § 152 (Legaldefinition in § 152 a Abs. 4) geregelt.

b) Ob diese tatsächliche und rechtliche Neuordnung der Zahlungskarten Auswirkungen auf den Anwendungsbereich des § 266 b Abs. 1 hat, ist zweifelhaft.

So wird angenommen,[80] dass angesichts der unterschiedlichen Begrifflichkeit von „Scheckkarte" in § 266 b und „Zahlungskarte" in § 152 a die bisherigen EC-Karten aus dem Anwendungsbereich des § 266 b herausfallen.

Nach bislang überwiegender Ansicht[81] – zumal der Begriff „Zahlungskarte" nur für § 152 a (s. § 152 a Abs. 4 „Zahlungskarten i.S.d. Abs. 1...") legaldefiniert ist – unterfallen EC-Karten jedenfalls dann noch § 266 b, wenn der Täter diese in ihrer Funktion als Garantie des Kartenausstellers gegenüber einem Dritten verwendet. Denn gerade in diesem Fall wird auch das kartenausgebende Institut i.S.v. § 266 b zu einer Zahlung „veranlasst".

Allerdings scheidet eine Strafbarkeit aus 266 b dann aus, wenn der Täter – wie vorliegend – die Karte nicht in ihrer eigentlichen Funktion als „Garantiekarte", sondern lediglich als Codekarte – gleichsam als „Schlüssel" – zur Abhebung am Automaten des Kreditinstituts einsetzt, das die Karte selbst ausgegeben hat. Denn ebenso wie die Missbrauchsvariante des § 266 Abs. 1, 1. Alt. setzt auch § 266 b ein sog. Drei-Partner-System voraus, in dem der Aussteller der Karte dem Dritten, dessen Leistung der Inhaber der Karte in Anspruch nimmt, Erfüllung garantiert. Mit der Wendung „missbraucht" ist der Wille des Gesetzgebers deutlich erfasst, § 266 b an § 266 Abs. 1, 1. Alt. in der dortigen Missbrauchsvariante anzulehnen, die ihrerseits durch das Überschreiten des rechtlichen Dürfens (Innenverhältnis) unter Beachtung des rechtlichen Könnens (Außenverhältnis) geprägt ist.

Nach allen Ansichten scheidet eine Strafbarkeit aus § 266 b aus.

Stellungnahme bleibt entbehrlich

III. A könnte sich der Begehung eines Computerbetruges gemäß § 263 a Abs. 1, 3. Var. schuldig gemacht haben, als er die Karte bei der Postbank einsetzte.

Dann müsste er durch Nutzung der Karte – u.a. – unbefugt Daten verwendet haben.

Nach überwiegender Ansicht muss dem Tatverhalten in der Verwendung von Daten die sog. Täuschungsäquivalenz (vergleichbar zum Betrug) zukommen (vgl. Fall 21).

Der Geldautomat als automatisierter Bankmitarbeiter

Diese Vergleichbarkeit in der Abhebung von Geld am Geldautomaten mit einer entsprechenden Abhebung am Schalter wird ganz überwiegend abgelehnt, da der fiktive Bankangestellte – ersetzt durch den Geldautomaten – nur die Prüfung übernimmt, die der Computer vornimmt. Diese Prüfung erstreckt sich daher nicht auf die Bonität des berechtigten Karteninhabers, sondern lediglich darauf, ob sich dieser im Rahmen des Verfügungsrahmens bewegt.

Deshalb scheidet eine Strafbarkeit des A gemäß § 263 a aus.

IV. Ein Diebstahl gemäß § 242 Abs. 1 am ausgezahlten Geld scheidet mangels Wegnahme aus, da nach formell ordnungsgemäßer Bedienung des

80 Fischer § 266 b Rdnr. 6 a.
81 BGHSt 47, 160; Weber JZ 1987, 217.

Geldautomaten einverständlich die Sachherrschaft über die Geldscheine auf den Nutzer der EC-Karte übertragen wird.

V. Schließlich könnte sich A noch der Begehung einer Unterschlagung gemäß § 246 Abs. 1 an dem ausgezahlten Geld schuldig gemacht haben, als er dieses einsteckte.

Vorliegend fehlt es indes schon an einer fremden Sache, da das Geldinstitut – hier die Postbank – jedenfalls dann eine Übereignung der jeweiligen Geldscheine gem. § 929 S. 1 BGB vornimmt, wenn der Vertragspartner aus dem Girovertrag den Geldautomaten formell korrekt in Gang gesetzt hat.

Das vertragswidrige Verhalten bleibt sanktionslos.

Ergebnis: A ist in seinem Verhalten gegenüber der Postbank straflos.

Zweiter Tatkomplex: Bargeldabhebung bei der Deutschen Bank

I. könnte durch Abheben des weiteren Bargeldes bei der Deutschen Bank einen Scheckkartenmissbrauch gemäß § 266 b Abs. 1, 1. Alt. begangen haben.

1. Dem A wurde die Karte vom Aussteller, der Postbank, überlassen.

Anderes Ergebnis gut vertretbar!

2. Die zum Einsatz gelangte EC-Karte stellt auch nach überwiegender Ansicht eine (garantierte) Scheckkarte in Form der Codekarte dar (s.o.).

3. Durch Einsatz der Karte am Geldautomaten der Deutschen Bank löste A eine Einlösungsgarantie der Postbank als ausstellendes Geldinstitut aus und missbrauchte diese.

4. Der Postbank ist ein Vermögensschaden i.H.d. Auszahlungsbetrages entstanden. Etwaige Schadensersatzansprüche gegen A kompensieren diesen Schaden nicht.

5. A handelte vorsätzlich, rechtswidrig und schuldhaft.

A ist der Begehung eines Scheckkartenmissbrauchs gemäß § 266 b Abs. 1, 1. Alt. schuldig.

II. Die Strafbarkeit eines Computerbetruges gemäß § 263 a Abs. 1, 3. Var. scheidet aus, da A nicht – täuschungsäquivalent – unbefugt handelte.

Ergebnis: A ist wegen Scheckkartenmissbrauchs gegenüber der Deutschen Bank und zum Nachteil der Postbank strafbar, § 266 b Abs. 1, 1. Alt.

9. Teil: Raub

Aufbauschema zu § 249

I. Tatbestand

1. objektiver Tatbestand

- Einsatz qualifizierter Nötigungsmittel
  - Gewalt gegen eine Person
  - Drohungen mit gegenwärtiger Gefahr für Leib und Leben
- Tatobjekt: fremde bewegliche Sache
- weitere Tathandlung: Wegnahme
  - Rspr.: äußerer Akt des Nehmens
  - Lit.: innere Willensrichtung des Opfers; d.h.: Wegnahme immer schon dann gegeben, wenn Gewahrsamsverlust durch das Opfer nicht zu verhindern ist
- Verknüpfung zwischen Nötigungsmittel und Wegnahme
  - Kausalität oder
  - Finalität

2. subjektiver Tatbestand

- Vorsatz bzgl. Nötigungsmittel, Tatobjekt, Tathandlung, Verknüpfung
- Zueignungsabsicht für sich/Dritten
- (zivilrechtliche) Rechtswidrigkeit der erstrebten Zueignung
- Vorsatz bzgl. Rechtswidrigkeit

II. Rechtswidrigkeit

III. Schuld

Fall 31: Gewaltanwendung beim Handtaschenraub
(BGH StV, 1990, 262)

A hatte den Plan gefasst, einer Geldbotin die mitgeführte gefüllte Geldbombe durch einen Überraschungsangriff zu entreißen. Dementsprechend näherte er sich der Frau und entriss ihr die zylinderförmige metallene Geldbombe, die sie unter die linke Achsel geklemmt hatte. Dann entfernte er sich mit der Geldbombe vom Tatort.

Strafbarkeit des A?

Nicht kleckern, sondern klotzen: Gleich mit dem Verbrechen anfangen, nicht mit Diebstahl beginnen.

I. A könnte durch das Entreißen der Geldbombe einen Raub gemäß § 249 Abs. 1 begangen haben.

Dann müsste er mit Gewalt gegen eine Person eine fremde bewegliche Sache in rechtswidriger Zueignungsabsicht weggenommen haben.

Tatobjekte genau bezeichnen

1. Bei der metallenen, mit Geld gefüllten Geldbombe handelt es sich um eine fremde bewegliche Sache.

2. Diese müsste A mit Gewalt gegen eine Person weggenommen haben.

a) Indem A der Frau die Geldbombe entriss, brach er deren Gewahrsam und begründete neuen Gewahrsam (spätestens, als er sich mit der Geldbombe vom Tatort entfernte).

b) Fraglich könnte allerdings sein, ob er diese Wegnahme „mit Gewalt" vollzog.

Keine Gewaltdiskussion i.S.d. vis compulsiva

Unter Gewalt ist hierbei der physisch vermittelte Zwang zur Überwindung eines geleisteten oder erwarteten Widerstandes zu verstehen. Hiervon abzugrenzen ist die Handlung eines Täters, bei der nicht die eingesetzte Kraft, sondern List und Schnelligkeit das Bild der Tat prägen.

Rechtlicher Obersatz

Sofern das Opfer das Diebstahlsobjekt aus Angst vor drohender Entziehung fest in den Händen hält, gar beim Versuch des Entreißens „gegenhält", sind die Anforderungen einer gewaltsamen Wegnahme erfüllt. Handelt der Täter allerdings nicht in Erwartung eines Widerstandes, sondern will er mit seinem Verhalten Widerstand gerade vermeiden bzw. ihm zuvorkommen, ist eine gewaltsame Wegnahme abzulehnen.

Subsumtion

Vorliegend nutzte A das Überraschungsmoment des nicht erwarteten Wegziehens aufseiten des Opfers aus und musste keinerlei Widerstand des Opfers mit von jenem empfundenen körperlichen Zwang überwinden.

Eine Strafbarkeit gemäß § 249 Abs. 1 scheidet aus.

Ein Regelbeispiel aus § 243 Abs. 1 ist nicht ersichtlich.

II. A hat durch das Wegreißen der Geldbombe einen Diebstahl gemäß § 242 Abs. 1 begangen.

III. Eine Strafbarkeit wegen Nötigung gemäß § 240 Abs. 1 scheidet mangels Gewaltanwendung aus.

Ergebnis: A ist eines Diebstahls gemäß § 242 Abs. 1 schuldig.

Fall 32: Finalzusammenhang beim Raub
(BGH NStZ 1982, 380)

Der Taxifahrer T hatte den angetrunkenen Fahrgast F zum Zielort gefahren. Am Zielort weigerte sich F grundlos, den bei Fahrtantritt vereinbarten Fahrpreis von 40 € zu bezahlen. Als der T Anstalten machte, mit F deswegen zur nächstgelegenen Polizeiwache zu fahren, erklärte sich dieser zum Schein bereit, den Fahrpreis nun doch zu entrichten. T hielt das Fahrzeug daraufhin an. F sprang aus dem Wagen und versuchte zu entkommen. T verfolgte ihn und wollte sich das Fahrgeld auf eigene Faust, notfalls mit Gewalt, verschaffen. Er holte F ein, packte ihn, schlug und trat ihn mehrfach, bis dieser zu Boden ging. Dabei war ihm gleichgültig, ob F nach den Schlägen und Tritten das Geld freiwillig herausgab oder ob er es sich selbst nehmen musste. Dem F fiel die Geldbörse aus der Tasche. T hob die Geldbörse auf, bemerkte, dass sich mehrere 100-, 50- und 20-€-Scheine in ihr befanden und fasste nunmehr den Entschluss, sich nicht mit 40 € zu begnügen, sondern sich den gesamten Börseninhalt von 870 € anzueignen. Während F versuchte, sich auf allen vieren davonzuschleichen, steckte T, der dies bemerkte, das gesamte Papiergeld in seine Gesäßtasche und verließ den Tatort.

Strafbarkeit des T?

A. Strafbarkeit bzgl. 40 €

Unbedingt die Geldbeträge trennen, da ein Zahlungsanspruch besteht!

I. T könnte einen Raub gemäß § 249 Abs. 1 begangen haben, als er wegen des Fahrpreises i.H.v. 40 € auf den F einschlug und anschließend die Geldbörse an sich nahm.

1. Die Geldscheine stellen eine fremde bewegliche Sache für T dar.

2. T setzte Gewalt gegen eine Person ein, als er F schlug und trat.

3. Außerdem müsste T die Geldscheine im Wert von 40 € weggenommen haben, mithin fremden Gewahrsam gebrochen und neuen Gewahrsam begründet haben.

Ob bereits zu einem früheren Zeitpunkt die Wegnahme vollendet war – etwa durch In-die-Hand-Nehmen der Geldbörse – kann jedenfalls für den Gewahrsamswechsel an den Scheinen im Wert von 40 € dahinstehen.

Zu einem Sachherrschaftswechsel an den Geldscheinen kam es vorliegend spätestens, als der T das gesamte Papiergeld – mithin auch die 40 € – in seine Gesäßtasche steckte: Spätestens in diesem Augenblick war der Gewahrsam des F gebrochen und durch Überführen in die Körpersphäre des T neuer Gewahrsam hieran begründet.

4. Schließlich müsste T das Nötigungsmittel – vorliegend den Einsatz der Gewalt – als Mittel zur Ermöglichung der Wegnahme eingesetzt haben.

Die Anforderungen an diese Verknüpfung sind zweifelhaft.

Kausalität i.S.d. conditio sine qua non

So wird es als ausreichend angesehen,[82] dass der Einsatz der Nötigungsmittel (schlicht) kausal, also ursächlich für die nachfolgende Wegnahme ist.

Nach überwiegender Ansicht[83] verlangt der Tatbestand allerdings ein Vorgehen „mit" Gewalt, nicht aber „durch" Gewalt, sodass eine objektive Verknüpfung zwischen Einsatz des Nötigungsmittels und anschließender

82 Seelmann JuS 1986, 203.
83 Fischer § 249 Rdnr. 6.

Wegnahme nicht erforderlich ist; als ausreichend wird vielmehr schon angesehen, dass das Nötigungsmittel aus Sicht des Täters zum Zwecke der Wegnahme eingesetzt wird.

Trotz subjektiver Bestimmung dieser Finalität („aus der Sicht des Täters") ist die Erörterung im objektiven Tatbestand vorzunehmen.

Auch dieses war vorliegend der Fall: T setzte Schläge und Tritte ein, um letztlich an seinen Fahrpreis zu gelangen.

5. T handelte vorsätzlich und in der Absicht, sich die Geldscheine in Höhe des vereinbarten Preises von 40 € zuzueignen.

Taxifahrt als Werkvertrag: Geschuldet ist ein „Ankommen" am Ziel!

6. Fraglich könnte allerdings sein, ob diese von T in Aussicht genommene Zueignung der Geldscheine i.H.v. 40 € objektiv (zivilrechtlich) rechtswidrig war, da er gegen F einen fälligen und durchsetzbaren Zahlungsanspruch gemäß § 631 Abs. 1 BGB hatte.

Geldsummentheorie

a) So versagt eine Ansicht[84] zumindest dann dem jeweiligen Geldträger (gemeint: Geldschein) den Schutz der Eigentumsdelikte, wenn ein zivilrechtlicher Anspruch auf die konkrete Geldsumme besteht. Denn der körperliche Träger der Geldsumme als Sache trete wirtschaftlich völlig in den Hintergrund. Demnach war die geplante Zueignung nicht „rechtswidrig", der subjektive Tatbestand ist abzulehnen.

Geldschulden als Gattungsschulden

b) Nach überwiegender Ansicht[85] verbleibt es bei der objektiven (zivilrechtlichen) Rechtswidrigkeit der in Aussicht genommenen Zueignung, da Geldschulden sog. Gattungsschulden sind: Gemäß § 243 Abs. 2 BGB obliegt die Auswahl dem Schuldner, womit er aus der Gattung die Schuld befriedigt. Mithin hätte vorliegend F aus den Geldscheinen die Wahl treffen müssen, mit welchen Scheinen er (gegenständlich) seine Schuld i.H.v. 40 € begleicht. Da dieses unterblieben war, hatte T keinerlei (objektiven) Anspruch auf die jeweiligen Geldscheine in Höhe von 40 €.

Allerdings müsste der T auch insoweit vorsätzlich gehandelt haben, er müsste bei Begehung der Tat auch die Bedeutungskenntnis über die zivilrechtliche Rechtswidrigkeit seines Tuns gehabt haben.

§ 16

Ein rechtsunkundiger Täter, der eine fällige Zahlungsforderung hat, wird häufig glauben, Anspruch auf das beim Schuldner gerade vorhandene Geld zu haben und es an sich nehmen zu dürfen. Eine solche Vorstellung führt in der Regel zu einem den Vorsatz ausschließenden Tatbestandsirrtum über die Rechtswidrigkeit der erstrebten Zueignung, § 16.

So verhält es sich hier: T glaubte zu Beginn der Gewaltanwendung gegen F, sich eigenmächtig in Höhe seiner Forderung aus dem bei F vorgefundenen Geld befriedigen zu dürfen.

Infolgedessen handelte der T nach überwiegender Ansicht zumindest in einem den Vorsatz ausschließendem Irrtum gemäß § 16 Abs. 1 S. 1.

Stellungnahme bleibt trotz unterschiedlicher Ansätze entbehrlich

c) Angesichts identischer Ergebnisse – beide Ansichten verneinen das Vorliegen des subjektiven Tatbestandes – ist eine Stellungnahme entbehrlich.

T hat sich nicht wegen Raubes strafbar gemacht.

II. T könnte jedoch eine Nötigung gemäß § 240 Abs. 1 begangen haben, als er auf den F eindrang und ihm schließlich die Geldscheine abnahm.

---

84 Roxin, Mayer-Festschrift, S. 467.

85 Fischer § 242 Rdnr. 50.

1. Der T setzte gegen F Gewalt ein (s.o.), und der F duldete insoweit das Einstecken der Geldscheine i.H.v. zumindest 40 € durch T.

2. T handelte vorsätzlich bezüglich des eingesetzten Gewaltmittels und der durch F erfolgten Duldung.

3. Die Tat des T müsste gemäß § 240 Abs. 2 nach vorzunehmender besonderer Verwerflichkeitsprüfung rechtswidrig gewesen sein.

a) Spezielle Rechtfertigungsgründe gestatteten das Tun des T nicht: Insbesondere gestattet eine zivilrechtliche Selbsthilfe gemäß §§ 229, 230 BGB, die eine nur vorläufige Sicherung eines bestehenden Anspruchs gewährleisten soll, dem Gläubiger keinesfalls, gleichsam „kurzerhand" Erfüllung, d.h. Befriedigung seines Gläubigerinteresses herbeizuführen.

b) Auch nach der sog. „Mittel-Zweck-Relation" ist das Verhalten des T als verwerflich anzusehen, da er mit absoluter Gewalt gegen den F vorging; eine derartige Gewaltanwendung ist aber nur bei Vorliegen spezieller Rechtfertigungsgründe gestattet.

Stichwort: Indizwirkung der vis absoluta

T ist der Begehung einer Nötigung schuldig.

III. Des Weiteren hat der T sich der Begehung einer Körperverletzung gemäß § 223 Abs. 1 schuldig gemacht.

Zwischenergebnis: Bezüglich der 40 € ist T der Begehung einer Körperverletzung in Tateinheit mit einer Nötigung gemäß §§ 223 Abs. 1, 240 Abs. 1, 52 schuldig.

„Kleiner Raub"

B. Verhalten bzgl. restlicher 830 €

I. T könnte sich bzgl. der weiteren 830 € eines Raubes gemäß § 249 Abs. 1 schuldig gemacht haben.

1. T setzte Gewalt gegen eine Person ein (s.o.) und nahm schließlich – selbst kausal durch die Gewalt verursacht – auch die weiteren Geldscheine im Gegenwert von 830 € weg, als er diese in seine Gesäßtasche steckte.

2. Fraglich ist allerdings, ob insoweit auch noch von einer „finalen Verknüpfung" zwischen Nötigungsmittel und anschließender Wegnahme auszugehen ist.

a) Bei der unmittelbaren Gewaltanwendung – Schläge und Tritte gegen F – hatte der T noch die Vorstellung, einen bestehenden zivilrechtlichen Anspruch i.H.v. 40 € gegen T durchzusetzen. Er setzte diese Gewalt also nicht zur Wegnahme weiterer Geldscheine i.H.v. 830 € ein. Insoweit ist die zuvor begangene Körperverletzung lediglich „Begleiterscheinung" der nachfolgenden Wegnahme der Geldscheine i.H.v. 830 €. Die Wegnahme erfolgte „gelegentlich" aus anderer Zielsetzung begangener Nötigungshandlung, folgte also der Nötigung zeitlich nur nach. Infolgedessen fehlt es an der finalen Verknüpfung zwischen der eingesetzten Gewalt und der anschließenden Wegnahmehandlung hinsichtlich der Geldscheine im Gegenwert von 830 €.

Stichwort: Diebstahl bei Gelegenheit?

b) Allerdings könnte erwogen werden, dass T nach Einsatz der Gewaltmittel – immerhin kroch der F „auf allen vieren" vom Tatort davon – konkludent mit seinem Verhalten dem F in Aussicht stellte, mit der Gewaltanwendung fortzufahren. Insoweit könnte T „unter Anwendung" dieser Drohung die weiteren Geldscheine weggenommen haben.

Nicht neuen Prüfungssatz wählen, sondern „am Ball bleiben"

Jetzt wird es für den Fall bedeutsam, wann genau die Wegnahme erfolgt ist.

Damit ist vorliegend bedeutsam, wann schließlich die Wegnahme erfolgte: Bereits mit Aufheben der gesamten Geldbörse nach Einsatz derjenigen Gewaltmittel, mit denen T lediglich seinen zivilrechtlichen Anspruch durchsetzen wollte, oder aber mit Herausnehmen der konkreten Geldscheine aus der Geldbörse und der Anwendung der dieser Handlung begleitenden Drohung.

Nachdem die Geldbörse auf den Boden gefallen war, befand sich die Geldbörse mitsamt Inhalt noch im gelockerten Gewahrsam des F. Fraglich ist, ob nach Aufheben der Geldbörse durch T schon ein objektiver Sachherrschaftswechsel, getragen von einem entsprechenden Herrschaftswillen des T, vollzogen wurde. Immerhin wollte T zu diesem Zeitpunkt noch generell die Sachherrschaft des F anerkennen und der Geldbörse nur Geldscheine im Gegenwert von 40 € entnehmen. Angesichts der zuvor geübten Gewaltanwendung und der unmittelbaren körperlichen Beziehung des T zur Geldbörse – er hielt sie als Kleingegenstand in der Hand – ist mit der üblichen Verkehrsauffassung aber davon auszugehen, dass ein Gewahrsamswechsel bereits mit Aufheben und In-die-Hand-Nehmen der Geldbörse vollzogen wurde.

Anderes Ergebnis gut vertretbar

Mithin fehlt es vorliegend an einer finalen Verknüpfung der eingesetzten Gewaltmittel bzgl. weiterer Geldscheine im Wert von 830 €. Die zeitlich nachfolgende schlüssige Drohung mit Fortführung der Gewaltanwendung diente indes nicht mehr einer nachfolgenden Wegnahme, da T bereits die Sachherrschaft über die Geldbörse mitsamt Inhalt erhalten hatte.

Deshalb scheidet auch § 252 aus!

II. Ein Diebstahl gemäß § 242 Abs. 1, hier gar in Verwirklichung des Regelbeispiels gemäß § 243 Abs. 1 S. 2 Nr. 6, scheidet aus, da T zum Zeitpunkt der Wegnahme – Aufheben der Geldbörse – nicht mit der Absicht rechtswidriger Zueignung, gerichtet auf 830 €, handelte.

III. T hat aber eine Unterschlagung gemäß § 246 Abs. 1 begangen, als er sich die weiteren Geldscheine im Wert von 830 € (zivilrechtlich) rechtswidrig durch Herausnahme und Einstecken in die Gesäßtasche zueignete.

Konkurrenzen und Ergebnis: T ist einer Körperverletzung gemäß § 223 Abs. 1 in Tateinheit mit Nötigung gemäß § 240 Abs. 1 schuldig. Die nachfolgend begangene Unterschlagung gemäß § 246 Abs. 1 tritt im Wege der formellen Subsidiarität zurück, da die gesamte Tat wegen des engen zeitlichen und räumlichen Zusammenhangs – es gilt insoweit der prozessuale Tatbegriff[86] i.S.v. § 264 StPO – mit der begangenen Körperverletzung und Nötigung in einer anderen Vorschrift mit höherer Strafandrohung versehen ist.

---

86 Fischer § 246 Rdnr. 23 c.

Fall 33: Irrtum über die Bezahlung eines Drogengeschäfts
(BGH NStZ 2008, 626)

Nach reichlichem Alkoholkonsum beschlossen I und W, ihrem Bekannten T einen Denkzettel zu verpassen. I war über T verärgert, weil dieser entgegen seinem Versprechen unberechtigt von I eingezogene 20 € nicht zurückgezahlt hatte. W war auf T eifersüchtig. Er glaubte, dieser habe versucht, mit seiner damaligen Freundin sexuell zu verkehren. W bewaffnete sich mit einer Eisenstange mit angeschweißtem Griff („Tonfa"). Gegen 2.30 Uhr drangen W und I in die Wohnung des T ein, attackierten diesen schon an der Wohnungstür und nachfolgend im Schlafzimmer mit Faustschlägen. Währenddessen entschlossen sie sich, von T Geld einzutreiben, nämlich „Schulden aus früheren Drogengeschäften". Nachdem T auf das von W geäußerte Verlangen nach Geld gesagt hatte, er hätte keines, durchsuchte I die Schränke. W hielt T mit der Eisenstange in Schach und schlug so heftig auf ihn ein, dass es u.a. zu Frakturen am Nasenbein und an zwei Mittelhandknochen der rechten Hand kam. I hatte kein Geld gefunden und nahm zwei Mobiltelefone mit, um zu verhindern, dass T die Polizei verständigen konnte. Strafbarkeit von I und W? Ein Strafantrag ist nicht gestellt.

I. Durch das **einvernehmliche Attackieren und spätere Einschlagen** mit der Eisenstange auf T haben I und W eine **gefährliche Körperverletzung** gemäß **§§ 223, 224 Abs. 1 Nr. 2** – Eisenstange als gefährliches Werkzeug –, **Nr. 3** –mit einem anderen Beteiligten gemeinschaftlich –, **in Mittäterschaft** gemäß **§ 25 Abs. 2** begangen.

II. Ein gemeinschaftlich begangener **Raub** gemäß **§§ 249 Abs. 1, 25 Abs. 2** bezüglich der mitgenommenen **Mobiltelefone** scheidet dagegen aus; auch wenn der äußere Tatbestand mit einer gemeinschaftlich begangenen gewaltsamen Wegnahme dieser fremden beweglichen Sachen verwirklicht ist, fehlte beiden Tätern bei der Wegnahme die notwendige **Zueignungsabsicht:** Sie wollten lediglich verhindern, dass das Opfer durch Nutzung der Mobiltelefone die Polizei verständigen konnte. Dieses mag den **Enteignungsvorsatz** erfüllen, eine weitergehende **Aneignungsabsicht** – etwa die Geräte selbst nutzen bzw. verkaufen zu wollen – ist indes nicht anzunehmen.

III. Allerdings könnten I und W einen als Verbrechen strafbaren **versuchten gemeinschaftlichen Raub** gemäß **§§ 249 Abs. 1, 25 Abs. 2, 22, 23 Abs. 1** im Hinblick auf das geforderte **Geld** begangen haben, indem sie zusammen auf das Opfer eindrangen und Behältnisse nach Geld durchsuchten.

Der Sachverhalt gibt keine Veranlassung, auf Abgrenzungsfragen zu Raub/Erpressung einzugehen; bei offensichtlich gewollter Wegnahme ist stets in der Prüfung mit § 249 zu beginnen.

1. I und W hatten noch während ihrer Gewaltanwendung den **Tatentschluss** gefasst, gemeinschaftlich mit Gewalt gegen T eine fremde bewegliche Sache, nämlich dessen Geld, wegzunehmen. Außerdem hatten beide die Vorstellung, dieses Geld als Sache unter Verdrängung des Eigentümers zu enteignen und sich bzw. dem anderen Mittäter anzueignen.

Die Täter müssten auch in der Vorstellung gehandelt haben, dass die in Aussicht genommene Zueignung **rechtswidrig** – mithin im Widerspruch zum Zivilrecht – sein würde. Hier wollten sie mit ihrem Tun **„Schulden aus**

früheren Drogengeschäften" eintreiben. Fraglich ist, wie sich ein derartiger Bestand einer Forderung bzw. eine irrige Vorstellung hierüber auf § 249 Abs. 1 auswirkt.

Speziesschuld: Anspruch auf **bestimmte** Sache beseitigt die Rechtswidrigkeit der Zueignung.

a) Bei fälligen, einredefreien **Speziesansprüchen** auf die weggenommene Sache erfolgt die Zueignung durch den Anspruchsinhaber nicht rechtswidrig im Sinne der Eigentumsordnung; der Täter führt vielmehr den von ihr gewollten Zustand herbei, denn er kann dem Herausgabeverlangen des Eigentümers den Einwand der Pflicht zur alsbaldigen Rückgewähr (§ 242 BGB) entgegenhalten. Eigentumsdelikte scheiden daher aus, es verbleibt dann bei einer möglichen Strafbarkeit aus §§ 240, 223.

Gattungsschuld: Konkretisierung der Leistung von mittlerer Art und Güte durch Schuldner; daher ist eigenmächtige Befriedigung rechtswidrige Zueignung.

b) Dagegen verletzt bei **Gattungsschulden** die Wegnahme einer entsprechenden Zahl von Gattungssachen die Eigentumsordnung, da allein der Schuldner die Konkretisierungsbefugnis hat, welche Sache von mittlerer Art und Güte (§ 243 Abs. 1 BGB) er leisten will; mithin ist die eigenmächtige Auswahl durch den Gläubiger objektiv rechtswidrig.

Problem: Geldschulden

c) Eine Sonderstellung nehmen **Geldansprüche** ein:

Wertsummentheorie: Geld als körperliche Sache ist nur Träger einer bestimmten Wertsumme, die Sache selbst tritt zurück.

So vertritt das Schrifttum, dass auch die Zueignung der eigenmächtig weggenommenen Geldstücke bzw. -scheine durch den Gläubiger objektiv rechtmäßig bleibt, da Geld als körperlicher Gegenstand austauschbar ist und seine Funktion als Träger einer jeweiligen **Wertsumme** im Vordergrund steht.[87]

Geld bleibt objektiv Gattungsschuld: Kein Recht des Schuldners auf eigenmächtige Befriedigung!

Demgegenüber vertritt der BGH in st.Rspr.,[88] dass wegen des Leistungsbestimmungsrechts des Schuldners die Zueignung der konkret weggenommenen Geldmittel objektiv rechtswidrig ist und auch das Selbsthilferecht aus § 229 BGB die eigenmächtige Zueignung nicht gestattet; denn gemäß § 230 Abs. 2 BGB ist im Falle der Wegnahme von Sachen deren dingliche Arrestierung zu beantragen, keineswegs darf der Gläubiger die eigenmächtige Befriedigung herbeiführen.

Vorliegend bedarf dieser Streit keiner Entscheidung, da I und W hier als Drogenverkäufer zivilrechtlich – unabhängig von der Einordnung dieser Schuld – gar kein Zahlungsanspruch gegen T zustand:[89] Der Kaufvertrag über die Drogen war wegen eines Verstoßes gegen ein gesetzliches Verbot (§ 29 Abs. 1 Nr. 1 BtMG) gemäß § 134 BGB nichtig; bereicherungsrechtliche Zahlungsansprüche (§§ 812 Abs. 1 S. 1, 1. Alt., 818 Abs. 2 BGB) scheitern an § 817 S. 2 BGB.

d) Allerdings könnten sich I und W – in zweifacher Hinsicht – in einem beachtlichen **Irrtum** über die Berechtigung des Bestehens eines Zahlungsanspruches befunden haben.

1. Irrtum: Irrige Einordnung der Geldschuld als Speziesschuld

aa) So werden in der Bevölkerung Geldschulden nicht als Gattungsschulden eingeordnet, vielmehr ist der Irrtum weit verbreitet, dass ein Gläubiger einer Geldforderung jeweils die gerade im Besitz des Schuldners befindlichen Geldmittel als die ihm unmittelbar und nicht nur vertretungsweise geschuldeten beanspruchen, dass er mithin die Geldforderung als Speziesschuld durchsetzen darf; deshalb ist bei eigenmächtiger Wegnahme einer

---

87 Vgl. Roxin, Meyer-Festschrift, S. 467.
88 BGHSt 17, 87 ff.
89 Vgl. BGHSt 48, 322 ff.

irrigerweise für die geschuldete gehaltenen Sache nach der Rspr. regelmäßig ein beachtlicher Tatbestandsirrtum anzunehmen (BGHSt 17, 91). Danach könnte erwogen werden, dass sich auch I und W in einem Tatbestandsirrtum befunden hätten.

bb) Vorliegend ist allerdings zu berücksichtigen, dass sich die beiden Täter noch in weiterer Hinsicht geirrt hatten: Über die irrige Annahme hinaus, Geldschulden als „Speziesschulden" behandeln zu können, glaubten sie, dass ihnen tatsächlich Forderungen aus dem illegalen Drogengeschäft zustehen würden.

2. Irrtum: Irrige Annahme zivilrechtlicher Forderungen aus Drogengeschäften

(1) Dieser Irrtum über das normative Merkmal **„Rechtswidrigkeit der erstrebten Bereicherung" bei der Erpressung oder Rechtswidrigkeit der erstrebten Zueignung beim Raub ist** nur dann als beachtlich i.S.v. § 16 Abs. 1 einzustufen, soweit der Täter angenommen hatte, eine Forderung zu besitzen, die auch mit Aussicht auf Erfolg **gerichtlich einklagbar** sei (BGHSt 48, 322). Dagegen liegt ein beachtlicher Irrtum über das Bestehen eines solchen Anspruchs dann nicht vor, wenn sich der Nötigende lediglich nach den Anschauungen der einschlägig kriminellen Kreise als berechtigter Inhaber eines Zahlungsanspruchs gegen das Opfer fühlt.

Der BGH stellt konsequent allein auf den zivilrechtlichen Bestand der Forderung ab und nicht etwa auf einen strafrechtlichen Forderungsbegriff!

Demnach befanden sich I und W nicht in einem Tatbestandsirrtum, sie handelten vielmehr mit dem erforderlichen Tatentschluss zur Begehung eines Raubes und der notwendigen Absicht rechtswidriger Zueignung.

„Zu ***Unrecht*** bereichern"/ „***rechtswidrig*** zueignen" ⇨ bei Geldschulden objektiv identischer Maßstab ⇨ subjektiv identische Vorstellung

2. Da sie unmittelbar zur Tat angesetzt und rechtswidrig sowie schuldhaft gehandelt haben, sind sie wegen eines versuchten gemeinschaftlichen Raubes gemäß §§ 249, 22, 25 Abs. 2 strafbar.

Ggf. bloß unbeachtlicher Subsumtionsirrtum

IV. Durch den **Einsatz der Eisenstange** haben I und W zugleich versucht, mittäterschaftlich einen **besonders schweren Raub gemäß §§ 249, 250 Abs. 2 Nr. 1, 22, 25 Abs. 2** zu begehen. Das von ihnen eingesetzte Tonfa stellt ein gefährliches Werkzeug i.S.d. § 250 Abs. 2 Nr. 1 dar, das sie bei der Tat verwendet haben.

„Zu Unrecht bereichern" als normatives Tatbestandsmerkmal setzt laienhafte Kenntnis des Täters vom zivilrechtlichen Bestand voraus.

V. Der zugleich verwirklichte versuchte **schwere Raub gemäß §§ 249, 250 Abs. 1 Nr. 1 lit. a, 22, 25 Abs. 2** tritt im Wege der Gesetzeskonkurrenz (Spezialität) hinter dem besonders schweren Raub zurück.

VI. Soweit die Täter in Übereinstimmung mit der Rspr. zugleich auch eine **räuberische Erpressung gemäß §§ 255, 22, 25 Abs. 2** versucht haben, tritt diese als lex generalis hinter dem spezielleren Raub zurück.[90]

Aufbauhinweis: Stets mit § 250 Abs. 2 beginnen, da dieser ggf. § 250 Abs. 1 verdrängt! Das spart Zeit in der Prüfung!

VI. Schließlich könnten I und W gemeinschaftlich einen **erpresserischen Menschenraub gemäß §§ 239 a Abs. 1, 25 Abs. 2** begangen haben. T hielt das Opfer in Schach, hatte sich mithin des Opfers durch Erlangung anhaltender physischer Gewalt bemächtigt; dieses geschah auch – zumindest auf der Grundlage der Rspr. – in erpresserischer Absicht, da die Verwirklichung des geplanten Raubes zugleich eine geplante Erpressung – s.o. unter VI. – darstellt,[91] die lediglich aus Gründen der Konkurrenz im Schuldspruch nicht erscheint. Allerdings ist der Tatbestand wegen der hohen Strafandrohung im **Zwei-Personen-Verhältnis** teleologisch einzuschrän-

Beachte: Nach angenommenem Raub und/ oder Erpressung stets noch § 239 a prüfen!

Objektiv: bloßes ***Sichbemächtigen*** als Tathandlung (= 1. Akt)

Subjektiv: Erpressungsabsicht als Zielvorstellung (= geplanter 2. Akt)

90 Vgl. zum Streitstand Fischer § 253 Rdnr. 10, 11.
91 BGH NStZ 2003, 604.

Teleologische Reduktion des § 239 a im Zwei-Personen-Verhältnis ist der wichtigste Problemkreis der Norm; vgl. dazu auch AS-Skript StrafR BT 1 [2008], S. 247 ff.

ken:[92] Zum einen muss der Täter eine eigenständige Bemächtigungssituation und eine gewisse Stabilisierung der Lage erreicht haben, zum anderen muss er unterschiedliche Nötigungsmittel im Hinblick auf Tathandlung des § 239 a und der in Aussicht genommenen Erpressung einsetzen. Hieran fehlt es vorliegend: Als Druckmittel wurde ausschließlich das Tonfa eingesetzt bzw. der weitere Einsatz hiermit angedroht. Das Zwangsmittel des Raubes und des Sichbemächtigens waren identisch.

Mithin scheidet ein erpresserischer Menschenraub aus.

VI. Die mitverwirklichten Delikte der **gemeinschaftlichen Nötigung gemäß §§ 240 Abs. 1, 25 Abs. 2** (Duldung der Wohnungsdurchsuchung) sowie eines **gemeinschaftlich versuchten Diebstahls mit Waffen gemäß §§ 244 Abs. 1 Nr. 1 lit. a, 25 Abs. 2** werden im Wege der Gesetzeskonkurrenz auch von dem versuchten Raubdelikt verdrängt.

VII. Der gemeinschaftliche **Hausfriedensbruch, §§ 123 Abs. 1, 1. Alt., 25 Abs. 2,** ist mangels Strafantrages nicht verfolgbar.

Ergebnis: I und W sind wegen gemeinschaftlich begangenen versuchten besonders schweren Raubes in Tateinheit mit gefährlicher Körperverletzung gemäß §§ 249, 250 Abs. 2 Nr. 1 lit. a, 223, 224 Abs. 1 Nr. 1, Nr. 3, 25 Abs. 2, 52 strafbar

---

92 GrSen BGHSt 40, 350.

Fall 34: Lippenpflegestift als Raubmittel
(BGH NStZ 2007, 332 f; NJW 1996, 2663)

Die A begab sich in der Absicht, einen Überfall zu verüben, in ein Geschäftslokal. Als ihr die dort tätige Verkäuferin den Rücken zuwandte, holte die A aus ihrer Handtasche einen Lippenpflegestift („Labello"), trat hinter die Verkäuferin und drückte ihr eine Ecke des Stiftes in den Rücken. Sie beabsichtigte, bei der Geschädigten die Vorstellung hervorzurufen, mit einer Waffe bedroht zu werden. Unter dem Eindruck des ihr von der A weiterhin in den Rücken gehaltenen Labello-Stiftes, den die Verkäuferin für die Spitze eines Messers, einer Schere oder eines ähnlich gefährlichen Gegenstandes hielt, ließ sie es zu, dass die A in die Kasse griff, dieser 280 € entnahm und das Geschäftslokal verließ.

Strafbarkeit der A?

I. A könnte einen Raub gemäß § 249 Abs. 1 begangen haben, als sie nach Einsatz des Labello-Stiftes mit dem Geld das Geschäftslokal verließ.

Obersatz genau fassen

1. Dann müsste die A unter Anwendung von Drohungen mit gegenwärtiger Gefahr für Leib oder Leben gehandelt haben.

Eine Drohung liegt dann vor, wenn der Täter ein künftiges Übel in Aussicht stellt, auf dessen Eintritt er Einfluss hat oder zu haben vorgibt und dessen Verwirklichung er nach dem Inhalt seiner Äußerung für den Fall des Bedingungseintritts will.

A drückte dem Opfer eine Ecke des Stiftes in den Rücken und wollte in ihm den Eindruck hervorrufen, dass es sich hierbei um eine Waffe handelte. Tatsächlich stand das Opfer auch unter diesem Eindruck und hatte Furcht, dass die A mit diesem gefährlichen Gegenstand zustechen könnte; aus Angst um Leib oder Leben ließ das Opfer die A gewähren.

Beachte: A will auch täuschen, deshalb § 263 nicht vergessen!

2. A nahm daraufhin Geldscheine – fremde bewegliche Sachen – im Wert von 280 € weg: Sie brach Gewahrsam der Verkäuferin (bzw. des Geschäftsherrn) und begründete neuen Gewahrsam spätestens mit Verlassen des Geschäfts.

3. A handelte vorsätzlich und in rechtswidriger Zueignungsabsicht; Rechtfertigungs- und Entschuldigungsgründe lagen nicht vor.

Ergebnis: Die A ist eines Raubes gemäß § 249 Abs. 1 schuldig.

II. Des Weiteren könnte die A einen schweren Raub gemäß § 250 begangen haben.

Genaue Bezeichnung der Absätze kann (noch) unterbleiben.

1. In Betracht kommt ein schwerer Raub nach § 250 Abs. 2 Nr. 1.

Bietet der Sachverhalt hierfür Anlass, mit Abs. 2 beginnen, da er als lex specialis dem Abs. 1 vorgeht: So kann Zeit gespart werden!

Dann müsste die A bei der Tat eine Waffe oder ein anderes gefährliches Werkzeug verwendet haben.

Bei dem eingesetzten Labello-Stift könnte es sich um ein derartiges „anderes gefährliches Werkzeug" handeln.

Die inhaltliche Bestimmung dieses Merkmals – auch in anderen Tatbeständen wie § 244 Abs. 1 Nr. 1 – wird nicht einheitlich vorgenommen. Neben einer anzunehmenden abstrakten Gefährlichkeit wird auch auf einen subjektiven Verwendungsvorbehalt abgestellt. Nach wohl überwiegender Ansicht[93] ist zur inhaltlichen Begriffsbestimmung auf § 223 a a.F. zurückzugreifen; daraus folgt, dass „anderes gefährliches Werkzeug" nur derartige Gegenstände sein können, die objektiv gefährlich und geeignet sind, erhebliche Verletzungen zu verursachen.

Nach allen Ansichten erfüllt jedoch ein Labello-Stift nicht die Anforderungen an ein gefährliches Werkzeug.

Eine Haftung der A aus § 250 Abs. 2 Nr. 1 scheidet mithin aus.

Genaue Gesetzesbezeichnung

2. Allerdings könnte die A der Begehung eines schweren Raubes i.S.v. § 250 Abs. 1 Nr. 1 lit. b) schuldig sein.

Dann müsste sie beim Raub ein Werkzeug bei sich geführt haben, um den Widerstand einer anderen Person durch Gewalt oder Drohung mit Gewalt zu verhindern oder zu überwinden.

Vorliegend setzte die A den Labello-Stift ein, um die Verkäuferin aus Angst um ihr Leben gefügig zu machen.

Fraglich ist allerdings, ob es sich bei dem Einsatz des Labello-Stiftes um ein sonstiges Werkzeug i.S.d. Vorschrift handelt.

Neuregelung der „Scheinwaffe"

a) Durch Neufassung des § 250 Abs. 1 Nr. 1 lit. a) und lit. b) und der insoweit vorgenommenen Differenzierung des „gefährlichen Werkzeugs" (§ 250 Abs. 1 Nr. 1 lit. a)) und des sonstigen Werkzeugs mit Verwendungsabsicht (§ 250 Abs. 1 Nr. 1 lit. b)) hat der Gesetzgeber insbesondere das Verwenden von sog. Scheinwaffen durch Schaffung des Auffangtatbestandes in § 250 Abs. 1 Nr. 1 lit. b) geregelt. Danach ist nicht mehr eine von dem Werkzeug ausgehende objektive Gefahr für Leib und Leben entscheidend. Ausreichend ist bereits eine vergleichbare Bedrohungswirkung, die von dem eingesetzten Werkzeug ausgehen kann.

Danach hätte sich die A objektiv qualifizierend nach § 250 Abs. 1 Nr. 1 lit. b) verhalten.

Teleologische Reduktion

b) Allerdings scheiden solche Gegenstände aus der Anwendbarkeit der Qualifizierung aus, die offensichtlich ungefährlich und nicht geeignet sind, auf den Körper eines anderen in erheblicher Weise einzuwirken; insbesondere Gegenstände, deren Täuschungseffekt nicht im Erscheinungsbild des wahrgenommenen Gegenstandes selbst besteht und die daher nicht den „Schein einer Waffe begründen können", sondern lediglich eine entsprechende Täuschungswirkung erzielen, fallen aus dem Anwendungsbereich der Norm heraus.[94]

Hier setzte die A den Labello-Stift allein zur Täuschung über dessen wahre Eigenschaft gegenüber der Verkäuferin ein und nutzte deren durch den Irrtum hervorgerufene Ängstlichkeit zur Tatbegehung aus.

Damit hat die A keinen qualifizierten Raub begangen.

III. A hat sich durch ihr Verhalten wegen Nötigung gemäß § 240 Abs. 1 und wegen Diebstahls gemäß § 242 Abs. 1 strafbar gemacht.

---

93 Tröndle/Fischer § 250 Rdnr. 13, 15.

94 BGH NStZ 2007, 332 f: so auch für ein dünnes (verdecktes) Metallrohr, mit dem der Eindruck einer Schusswaffe erweckt werden soll.

Nicht vergessen bei „Scheinwaffen"

IV. Überdies könnte die A einen Betrug gemäß § 263 Abs. 1 begangen haben, als sie den Labello-Stift als scheinbare „Waffe" gegen die Verkäuferin einsetzte.

Dann müsste die A über Tatsachen getäuscht haben.

Mit ihrem Verhalten und Einsatz des Labello-Stiftes erklärte die A zugleich gegenüber der Verkäuferin in schlüssiger Weise, dass sie bei der Tat eine Waffe bzw. ein gefährliches Werkzeug verwenden würde.

Allerdings ist vorliegend zu berücksichtigen, dass sich die Verkäuferin aufgrund des vermeintlichen Drohungspotenzials passiv verhielt. Diese Drohung konnte die A aber nur dadurch erreichen, dass sie zugleich über die Gefährlichkeit des scheinbar eingesetzten Werkzeugs täuschte. Mithin bedingt die Täuschung das Vorhandensein einer für die Tatausführung weiter notwendigen Drohung.

Nach überwiegender Ansicht[95] fehlt bei derartiger Tatbegehung der Täuschung insoweit die Tatbestandsmäßigkeit i.S.v. § 263 Abs. 1, da sie als solche lediglich die Drohung verstärkt.

Nach anderer Ansicht wird ein mitbegangener Betrug von dem sodann spezielleren Gewaltdelikt – in der Regel einer räuberischen Erpressung – verdrängt.

Stellungnahme entbehrlich

Jedenfalls scheidet nach allen Ansichten eine Strafbarkeit der A nach § 263 Abs. 1 aus.

Konkurrenzen und Ergebnis: A ist wegen Raubes gemäß § 249 Abs. 1 strafbar. Die zugleich verwirklichte Nötigung und der Diebstahl treten im Wege der Gesetzeskonkurrenz als durch § 249 Abs. 1 mitverwirklicht zurück.

95 BGHSt 23, 294; Keiper NJW 1970, 2253.

10. Teil: (Räuberische) Erpressung; Raub mit Todesfolge

Aufbauschema zu §§ 253, 255 – (Räuberische) Erpressung

I. Tatbestand

1. objektiver Tatbestand

- Einsatz qualifizierter Nötigungsmittel
  - Gewalt gegen eine Person
  - Drohungen mit gegenwärtiger Gefahr für Leib und Leben
- Opferverhalten: Handeln, Dulden, Unterlassen
  - Rspr.: äußerer Akt des Gebens; Dulden der Wegnahme genügt!
  - Lit.: Vermögensverfügung erforderlich; immer gegeben, wenn nach Opfervorstellung (!) ein notwendiger Mitwirkungsakt erforderlich ist – „Selbstschädigung"
- Vermögensschaden
  - des Genötigten
  - eines Dritten

2. subjektiver Tatbestand

- Vorsatz bzgl. Nötigungsmittel, Opferverhalten, Vermögensschaden
- Absicht (dolus directus 1. Grades) stoffgleicher (ungeschriebenes Tatbestandsmerkmal) Eigen- oder Drittbereicherung
- Rechtswidrigkeit (objektiv zivilrechtlich) der Bereicherung
- Vorsatz (alle Formen) bzgl. dieser Rechtswidrigkeit

II. Rechtswidrigkeit gemäß § 253 Abs. 2

- keine allgemeinen Rechtfertigungsgründe
- besondere Verwerflichkeit: Mittel-Zweck-Relation

III. Schuld

IV. Ggf. im Fall des § 253:

Regelbeispiele des § 253 Abs. 4 S. 2

- gewerbsmäßig
- als Mitglied einer Bande handeln, die sich zur fortgesetzten Begehung einer Erpressung verbunden hat

Fall 35: Räuberische Erpressung durch gewaltsame Wegnahme einer Sache ohne Zueignungsabsicht

(BGHSt 14, 387 f.)

Der A ließ sich vom Taxifahrer T zum Bahnhof fahren. Unterwegs bat er den Fahrer, anzuhalten, da er austreten müsse. Als er zur Taxe zurückkam, zog er plötzlich eine geladene Gaspistole aus der Tasche und gab zwei Schüsse auf den im Wagen sitzenden Taxifahrer ab. Mindestens ein Schuss traf den Taxifahrer ins Gesicht und zwang ihn zum Verlassen des Fahrzeugs. Der A setzte sich selbst ans Steuer und fuhr mit der Taxe weg. Er fuhr einige Zeit in der Gegend umher, brach dann die Fahrt ab und stellte sich der Polizei. Dabei erklärte er unwiderlegt, er habe sich aus einer „Laune" heraus gewaltsam in den Besitz der Taxe gesetzt, da er so gerne einmal habe Auto fahren wollen.

Strafbarkeit des A?

I. A könnte einen Raub gemäß § 249 Abs. 1 begangen haben, als er zwei Schüsse auf den Taxifahrer abgab und anschließend mit der Taxe davonfuhr.

Beachte: Mord und Totschlag scheiden angesichts des Tatmittels aus.

1. A setzte gegen T Gewalt ein, als er ihm mit der Gaspistole ins Gesicht schoss. Mittels dieser Gewaltanwendung nahm er anschließend die Taxe weg, als er durch Wegfahren vom Tatort den Gewahrsam des T brach und eigenen Gewahrsam begründete.

2. A handelte vorsätzlich; allerdings fehlte ihm nach seiner unwiderleglichen Einlassung zum Zeitpunkt der Tathandlung die Absicht, sich das Fahrzeug (rechtswidrig) zuzueignen: Er handelte nicht in der Vorstellung, den berechtigten Taxifahrer auf Dauer zu enteignen. Vielmehr wollte er die Taxe nur vorübergehend ohne erhebliche Substanzverletzung oder Wertminderung gebrauchen (sog. furtum usus).

Beachte: Fehlt bei gewalttätiger Wegnahme die Zueignungsabsicht, wird i.d.R. der Streitstand „Raub/Erpressung" bedeutsam.

Die Strafbarkeit eines Raubes scheidet aus.

II. A könnte durch dieselbe Handlung eine Nötigung gemäß § 240 Abs. 1 begangen haben.

1. A zwang den Taxifahrer mit Gewalt (s.o.), das Fahrzeug zu verlassen und dessen Wegnahme zu dulden. Damit ist der tatbestandsmäßige Erfolg gegeben.

2. A handelte vorsätzlich, rechtswidrig und schuldhaft.

A ist der Begehung einer Nötigung schuldig.

III. Des Weiteren hat der A durch Umherfahren mit der Taxe § 248 b Abs. 1 verwirklicht.

IV. Ein Raub gemäß § 249 Abs. 1 an dem im Tank befindlichen Betriebsstoff scheidet aus, da A keinen Diebstahl gemäß § 242 Abs. 1 hieran begangen hat (s.o. Fall 16): Der Verbrauch des Benzins ist vom Tatbestand des § 248 b notwendigerweise miterfasst.

V. Schließlich könnte der A eine räuberische Erpressung gemäß §§ 253, 255 begangen haben.

Dann müsste er eine Erpressung mit qualifizierten Nötigungsmitteln, hier durch Gewalt gegen eine Person, begangen haben.

1. A ging gegen T mit Gewalt vor (s.o.).

2. Fraglich ist allerdings, ob er insoweit auch den Erpressungstatbestand erfüllt hat.

Stets zunächst den Wortlaut aufnehmen!

Dann müsste er den T zu einer Handlung, Duldung oder Unterlassung genötigt und dadurch dem Vermögen des T Nachteil zugefügt haben.

Infolge der Gewaltanwendung verließ der T das Fahrzeug und duldete anschließend das Wegfahren durch A.

Erpressung als Sonderfall der Nötigung

a) Nach überwiegender Ansicht[96] insbesondere in der Rspr. gilt die Erpressung, die alle Voraussetzungen einer Nötigung gemäß § 240 Abs. 1 in sich trägt und deshalb einen Sonderfall des § 240 Abs. 1 darstellt, als allgemeiner Auffangtatbestand in denjenigen Fällen, in denen der Täter Nötigungsmittel zwecks Vermögensverschiebung einsetzt. Deshalb lässt es die überwiegende Ansicht ausreichen, wenn irgendeine Handlung, Duldung oder Unterlassung des genötigten Opfers mit Vermögensschaden vorliegt. Soweit im Einzelfall dann neben einer räuberischen Erpressung zugleich alle Voraussetzungen des Raubes gemäß § 249 Abs. 1 vorliegen, haftet der Täter nur aus derjenigen Norm (Raub oder Erpressung), deren Voraussetzungen nach dem äußeren Erscheinungsbild gegeben sind: Ein Raub ist durch äußerliches „Wegnehmen“, die Erpressung durch äußerliche „Weggabe“ gekennzeichnet. Die Abgrenzungsfrage stellt sich indes nur in den Fällen, in denen tatsächlich beide Tatbestände gleichermaßen verwirklicht sind.

Merke: Keine Abgrenzung zum Raub mehr erforderlich!

Vorliegend beging A jedoch keinen Raub (s.o.), sodass es nach dieser Ansicht bei der Haftung aus einer räuberischen Erpressung (§§ 253, 255) verbleibt.

Erpressung mit Strukturverwandtschaft zum Betrug

b) Demgegenüber wird in der Lit.[97] vertreten, dass – wie Diebstahl und Betrug – auch Raub und Erpressung ohne Überschneidungen gegeneinander abzugrenzen sind. Die Begehung eines Raubes ist gekennzeichnet durch ein Wegnahmeverhalten des Täters, also gewahrsamsbrechendes Vorgehen. Dagegen setzt die Verwirklichung einer Erpressung eine Vermögensverfügung des Genötigten dergestalt voraus, dass der Vermögensverlust notwendig noch eine Willensbetätigung des Opfers verlangt.

Nach dieser Ansicht scheidet eine räuberische Erpressung aus. Zum Verlust des Besitzes am Taxi war es nicht mehr erforderlich, dass T seinen Willen betätigte; das Aussteigen beschleunigte zwar die Tat, indes hätte A nach dem Schuss in das Gesicht des wehrlosen T diesen auch mit wenigen Handgriffen gewaltsam aus dem Fahrzeug entfernen können.

Stellungnahme

c) Der Erpressungskonzeption der überwiegenden Ansicht ist der Vorzug zu geben.

Sicher stellt der Raub eine Qualifizierung des einfachen Diebstahls dar, keineswegs enthält aber die Erpressung Elemente eines Betruges. Schon der Wortlaut des § 253 verdeutlicht, dass es sich hierbei um den Sonderfall einer Nötigung handelt, diese allerdings mit Vermögensbezug. Angesichts

96 BGHSt 7, 252; Geilen Jura 1980, 51.

97 Rengier JuS 1981, 661.

der – in § 255 gar qualifizierten – Nötigungsmittel ist für die Annahme einer Vermögensverfügung kein Raum.

Überdies ist es von den Rechtsfolgen kaum vermittelbar, eine wenige Tage andauernde Gebrauchsanmaßung, die mit schwersten Nötigungselementen durchgesetzt wurde, aus einer Verbrechenshaftung (§§ 249, 255) herauszuhalten, dagegen eine nur wenig länger geplante Nutzung (im Sinne geplanter Enteignung) indes so gravierend zu ahnden. Grund der verbrechensmäßigen Gleichbehandlung muss der qualitativ identische Unrechtskern des Verhaltens – qualifizierte Nötigungsmittel mit einhergehendem Eigentums- oder Vermögensverlust – sein, ohne den quantitativen Verlust überzubewerten.

Blick auf die Rechtsfolgen!

Deshalb ist vorliegend das duldende Verhalten des T als tatbestandsmäßig anzusehen.

3. Dem Vermögen des T müsste ein Nachteil zugefügt worden sein.

T verlor den Besitz an seinem Fahrzeug, ihm wurde die Taxe während des Zeitraums des Vorenthaltens für gewinnbringende Fuhren entzogen. Damit entstand T unter wirtschaftlichen Gesichtspunkten ein materieller Schaden.

4. A handelte vorsätzlich und überdies in der Absicht, sich zu Unrecht (gemeint: zivilrechtlich rechtswidrig) zu bereichern, da er für einen gewissen Zeitraum die Taxe mit ihrer Gebrauchsfähigkeit als Kraftfahrzeug benutzen wollte.

5. Dieser von A erstrebte Vorteil entsprach stoffgleich dem bei T eingetretenen wirtschaftlichen Schaden.

6. A handelte rechtswidrig i.S.v. § 253 Abs. 2 sowie schuldhaft.

A ist einer räuberischen Erpressung gemäß §§ 253, 255 schuldig.

VI. A könnte eine schwere räuberische Erpressung gemäß §§ 253, 255, 250 begangen haben.

1. Nach Bejahung des § 255 ist der Täter „gleich einem Räuber" zu bestrafen.

§§ 249, 252, 255 eröffnen den Zugriff auf §§ 250, 251!

Hiermit ist nicht nur der Strafrahmen des § 249 gemeint, sondern zugleich sind die Qualifikationen eines Raubes gemäß §§ 250, 251 eröffnet.

2. A könnte sich gemäß § 250 Abs. 2 Nr. 1 strafbar gemacht haben.

a) Dann müsste er bei der Tat eine Waffe verwendet haben.

Ausgehend von der Geltung eines sog. strafrechtlichen Waffenbegriffs sind hierunter bewegliche Sachen zu verstehen, die ihrer Art nach zur Verursachung erheblicher Verletzungen von Personen generell geeignet und bestimmt sind. Eine funktionstüchtige und geladene Gaspistole, bei der – wie üblich – die Gase nach vorn austreten, erfüllt diese Anforderungen an eine Waffe.

A beging schließlich die räuberische Erpressung unter Verwendung dieser Waffe, als er auf T schoss.

b) A handelte vorsätzlich.

A handelte unter den erschwerten Voraussetzungen einer schweren räuberischen Erpressung.

VII. Soweit A zugleich bei Begehung der Tat die qualifizierten Voraussetzungen des § 250 Abs. 1 Nr. 1 lit. a) verwirklichte, tritt diese Qualifizierung hinter der schwereren des § 250 Abs. 2 (Strafrahmen nicht unter fünf Jahren Freiheitsstrafe) im Wege der Gesetzeskonkurrenz zurück.

VIII. A könnte überdies einen räuberischen Angriff auf Kraftfahrer gemäß § 316 a Abs. 1 begangen haben.

1. A verübte einen Angriff auf den Leib des T, Führer eines Kraftfahrzeuges, als er mit dem Gasrevolver auf ihn schoss. Zugleich nutzte er hierbei die besonderen Verhältnisse des Straßenverkehrs aus, als sich T – gleichsam wehrlos – nach Anhalten aufgrund kurzer Fahrtunterbrechung noch als Fahrer hinter dem Steuer befand.

2. A unternahm diesen Angriff zur Begehung einer räuberischen Erpressung, da er das Ziel verfolgte, sich in den Besitz des Taxis zu bringen.

Für die Annahme eines Tötungsvorsatzes enthält der Sachverhalt keine Hinweise.

IX. Schließlich verwirklichte der A eine gefährliche Körperverletzung gemäß §§ 223 Abs. 1, 224 Abs. 1 Nr. 2, als er den Taxifahrer mit einem Schuss aus der Gaspistole ins Gesicht traf.

Konkurrenz und Ergebnis: A ist wegen schwerer räuberischer Erpressung, räuberischen Angriffs auf Kraftfahrer und gefährlicher Körperverletzung strafbar; diese drei Tatbestände (§§ 255, 250 Abs. 2 Nr. 1; 316 a Abs. 1; 223 Abs. 1, 224 Abs. 1 Nr. 2) stehen aus Gründen der Klarstellung im Verhältnis der Tateinheit gemäß § 52 zueinander.

Fall 36: Verwenden einer Schreckschusspistole beim Banküberfall (BGHSt 45, 92; BGHSt 48, 197 f.)

A hatte den Entschluss gefasst, sich durch einen Banküberfall Geld zu verschaffen. Als er in dieser Absicht mit einer geladenen Schreckschusspistole in der Hand die Schalterhalle einer Sparkasse betrat, befand sich dort zu seiner Überraschung niemand. Der schusssicher verglaste Kassenschalter und der teilverglaste Kundenserviceschalter waren nicht besetzt. In der Annahme, ein Kunde habe die Schalterhalle betreten, begab sich die Angestellte K aus dem für Kunden nicht einsehbaren Frühstücksraum in den Kassenschalterbereich. A richtete die Waffe auf sie und rief: „Geld her oder ich warte auf einen Kunden!" Die Angestellte, die sich bereits im Bereich des schusssicher verglasten Kassenraums befand, hatte in diesem Moment weniger Angst um ihre eigene Person, wohl aber vor einer von ihr befürchteten Geiselnahme, und kam daher der Aufforderung des A nach und reichte ihm durch den Kassenschlitz 10.000 € Bargeld. A verließ mit der Beute die Bank.

Strafbarkeit des A?

I. A könnte eine räuberische Erpressung gemäß §§ 253, 255 begangen haben, als er die K mit einer angekündigten Geiselnahme veranlasste, das Geld herauszugeben.

Angesichts äußerlicher Herausgabe sogleich Erpressung prüfen

1. A stellte der Kassiererin in Aussicht, den nächsten Kunden als Geisel zu nehmen; damit drohte er ihr mit gegenwärtiger Gefahr für das Leben eines Dritten.

Nach überwiegender Ansicht reicht die Drohung zum Nachteil Dritter aus, wenn der Genötigte – vorliegend die K – das einem anderen Angedrohte auch für sich selbst als Übel empfindet.

Davon ist vorliegend auszugehen: Die Drohung mit der Tötung eines Bankkunden gegenüber der Kassiererin stellt sich für diese als selbst empfundenes erhebliches Übel dar.

2. Infolge dieses qualifizierten Nötigungsmittels müsste ein Handeln, Dulden oder Unterlassen der K vorgelegen haben.

Unbeschadet der unterschiedlichen Auslegungen zu diesem willensgetragenen Verhalten des Opfers (s.o. Fall 32) erfüllt das Verhalten der K diese Voraussetzung:

Streitstand nicht weiter ausführen!

So handelte sie, als sie das Bargeld „herausgab", und traf überdies eine „Vermögensverfügung" in dem Sinne, dass es allein von ihrem Willensentschluss in der schusssicheren Kassenzelle abhängig war, ob der Täter das Bargeld erhielt. Das Herausgabeverhalten durch das Opfer war für den Täter zwingend erforderlich, da er ohne diesen „notwendigen Mitwirkungsakt" nicht an das Bargeld herangekommen wäre.

3. Durch die Handlung der Kassiererin bzw. deren Vermögensverfügung ist der Bank ein Vermögensnachteil i.H.v. 10.000 € entstanden.

4. A handelte vorsätzlich sowie in der Absicht, sich zu Unrecht zu bereichern.

5. Die Tat war rechtswidrig und schuldhaft.

A ist einer räuberischen Erpressung gemäß §§ 253, 255 schuldig.

II. A könnte darüber hinaus wegen schwerer räuberischer Erpressung gemäß §§ 255, 250 strafbar sein.

„Gleich einem Räuber"

1. Die Anwendbarkeit der Raubqualifizierungen (§§ 250, 251) auch im Fall räuberischer Erpressung folgt aus der vom Gesetz angeordneten Rechtsfolge, wonach der Täter einer räuberischen Erpressung „gleich einem Räuber" zu bestrafen ist (s. Fall 32).

2. A könnte bei der Tat, dem Banküberfall, gemäß § 250 Abs. 2 Nr. 1 eine Waffe verwendet haben.

a) Dann müsste es sich bei der eingesetzten Schreckschusspistole um eine Waffe gehandelt haben.

Unter Berücksichtigung des sog. strafrechtlichen Waffenbegriffs ist dieses zu bejahen, wenn der Täter einen körperlichen Gegenstand einsetzt, der nach seiner objektiven Beschaffenheit und seinem Zustand zur Zeit der Tat bei bestimmungsgemäßer Verwendung geeignet ist, erhebliche Verletzungen zuzufügen.

Nachdem in der Vergangenheit die Rspr. geladene Schreckschusswaffen im Unrechtsgehalt eher einer „Spielzeugpistole" bzw. einem ungeladenen Gasrevolver gleichgestellt hatte, ist nunmehr angesichts der Gefährlichkeit geladener Schreckschusswaffen eine Korrektur dieser Rspr. erfolgt:

Art und Umfang möglicher Verletzungen hängen letztlich von äußeren Bedingungen und dem Waffentyp ab. Diese sind umso erheblicher, je näher sich die Waffe am Körper des Opfers befindet. Ein aufgesetzter Schuss mit einer Knallkartusche führt überdies regelmäßig zum Aufplatzen der Haut, je nach Waffenart auch zu schwereren Verletzungen tiefer liegenden Gewebes.

Für die strafrechtliche Einordnung dieses Gegenstandes als „Waffe" kommt es außerdem nicht maßgeblich darauf an, ob sich der Täter in einer Entfernung zum Opfer befindet, welche die Zuführung einer erheblichen Körperverletzung (gerade) noch nicht gestattet, wenn sich andererseits die von dem Gegenstand nach seiner Bauart und seiner bestimmungsgemäßen Verwendung als Schießwerkzeug ausgehende Gefahr grundsätzlich realisieren kann.

Deshalb ist vorliegend davon auszugehen, dass die von A eingesetzte Schreckschusswaffe qualifizierend i.S.v. § 250 Abs. 2 Nr. 1 wirkt.

b) Des Weiteren müsste der A die Waffe i.S.d. § 250 Abs. 2 Nr. 1 verwendet haben, als er sie während des Überfalls in der Hand hielt und mit ihr die Angestellte K bedrohte.

„Verwenden" heißt nicht notwendig „Schießen"

aa) Nach überwiegender Ansicht[98] setzt ein tatbestandsmäßiges Verwenden einer Waffe (oder eines anderen gefährlichen Werkzeugs) nicht voraus, dass der Täter diese Gegenstände als Mittel der Gewaltausübung einsetzt. Der Einsatz als Drohmittel – wie hier – genügt.

Teleologische Reduktion?

bb) Schließlich könnte erwogen werden, ein „Verwenden" abzulehnen, weil sich während der Tat in dem Schalterraum die einzig anwesende Per-

98 Fischer § 250 Rdnr. 18.

son, nämlich die Angestellte K, durchgehend in dem durch schusssicheres Glas geschützten Kassenbereich befand und damit vor jeder Beeinträchtigung durch einen etwaigen Schuss aus der Gaspistole sicher war. Insofern könnte angenommen werden, dass ein „Verwenden einer Waffe" voraussetzt, dass dessen abstrakte (potenzielle) Gefährlichkeit bei dem infrage stehenden Einsatz der Waffe in der Weise zum Tragen kommen muss, dass eine konkrete Leibes- oder Lebensgefahr vorliegt, die Drohung also jederzeit in die Realisierung der angedrohten Gewalteinwirkung umschlagen kann.

Nach überwiegender Ansicht setzt allerdings der Einsatz des objektiv gefährlichen Tatmittels einer Waffe eine konkrete Gefahr erheblicher Verletzungen anderer nicht voraus:

Setzt der Täter eine schussbereite scharfe Waffe ein, lässt sich die Gefahr erheblicher Verletzungen nicht ausschließen, selbst dann nicht, wenn sich – wie vorliegend – die einzige während der eigentlichen Tatphase anwesende Person hinter schusssicherem Glas befindet. Auch in einer solchen Konstellation, in der plötzlich Kunden die Bank betreten können oder in der der Täter beim Verlassen der Bank auf Dritte stoßen kann, die sich ihm in den Weg stellen, kann sich die zunächst nur vom Täter abstrakt gesetzte Gefahr schnell konkret realisieren.

A ist wegen schwerer räuberischer Erpressung gemäß §§ 255, 250 Abs. 2 Nr. 1 schuldig.

III. Der zugleich verwirklichte § 250 Abs. 1 Nr. 1 tritt gleichermaßen wie die verwirklichten Tatbestände der Nötigung (§ 240) und des Diebstahls (§ 242) im Wege der Gesetzeskonkurrenz zurück.

Ergebnis: A ist einer schweren räuberischen Erpressung gemäß §§ 253, 255, 250 Abs. 2 Nr. 1 schuldig.

Fall 37: Dreieckserpressung
(BGHSt 41, 123)

Der O besucht den R in dessen Wohnung, in der sich zugleich auch die K, Lebensgefährtin des R, aufhielt. O geriet mit R in einen Streit, in dessen Verlauf er in immer stärkerem Maß in Wut und Erregung geriet; er stach nun mit einem Messer in den Bauch des R. R sank daraufhin bewusstlos zu Boden. In dem Bewusstsein, dass die vorangegangene Gewaltanwendung gegen R nachhaltigen Eindruck auf K gemacht hatte, forderte O diese nunmehr auf, dem am Boden liegenden R die Uhr vom Handgelenk zu nehmen und an ihn zu übergeben. Noch unter dem Eindruck des vorherigen Geschehens stehend nahm K dem R die Uhr vom Arm und übergab sie O.

Strafbarkeit des O?

Obersatz

A. Der Messerstich

Der Einsatz eines Messers legt die Erörterung des § 212 nahe.

I. O könnte sich der Begehung eines versuchten Totschlags gemäß §§ 212 Abs. 1, 22 schuldig gemacht haben.

1. Eine Strafbarkeit des O aus vollendetem Totschlag scheidet schon deshalb aus, weil der Taterfolg nicht eingetreten ist. Die Versuchsstrafbarkeit folgt aus dem Verbrechenscharakter – §§ 23 Abs. 1, 12 Abs. 1 – des Totschlags.

Am Sachverhalt arbeiten!

2. O müsste mit Tötungsentschluss gegen R vorgegangen sein. Hiervon ist – auch angesichts des äußerlich durchaus gefährlichen Vorgehens – nicht auszugehen; laut Sachverhalt handelte O aus „Wut und Erregung", nicht dagegen in dem Bewusstsein, den R möglicherweise zu töten.

II. Durch den Messerstich hat sich der O aber einer gefährlichen Körperverletzung gemäß §§ 223 Abs. 1, 224 Abs. 1 Nr. 2, Nr. 5 schuldig gemacht.

III. Die Begehung eines Raubes gemäß § 249 Abs. 1 bzw. einer räuberischen Erpressung gemäß §§ 253 Abs. 1, 255 liegt dagegen zum Zeitpunkt des Niederstechens trotz entsprechender Gewaltanwendung (noch) nicht vor, da O hierbei noch keinen auf das Verschaffen der Uhr gerichteten Vorsatz hatte, vgl. § 8.

Bezüglich des Messerstiches ist der O der Begehung einer gefährlichen Körperverletzung gemäß §§ 223, 224 Abs. 1 Nr. 2, 5 schuldig.

Obersatz

B. Die Erlangung der Uhr

I. O könnte eine räuberische Erpressung gemäß §§ 253 Abs. 1, 255 durch Erlangen der Uhr begangen haben.

1. Dann müsste er mit einem qualifizierten Nötigungsmittel, nämlich Gewalt gegen eine Person oder Anwendung von Drohungen mit gegenwärtiger Gefahr für Leib oder Leben, vorgegangen sein.

Als O den R niederstach, lag hierin eine Gewaltanwendung, die O allerdings nicht gezielt zum Verschaffen der Uhr einsetzte.

Fortdauern der Gewaltwirkung oder Andauern der Gewaltanwendung?

a) Soweit diese frühere Gewaltanwendung gegenüber R in Form der verletzungsbedingten Wehr- und Bewusstlosigkeit noch fortwirkte, als O seinen neuen Tatentschluss fasste, reicht dies allein für die Verwirklichung des qualifizierten Erpressungstatbestandes nicht aus: Insoweit handelt es sich nicht um eine tatbestandsrelevante (weitere – neue) Anwendung von Gewalt, sondern vielmehr um Ausnutzung einer früheren Gewaltanwendung, die aus einer anderen Zielsetzung heraus ihren Ursprung hatte.

b) Allerdings ist zu beachten, dass eine bereits abgeschlossene Gewaltanwendung durch das äußere Verhalten als – stillschweigende – Drohung mit weiterer Gewalttätigkeit, also mit gegenwärtiger Gefahr für Leib oder Leben, zu bewerten ist, wenn der Täter – wie O – diese durch frühere Gewaltanwendung geschaffene, nunmehr fortwirkende Bedrohungssituation erkennt und bewusst zu weiteren Zwecken ausnutzt. Vorliegend war die K durch den vorangegangenen Messerstich nachhaltig eingeschüchtert und handelte, unter diesem Eindruck stehend, weisungsgemäß auf Druck des O.

Soweit hier Bedrohter (R) und Genötigte (K) nicht identisch sind (Dreiecksnötigung), unterfällt dies den Nötigungstatbeständen (§§ 240, 253, 255), wenn der Genötigte die Bedrohung des Dritten selbst als Übel empfindet (vgl. Fall 34).

2. Diese Drohung müsste kausal zu einer abgenötigten Handlung, Duldung oder Unterlassung geführt haben.

Nach der überwiegenden Ansicht sind keine weiteren Einschränkungen an das abgenötigte Opferverhalten zu stellen: Mit dem Abnehmen der Uhr vom Arm des R und anschließender Übergabe an O hat die K entsprechende Handlungen vorgenommen.

Soweit einschränkend an das erpresserische Opferverhalten wegen vermeintlicher Strukturgleichheit der Erpressung zum Betrug eine Vermögensverfügung i.S.e. notwendigen Mitwirkungsaktes verlangt wird, wäre dieser vorliegend abzulehnen, da der von O angestrebte Besitz an der Uhr auch ohne Mithilfe der K zu erlangen war: O hätte ohne große Hindernisse dem bewusstlosen R die Uhr selbst vom Arm ziehen können.

Mit der überwiegenden Ansicht ist eine derartige Einschränkung des Erpressungstatbestandes aber abzulehnen (zum Streitstand s. Fall 32).

3. Dieses nach überwiegender Ansicht anzunehmende Opferverhalten müsste schließlich zu einem Nachteil im Vermögen des Genötigten oder eines anderen geführt haben.

Schon der Wortlaut erfasst – anders als in § 263 – die Möglichkeit einer Dreieckserpressung.

a) Ein Vermögensnachteil zulasten der K scheidet aus, da sie keinerlei Vermögensposition verlor.

b) Die Übergabe der Uhr an den O führte indes zu einem Vermögensverlust bei R.

Es fallen also Nötigungsopfer und Vermögensgeschädigter auseinander.

Fraglich könnte insoweit sein, inwieweit bei einer Dreieckstat über den bloßen kausalen Zusammenhang zwischen dem abgenötigten Verhalten und dem bei einem Dritten eintretenden Vermögensnachteil hinaus eine derartige Dreieckserpressung noch weitere Voraussetzungen hinsichtlich der Zurechenbarkeit des Verhaltens des Dritten hat.

„Näheverhältnis"

Die überwiegende Ansicht verlangt ein Näheverhältnis zwischen Geschädigtem und Genötigtem, damit das Verhalten des Nötigungsopfers dem

Geschädigten zugerechnet werden kann. Zweifelhaft ist allerdings, welche Anforderungen an dieses Näheverhältnis zu stellen sind.

Ggf. parallele Auslegung zu § 263

Soweit vertreten wird, dass wegen vermeintlicher Strukturgleichheit der Erpressung mit dem Betrug eine Vermögensverfügung zu verlangen ist, wird dieses Näheverhältnis durch eine tatsächliche Nähe (Lagertheorie) oder rechtliche Nähe (Befugnis- oder Ermächtigungstheorie) bestimmt.

Nach überwiegender Ansicht setzt allerdings eine Dreieckserpressung weder eine rechtliche Verfügungsmacht noch eine tatsächliche Herrschaftsgewalt des Genötigten über die fremden Vermögensgegenstände voraus. Vielmehr muss zwischen dem Genötigten und dem in seinem Vermögen Geschädigten ein Näheverhältnis dergestalt bestehen, dass das Nötigungsopfer spätestens im Zeitpunkt der Tatbegehung auf der Seite des Vermögensinhabers steht. Gerade darin, dass der Täter die von einem Dritten im Interesse des Vermögensinhabers wahrgenommene Schutzfunktion mit Nötigungsmitteln aufhebt, liegt der Unrechtsgehalt der Dreieckserpressung.

Vorliegend nahm die K als Lebensgefährtin des verletzten R diese Schutzfunktion wahr: Ohne die stillschweigende Drohung mit erneutem Einsatz des Messers wäre sie sicher zum Schutz der persönlichen Habe ihres Lebensgefährten bereit gewesen.

4. O handelte mit Vorsatz und in rechtswidriger Bereicherungsabsicht.

5. Die Tat des O war rechtswidrig und schuldhaft.

O hat sich wegen räuberischer Erpressung gemäß §§ 253 Abs. 1, 255 strafbar gemacht.

II. O ist überdies der Begehung einer schweren räuberischen Erpressung gemäß §§ 253 Abs. 1, 255, 250 Abs. 2 Nr. 1 schuldig, da er bei der Erpressungstat eine Waffe, nämlich ein Messer, verwendete.

III. O könnte des Weiteren einen Raub gemäß § 249 Abs. 1 begangen haben, indem er der K mit Gewaltanwendung gegen R drohte, sofern diese ihm nicht die Uhr des R um das Handgelenk legt.

Dann müsste er mit qualifizierten Nötigungsmitteln eine fremde bewegliche Sache weggenommen haben.

O hat die K schlüssig mit einer weiteren Gewaltanwendung gegenüber R bedroht und sie hierdurch veranlasst, die Armbanduhr vom Arm des R abzunehmen und ihm auszuhändigen.

Fraglich bleibt hierbei, ob sich dieses Gesamtverhalten für O auch als tatbestandliches Wegnahmeverhalten i.S.e. Raubes darstellt.

Die überwiegende Ansicht blickt, da bereits die Voraussetzungen einer räuberischen Erpressung bejaht wurden (s.o.), hierfür auf das äußere Erscheinungsbild der Tat:

Erpressung bei äußerlicher „Herausgabe" Raub bei äußerlicher „Wegnahme"

Wenn der Täter sich die Beute geben lässt, liegt allein räuberische Erpressung vor; nimmt er sie (in rechtswidriger Zueignungsabsicht) weg, liegt auch die Verwirklichung des Raubtatbestandes vor, der als „lex specialis" die Anwendbarkeit der „lex generalis" einer räuberischen Erpressung gemäß § 255 verdrängt.

Da die K die Uhr an O „herausgegeben" hat, scheidet nach überwiegender Ansicht die Begehung eines Raubes aus.

IV. O könnte sich des Weiteren der Begehung eines erpresserischen Menschenraubes gemäß § 239 a Abs. 1 schuldig gemacht haben.

1. Eine Strafbarkeit gemäß § 239 a Abs. 1, 1. Alt. setzt voraus, dass der Täter sich eines Menschen bemächtigt, um die Sorge des Opfers um sein Wohl oder die Sorge eines Dritten um das Wohl des Opfers zu einer Erpressung auszunutzen.

Als O sein Opfer R niederstach, bemächtigte er sich dessen. Zu diesem Zeitpunkt handelte er aber nicht aus der Absicht heraus, eine Erpressung zu begehen, vgl. § 8.

Ein weiteres Sichbemächtigen einer anderen Person, hier etwa der K, ist in seinem späteren Verhalten nicht zu erblicken, da er zu keinem Zeitpunkt (entführungsgleiche) Macht über K ausüben wollte.

Ergebnis: § 239 a Abs. 1, 1. Alt. liegt nicht vor.

2. Indes könnte O § 239 a Abs. 1, 2. Alt. verwirklicht haben, wenn er die von ihm durch eine solche Handlung geschaffene Lage eines Menschen zu einer Erpressung ausgenutzt hätte.

Teleologische Reduktion wegen der hohen Strafandrohung!

Nach überwiegender Ansicht[99] verlangt die Verwirklichung auch der 2. Alt. des § 239 a mit einschränkender Auslegung eine „gewisse Stabilisierung" der Bemächtigungssituation und die Vornahme einer weiteren, zweiten Erpressungshandlung, die in ihrem Nötigungscharakter tatverschieden von derjenigen Tathandlung sein muss, die ihrerseits zur Bemächtigungslage geführt hat.

Dieses ist hier abzulehnen, da der Einsatz des Messers die Bemächtigungssituation herbeigeführt hat und zugleich als Mittel zur Erzwingung der Weggabe eingesetzt wurde.

V. Die zugleich verwirklichten §§ 242 Abs. 1, 244 Abs. 1 Nr. 1 a, begangen in mittelbarer Täterschaft gemäß § 25 Abs. 1, 2. Var., sowie die Nötigung gemäß § 240 Abs. 1 treten im Wege der Gesetzeskonkurrenz als mitverwirklicht hinter §§ 255, 250 Abs. 2 Nr. 1 zurück.

Ergebnis: O ist einer gefährlichen Körperverletzung gemäß §§ 223, 224 Abs. 1 Nr. 2, 5 in Tatmehrheit mit schwerer räuberischer Erpressung gemäß §§ 253, 255, 250 Abs. 2 Nr. 1 schuldig und strafbar.

---

99 BGHSt 40, 359.

Fall 38: Raub mit Todesfolge in der Beendigungsphase
(BGHSt 38, 295)

K hat unter Verwendung einer Schusswaffe eine Bank überfallen und diese mit seiner Beute verlassen. Bei der anschließenden Flucht wurde er von Bankmitarbeitern und weiteren, von diesen alarmierten Personen und Polizeibeamten verfolgt. K erreichte den mehrere hundert Meter entfernt liegenden Bahnhofsplatz, als ihn ein verfolgender Polizeibeamter, P, fast eingeholt hatte. K setzte nun die Schusswaffe ein: Ein von ihm mit Tötungswillen auf den Polizeibeamten gerichteter Schuss verfehlte diesen jedoch und traf die Passantin X tödlich. K, der die X zuvor nicht wahrgenommen hatte, konnte unerkannt entkommen.

Strafbarkeit des K?

„Dickschiffe" nach vorn!

I. K könnte einen Totschlag gemäß § 212 Abs. 1 an der X begangen haben, als er sie tödlich traf.

1. Dann müsste K einen Menschen getötet haben.

Der Schusswaffengebrauch des K verursachte den Tod der X.

2. K müsste vorsätzlich, d.h. mit Wissen und Wollen um die Tatbestandsverwirklichung gehandelt haben.

Als er die Schusswaffe einsetzte, wollte er den ihn verfolgenden Polizeibeamten P töten. Sein Angriff richtete sich aus seiner Sicht nicht gegen die Passantin X, die er noch nicht einmal wahrgenommen hatte, sodass auch die Annahme eines bedingten Vorsatzes (dolus eventualis) ausscheidet.

Die aberratio ictus!

Nach überwiegender Ansicht ist vielmehr von einem Fehlgehen der Tat (sog. aberratio ictus) auszugehen, sodass eine Bestrafung wegen vollendeten Totschlags ausgeschlossen ist.

II. Mit dem Schuss auf den ihn verfolgenden Polizeibeamten könnte sich K allerdings des versuchten Totschlags gemäß §§ 212 Abs. 1, 22 zulasten des P schuldig gemacht haben.

Eine Strafbarkeit des K wegen vollendeten Totschlags ist nicht gegeben, der Versuch eines Totschlags ist gemäß §§ 12, 23 angesichts der Strafandrohung (Verbrechen) strafbar.

1. K hatte den Tatentschluss, einen Menschen, nämlich den ihn verfolgenden Polizeibeamten, zu töten.

2. Nach seiner Vorstellung von diesem Tatgeschehen setzte der K unmittelbar zur Tatbestandsverwirklichung eines Totschlags an, als er den Schuss abgab.

3. K handelte rechtswidrig und schuldhaft.

K ist wegen versuchten Totschlags gemäß §§ 212 Abs. 1, 22 strafbar.

III. K könnte einen versuchten Mord gemäß §§ 211, 22 begangen haben.

Dann müsste er zusätzlich zum Entschluss, einen Menschen zu töten, in einer Vorstellung gehandelt haben, die die Erfüllung von Mordmerkmalen beinhaltet.

1. So könnte erwogen werden, einen Tatentschluss des K hinsichtlich des Einsatzes eines gemeingefährlichen Mittels anzunehmen.

2. Gruppe?

Danach tötet mit gemeingefährlichen Mitteln, wer ein Mittel so einsetzt, dass er in der konkreten Tatsituation die Ausdehnung der Gefahr nicht beherrschen und dadurch eine Mehrzahl von Menschen an Leib oder Leben gefährden kann.

Angesichts des gezielten Einzelschusses auf den ihn verfolgenden Polizeibeamten ist von einer derartig charakteristischen Unbeherrschbarkeit nicht auszugehen.

2. Weitere Motive für die Abgabe des Schusses durch K sind nicht ersichtlich, sodass – zugunsten des K – davon auszugehen ist, dass der Einsatz der Schusswaffe lediglich der Verhinderung der drohenden Festnahme diente, nicht etwa von Verdeckungs- oder Besitzerhaltungsabsicht an der Beute getragen war.

3. oder 1. Gruppe? (Reihenfolge im Versuch!)

Eine Strafbarkeit wegen versuchten Mordes scheidet aus.

IV. K könnte einen Raub mit Todesfolge gemäß §§ 249 Abs. 1, 251 begangen haben.

1. K hat einen Raub gemäß § 249 Abs. 1 begangen, als er mit geladener Schusswaffe im Wege der Wegnahme seine Beute erlangte.

2. Durch den Schuss des K ist überdies der Tod eines Menschen, der X, verursacht worden.

3. Diese Todesfolge müsste indes „durch den Raub wenigstens leichtfertig" verursacht worden sein.

a) Leichtfertigkeit setzt grobe Fahrlässigkeit voraus; danach ist ein besonders sorgfaltswidriges, leichtsinniges Verhalten mit einer besonders naheliegenden, sich geradezu aufdrängenden Tatbestandsverwirklichung zu verlangen.

„Wenigstens" leichtfertig bedeutet erst recht auch bei vorsätzlichem Handeln

Der Gebrauch einer Schusswaffe auf öffentlicher Straße, auf der sich noch andere Passanten befinden, belegt unproblematisch diese Leichtfertigkeit.

b) Fraglich ist allerdings, ob der Todeserfolg auch „durch den Raub" verursacht wurde.

Wortlaut genau beachten!

Voraussetzung hierfür ist, dass sich im tödlichen Erfolg gerade die mit dem Grundtatbestand (§ 249 Abs. 1) anhaftende eigentümliche, d.h. „tatbestandsspezifische" Gefahr verwirklicht hat.

Dies könnte hier deshalb zweifelhaft sein, weil der Schusswaffeneinsatz durch K sich erst nach Vollendung des noch nicht beendeten Bankraubes auf der Flucht im Rahmen der Abwehr eines Verfolgers ereignete.

So wird z.T.[100] vertreten, dass eine nicht mehr der Wegnahme selbst dienende Handlung in der Beendigungsphase keinesfalls die Strafbarkeit dieser Erfolgsqualifizierung herbeiführen könnte; typischerweise müsse die der Verwirklichung des Grundtatbestandes dienende Nötigungshandlung den tödlichen Ausgang herbeiführen.

---

100 Rengier NStZ 1992, 590; Jung JuS 1992, 1066.

Die h.M.[101] wendet demgegenüber § 251 auch auf den Abschnitt zwischen Vollendung und Beendigung des Raubtatbestandes an. Bei Raubdelikten bestehe eine tatspezifische Gefährlichkeit nicht nur bei meist überraschend erfolgenden Wegnahmehandlungen, sondern nicht minder bei der sich anschließenden Phase der Flucht und Beutesicherung. Die Gefahr, dass ein bewaffneter Täter seine Waffe nicht nur zur Wegnahme, sondern auch zur Abwehr von Verfolgern einsetzt, ist nicht gering einzuschätzen.

Stellungnahme

Der Minderansicht ist zuzugeben, dass bei einer erweiterten Anwendung möglicher Raubqualifizierungen auch bis zu deren Beendigungsphase ein Widerspruch zu § 252 und dessen Anwendungsbereich entstehen könnte. Andererseits ist zu beachten, dass die tatbestandstypische Gefahr bei Begehung eines Raubes, die in der Regelung des § 251 ihren Niederschlag gefunden hat, eben nicht mit Vollendung der Wegnahme beseitigt ist, sondern mit dem besonders gefährlichen Nötigungspotenzial auch die Beendigungsphase erfasst.

Deshalb ist mit der überwiegenden Ansicht von der Anwendbarkeit des § 251 zum Zeitpunkt des Schusses auszugehen, da sich auf der Verfolgung noch die tatbestandseigentümliche Gefahr der Begehung des Raubes verwirklicht hat.

4. K handelte mit Vorsatz bezüglich der Verwirklichung des Grunddeliktes des Raubes.

5. Die Tat war rechtswidrig und schuldhaft, insbesondere handelte K auch individuell leichtfertig.

6. K ist wegen Raubes mit Todesfolge gemäß §§ 249, 251 schuldig.

V. Zugleich hat K einen schweren Raub gemäß §§ 249, 250 Abs. 2 Nr. 1, Nr. 3 lit. b) sowie überdies § 250 Abs. 1 Nr. 1 lit. a), lit. c) verwirklicht.

§ 250 Abs. 2 verdrängt als das speziellere Gesetz die Anwendung des § 250 Abs. 1 und wird seinerseits von dem weitergehenden § 251 verdrängt.

VI. Gegeben ist zugleich fahrlässige Tötung der X, § 222. Aber auch dieses Delikt tritt hier hinter den schwereren § 251 zurück.

VII. Mit dem Schuss auf den Polizeibeamten P verwirklichte K außerdem § 113 Abs. 1, Abs. 2, Widerstand gegen Vollstreckungsbeamte in einem besonders schweren Fall.

Ergebnis: K ist eines Raubes mit Todesfolge gemäß §§ 249 Abs. 1, 251, in Tateinheit gemäß § 52 mit versuchtem Totschlag gemäß §§ 212 Abs. 1, 22 sowie § 113 Abs. 1, Abs. 2 schuldig.

---

101 BGHSt 20, 194; Schroth NStZ 1999, 544.

11. Teil: Räuberischer Diebstahl

Aufbauschema zu § 252

I. Tatbestand

1. objektiver Tatbestand

- Tatsituation:
  - Vortat (vollendeter) Diebstahl (auch Raub)
  - auf frischer Tat
    = räumliche, zeitliche Nähe
  - betroffen (sein oder werden?)
- Einsatz qualifizierter Nötigungsmittel
  - Gewalt gegen eine Person
  - Drohungen mit gegenwärtiger Gefahr für Leib oder Leben
  - vor Beendigung des Diebstahls

2. subjektiver Tatbestand

- Vorsatz bzgl. Tatsituation und Tathandlung
- Absicht (dolus directus 1. Grades), sich den Besitz des gestohlenen Gutes zu erhalten

II. Rechtswidrigkeit

III. Schuld

Fall 39: Betreffen des Diebes auf frischer Tat
(BGHSt 26, 95)

A betrat die Wohnung der Frau C durch eine nicht verschlossene Wohnungstür. Er durchsuchte die Wohnung und verstaute Schmuck und Bargeld in einer mitgeführten Aktentasche. Als er im Begriff war, die Wohnung zu verlassen, hörte er, wie die Wohnungstür geöffnet wurde. Er versteckte sich hinter einer Zimmertür. Als Frau C das Zimmer betrat, versetzte er ihr mehrere Schläge mit der Faust auf den Kopf, bis sie zu Boden ging. Zu diesem Zeitpunkt wollte er noch den Besitz der Beute erhalten. Dann verließ er fluchtartig mit der Beute die Wohnung. Aus Angst vor Entdeckung entledigte er sich später in einem Park der Beute.

Strafbarkeit des A?

Erst § 242 als „Vortat" für § 252 prüfen.

I. A könnte durch Einstecken des Schmucks und Bargeldes in die Aktentasche einen Diebstahl gemäß § 242 Abs. 1 begangen haben.

1. Schmuck und Geld stellen für A fremde bewegliche Sachen dar.

2. Diese Gegenstände müsste A weggenommen haben, mithin fremden Gewahrsam gebrochen und neuen Gewahrsam begründet haben.

Vorliegend hielt sich A in der Herrschaftssphäre der Frau C auf, als er die Beute in die mitgeführte Aktentasche steckte.

So wird vertreten, dass der Diebstahl erst dann vollendet ist, wenn der Täter ohne weitere Schwierigkeiten die Sachherrschaft über das Diebesgut ausüben kann.

Subsumtion

Das wird hier erst anzunehmen sein, als der A das Haus verlassen hatte und entkommen konnte.

Nach überwiegender Ansicht ist ein Gewahrsamswechsel trotz Aufenthalts in der Herrschaftssphäre des Bestohlenen anzunehmen, wenn der Täter leicht zu verbergende Sachen in seine Sphäre, wie Kleidung oder leicht zu transportierende Behältnisse, verbringt.

Subsumtion

Danach war der Diebstahl mit seiner Wegnahme vollendet, als A die Beutestücke in die Aktentasche steckte.

Damit hat A nach beiden Ansichten die Wegnahme vollendet, sodass es keiner weiteren Stellungnahme an dieser Stelle bedarf.

3. A handelte mit Vorsatz und rechtswidriger Zueignungsabsicht.

4. Die Tat war rechtswidrig und schuldhaft.

5. Da A keinen gegen Diebstahl besonders gesicherten Gegenstand stahl, scheidet die Annahme eines Regelbeispiels gemäß § 243 Abs. 1 S. 2 Nr. 2 aus.

Ergebnis: A ist der Begehung eines Diebstahls gemäß § 242 Abs. 1 schuldig.

II. Eine Qualifizierung nach § 244 Abs. 1 Nr. 3 im Sinne eines Wohnungseinbruchdiebstahls liegt nicht vor, da A die Wohnung durch die unverschlossene Tür betrat. Daher ist er nicht eingebrochen bzw. eingestiegen.

III. Mit Betreten der Wohnung verwirklichte A einen Hausfriedensbruch gemäß § 123 Abs. 1.

IV. Des Weiteren könnte A einen Raub gemäß § 249 Abs. 1 begangen haben, als er die C niederschlug.

Dann müsste er die Gewalt – sei es kausal, sei es final – zur Wegnahme eingesetzt haben.

Damit kommt es entscheidend darauf an, ob zum Zeitpunkt des Gewalteinsatzes die Wegnahme bereits vollzogen war (s.o.).

Dies ist mit der überwiegenden Ansicht zu bejahen.

Jetzt ist der Streit zu entscheiden!

Gerade bei so kleinen Gegenständen wie Schmuck und Bargeld ist jeder unmittelbare Zugriff eines Dritten faktisch fast ausgeschlossen, wenn der Täter diese Gegenstände in seine Körpersphäre – hierzu gehören auch mitgeführte Behältnisse – überführt. Der ursprüngliche Gewahrsamsinhaber wird in der Regel keine weitere Sachherrschaft mehr ausüben können und muss sich notfalls selbst mit Gewalt die Sache „zurückholen", wenn der Täter die Herausgabe ablehnt. Deshalb ist hier von einer vollendeten Wegnahme auszugehen, als A die Gegenstände in die Aktentasche steckte.

Ein Raub scheidet mithin aus.

V. A könnte einen räuberischen Diebstahl gemäß § 252 begangen haben, als er die zurückkehrende Frau C niederschlug.

Vortat kann auch ein Raub sein.

1. Dann müsste A bei einem Diebstahl auf frischer Tat betroffen sein.

a) Vorliegend hatte A einen Diebstahl gemäß § 242 Abs. 1 begangen (s.o.).

b) Fraglich könnte allerdings sein, ob er auf frischer Tat betroffen wurde.

Betroffen ist der Täter stets dann, wenn er am Tatort wahrgenommen, also durch Sehen oder Hören bemerkt worden ist.

Hier kehrte Frau C in ihre Wohnung zurück und betrat das Zimmer, ohne den A wahrgenommen zu haben. Vielmehr kam nun A durch die unvermittelte Gewaltanwendung einer entsprechenden Wahrnehmung von Frau C zuvor. Damit könnte fraglich sein, ob § 252 erfüllt ist.

aa) So wird vertreten,[102] dass der Täter betroffen „sein" muss: Der Täter müsse von einem Dritten – nicht unbedingt als deliktisch handelnder Dieb, wohl aber als Person – wahrgenommen sein.

Damit hätte A keinen räuberischen Diebstahl begangen, da ihn C noch nicht wahrgenommen hatte.

Subsumtion

bb) Nach überwiegender Ansicht[103] dient das Merkmal des „Betreffens auf frischer Tat" dazu, die Voraussetzungen, unter denen ein Dieb einem Räuber gleichzustellen ist, zeitlich und örtlich einzugrenzen. Demgemäß schließt das Merkmal nicht nur ein reales „Betroffensein", sondern auch ein „Betroffenwerden" ein. Nur mit dieser Auslegung ist gewährleistet, dass der Dieb, wenn er zu qualifizierten Nötigungsmitteln greift, einheitlich bestraft werden kann: Setzt er die qualifizierten Nötigungsmittel zur Wegnahme ein, haftet er aus § 249 mit den entsprechenden Qualifikationstatbe-

102 Seier JuS 1979, 338; Geppert Jura 1990, 556.
103 Fischer § 252 Rdnr. 6.

ständen der §§ 250, 251; wendet er die qualifizierten Nötigungsmittel direkt nach begangenem Diebstahl noch in unmittelbarer Tatortnähe an, haftet er „gleich einem Räuber", da der jeweilige Einsatz qualifizierter Nötigungsmittel nicht von unterschiedlich zu beurteilender krimineller Energie getragen ist. Danach hätte A einen räuberischen Diebstahl verwirklicht.

Subsumtion

cc) Der Auslegung der überwiegenden Ansicht ist der Vorzug zu geben.

Blick auf die Folgen!

Den Tatbeständen der §§ 249, 252 liegt die Konzeption zugrunde, dass bei Begehung eines Diebstahls jede Anwendung qualifizierter Nötigungsmittel eine Verbrechensstrafe nach sich zieht. Hierbei ist nicht entscheidend, ob diese Mittel zur oder nach der Wegnahme eingesetzt werden. Wollte man ein „Betroffensein" als Tatsituation des § 252 verlangen, gäbe es eine Zeitspanne zwischen erfolgter Wegnahme und Bemerktsein durch Dritte, in der der Täter massive Nötigungsmittel einsetzen könnte, ohne aus §§ 249, 252 in Verbindung mit §§ 250, 251 haften zu müssen. Diese Haftung hinge vielmehr – eher widersinnig – von der Zufälligkeit zuvor erfolgten Bemerktseins ab.

2. A handelte vorsätzlich und überdies in der Absicht, eine Gewahrsamsentziehung zu verhindern, die gegenwärtig war bzw. unmittelbar durch Entdeckung bevorstand.

3. A handelte rechtswidrig und schuldhaft.

A ist eines räuberischen Diebstahls gemäß § 252 schuldig.

VI. Durch das Niederschlagen von Frau C hat A den Tatbestand der Körperverletzung gemäß § 223 Abs. 1 verwirklicht.

VII. Dagegen scheidet eine Haftung aus § 224 Abs. 1 – gefährliche Körperverletzung – aus.

Ein hinterlistiger Überfall gemäß § 224 Abs. 1 Nr. 4 – die einzig in Betracht kommende Qualifizierung – scheitert am fehlenden hinterlistigen Vorgehen durch A: Ein plötzlicher Angriff von hinten sowie das Ausnutzen des Überraschungsmoments stellen keinesfalls ein „listiges" Vorgehen durch den Täter dar.

Konkurrenzen und Ergebnis: A ist der Begehung eines räuberischen Diebstahls gemäß § 252 schuldig. Dieser räuberische Diebstahl, der den einfachen Diebstahl als Grunddelikt verdrängt, steht zu der zugleich verwirklichten Körperverletzung gemäß § 223 Abs. 1 in Tateinheit (§ 52). Der zu Beginn verwirklichte Hausfriedensbruch steht hierzu – nach überwiegender Ansicht – in Tatmehrheit gemäß § 53, da er durch eine eigenständige, abgetrennte Handlung verwirklicht wurde.

12. Teil: Hehlerei

Aufbauschema zu § 259

I. Tatbestand

1. objektiver Tatbestand

- Tatobjekt: Sache aus rechtswidriger (Vermögens-)Tat eines anderen
- Tathandlungen
  - Sichverschaffen; Unterfall: ankaufen
  - sonst sich oder Dritten verschaffen (= durch unmittelbare Übertragung der tatsächlichen Sachherrschaft)
  - absetzen (= selbstständige wirtschaftliche Verwertung der Beute im Interesse des Vortäters); str., ob Absatzerfolg erforderlich
  - (dem Vortäter bei dessen Bemühungen) absetzen helfen (= unselbstständige Hilfe zur wirtschaftlichen Verwertung der Beute durch den Vortäter in dessen Interesse); str., ob Absatzerfolg erforderlich

2. subjektiver Tatbestand

- Vorsatz bzgl. Tatobjekt und Tathandlung
- Bereicherungsabsicht
  - Bereicherung = jede günstigere Gestaltung der Vermögenslage
  - für sich
  - für Dritten (nicht „anderen" als Vortäter)

II. Rechtswidrigkeit

III. Schuld

IV. Strafantrag (§ 259 Abs. 2 i.V.m. §§ 247, 248 a)

Fall 40: Vollendung der Wegnahme beim Diebstahl und nachfolgende Gewalt
(BGH NStZ 2008, 624)

A hatte vor geraumer Zeit seinen Laptop zur Reparatur in das Computerfachgeschäft des M gebracht. Am Tattag erschien er erneut in dem Ladenlokal. Zwischen A und M kam es alsbald zu einem Wortgefecht. Der sehr impulsive A forderte M auf, ihm einen neuen Laptop zu geben, da er – was nicht zutraf – das Gerät des A beschädigt habe. Daraufhin legte M den Laptop des A auf den Verkaufstresen und forderte ihn auf, das Geschäft zu verlassen. A nahm ein auf dem Tresen liegendes kleines Messer und hielt es dem M kurz an den Bauch. Dann legte er das Messer wieder zurück und ließ von M ab. Kurz darauf nahm er einen IBM-Laptop zum Verkaufspreis von 899 € aus einem Regal und verließ damit das Ladenlokal. M folgte ihm sogleich nach und ergriff, als er A auf dem Gehweg erreicht hatte, das Notebook, um es ihm wieder zu entwinden. A versetzte dem M, weil er das Gerät behalten wollte, nunmehr einen Stoß mit dem Kopf, wodurch dieser eine blutende Platzwunde an der Oberlippe erlitt. Das Gezerre um das Notebook setzte sich fort, bis A davon abließ, weil er sein Interesse daran verloren hatte und sich entfernte.

Strafbarkeit des A?

I. Durch das Herausnehmen des Laptops aus dem Regal und Verlassen des Ladenlokals mit dem Gerät in der Hand könnte A einen **Diebstahl** gemäß **§ 242 Abs. 1** begangen haben.

1. Das im Eigentum des M stehende Gerät war für A eine fremde bewegliche Sache.

Klausurtipp: Da es erkennbar um das Problem geht, ob und wann die Wegnahme vollendet sein könnte, ist mit § 242 – nicht § 249 – zu beginnen. Hierauf ist aber besondere Sorgfalt zu legen, denn von der Bestimmung des Wegnahmezeitpunkts hängt die Falllösung entscheidend ab: War die Wegnahme noch nicht vollendet, als A Gewalt durch den Kopfstoß übte, verwandelt sich das Geschehen in einen Raub.

2. Fraglich ist, ob bis zur Wiedererlangung des Computers durch M bereits eine vollendete Wegnahme vorgelegen hat. Eine Wegnahme setzt voraus, dass fremder Gewahrsam gebrochen und neuer Gewahrsam begründet worden ist. An dem in seinem Ladenlokal befindlichen Gerät hatte zunächst M den Gewahrsam. Zweifel an der Begründung neuen Gewahrsams bestehen aus mehreren Gründen: Zum einen befand sich A mit dem offen in der Hand getragenen Gerät noch unmittelbar vor dem Ladenlokal auf dem Gehweg, zum anderen wurde er von M beobachtet und verfolgt.

Ob eine Gewahrsamserlangung und damit eine Vollendung des Diebstahls vorliegt, ist nach der Verkehrsauffassung zu beurteilen; es kommt darauf an, ob der neue Gewahrsamsinhaber die Herrschaft über die Sache ungehindert durch den alten Gewahrsamsinhaber ausüben kann.[104]

a) Dabei kommt es entscheidend auf die Größe und Beschaffenheit des Tatobjekts an: bei **handlichen und leicht beweglichen Sachen** reicht regelmäßig schon ein Ergreifen und Festhalten bzw. das offene Wegtragen des Gegenstands als Wegnahmehandlung.

b) Soweit A die gesamte Zeit von M beobachtet wurde, hindert dieses nicht eine Vollendung der Wegnahme, da der Diebstahl **keine heimliche Tat** ist. Die Entdeckung des Täters gibt vielmehr nur die Möglichkeit, ihm die Sache wieder abzunehmen .

---

104 Fischer § 242 Rdnr. 17.

c) Allerdings hatte A vorliegend das Notebook noch offen in der Hand, als er von M gestellt wurde: Er hatte es weder unter der Kleidung versteckt, noch in einem mitgebrachten Behältnis verstaut. Dennoch hatte der A die alleinige tatsächliche Herrschaft über den Gegenstand hier bereits durch das bloße körperliche Ergreifen und Fortschaffen des Gegenstands erlangt, wie sich auch daraus ergibt, dass der Ladeninhaber seine Verfügungsgewalt nur noch gegen den Willen des A und unter Anwendung von körperlicher Gewalt wiederherstellen konnte.

Beachte: Die Beobachtung beim Diebstahl ist stets ein Problem der Gewahrsamsbegründung, nicht dagegen ein Problem eines Einverständnisses!

3. A handelte hinsichtlich des Tatobjekts und der Tathandlung vorsätzlich.

4. A müsste auch Zueignungsabsicht besessen haben. A ging davon aus – hinsichtlich der Enteignung reicht schon bedingter Vorsatz (dolus eventualis) –, dass der bisherige Eigentümer aus seiner Verfügungsmacht dauerhaft verdrängt würde; zugleich handelte er mit der Zielvorstellung (Absicht als dolus directus 1. Grades), nunmehr selbst diese Eigentümerrechte ausüben zu können. Darauf, dass die erstrebte Zueignung letztlich nicht realisiert wurde, kommt es nicht an; entscheidend ist nur eine entsprechende Zielvorstellung im Wegnahmezeitpunkt.

5. Die durch A geplante Zueignung war auch objektiv (zivilrechtlich) rechtswidrig. A hatte keinen Anspruch auf das spezielle Gerät.

Soweit A meinte, M hätte bei der Reparatur des eigenen Notebooks Schäden hieran verursacht, wäre diese Fehlvorstellung nur dann ein Tatbestandsirrtum, wenn hierdurch – im Fall seines Vorliegens – tatsächlich ein Speziesanspruch gerade auf Übereignung des konkret weggenommenen Notebooks bestanden hätte oder wenn durch diese Fehlvorstellung die erforderliche Parallelwertung in der Laiensphäre beseitigt worden wäre. A hätte jedoch bei unterstellter Beschädigung des in Reparatur gegebenen Geräts nur Schadenersatzanspruch aus § 280 Abs. 1 BGB geltend machen können, gerichtet auf Wiederherstellung des ursprünglichen Zustands oder auf eine entsprechende Geldleistung (§ 249 BGB), keinesfalls hätte er die im Eigentum des M befindliche Sache eigenmächtig als „Schadenersatz" an sich nehmen dürfen. Die Vorstellung des A bezog sich folglich nicht auf Umstände, die die Rechtswidrigkeit der Zueignung ausschlossen; sie beseitigte auch nicht die als vorhanden zu unterstellende Parallelwertung, dass man fremdes Eigentumsrecht zu achten hat. Vielmehr stellte sich A ein von der Rechtsordnung nicht anerkanntes Selbsthilferecht vor, unterlag also einem für den Vorsatz bezüglich der Rechtswidrigkeit der Zueignung unerheblichem Subsumtionsirrtum.

6. A handelte bei der Verwirklichung des Diebstahls überdies rechtswidrig und schuldhaft. Ein etwaiger Irrtum, zur Wegnahme berechtigt zu sein, wäre als Verbotsirrtum bei gehöriger Gewissensanspannung vermeidbar gewesen, § 17 S. 2.

II. Die Tat könnte durch den Einsatz des Messers im zeitlichen Zusammenhang mit der späteren Mitnahme des Notebooks als **Raub** gemäß **§ 249 Abs. 1** anzusehen sein.

1. Das Vorhalten des Messers beinhaltete die schlüssige Drohung mit Leibes- und Lebensgefahr.

2. Es ist auch zur vollendete Wegnahme der fremden Sache gekommen.

3. Zwischen der Drohung und der Wegnahme muss jedoch aus Tätersicht eine funktionaler Beziehung, ein sog. **Finalzusammenhang** bestehen, d.h. das Zwangsmittel muss zur Ermöglichung oder Erleichterung der Wegnahme dienen.[105] Daran fehlt es vorliegend: A nahm das Gerät an sich, **nachdem** er bereits von M abgelassen hatte, also als die Drohung bereits wieder abgeschlossen war.

III. Auch **Raub** gemäß **§ 249 Abs. 1** durch den Kopfstoß scheitert am Finalzusammenhang. Zu diesem Zeitpunkt hatte A bereits neuen Gewahrsam begründet. Gewalt, die zur Sicherung bereits erlangter Sachherrschaft eingesetzt wird, kann aber nicht mehr der Ermöglichung der Wegnahme dienen.

§ 252 wird – auch in der Praxis – oft vergessen. Merke: **Nur beim Diebstahl hat der Gesetzgeber die Beutesicherung mit qualifiziertem Zwang zum Verbrechen** ausgestaltet. War die Vortat ein beliebiges anderes Delikt, ist die (auch unmittelbar) nachfolgende Verteidigung der Beute nur Nötigung!

IV. Durch den Kopfstoß und das anschließende Gezerre am Notebook könnte A einen **räuberischen Diebstahl gemäß § 252** begangen haben.

1. A wurde bei einem Diebstahl **auf frischer Tat betroffen**, als M ihn auf dem Gehweg stellte; in dem Kopfstoß liegt eine **Gewaltanwendung** gegenüber einer schutzbereiten Person, und zwar zu einem Zeitpunkt, in dem die Wegnahme **noch nicht beendet** war.

2. A handelte mit Vorsatz und mit **Beutesicherungsabsicht**: Beim Kopfstoß verfolgte er (noch) das Ziel, den in seiner Person ausgeübten Besitz des gestohlenen Rechners zum Zweck der Zueignung zu erhalten. Er handelte auch rechtswidrig und schuldhaft.

Der BGH hat die Sache wegen fehlender Feststellungen zur Beutesicherungsabsicht zur weiteren Aufklärung zurückverwiesen.

V. Da der räuberische Dieb **gleich einem Räuber** zu bestrafen ist, gelten auch die Erschwerungsgrundsätze der **§§ 250, 251** sodass A auch einen nach **§§ 252, 250 Abs. 2 Nr. 1 qualifizierten räuberischen Diebstahl** begangen haben könnte, indem er zuvor das Messer gegen M einsetzte. Unbeschadet der Frage, ob das Messer eine Waffe darstellt oder als gefährliches Werkzeug eingesetzt wurde, fehlt jedenfalls der Bezug zum räuberischen Diebstahl: Der Täter muss dieses Tatmittel **bei der Tat** verwenden; dieser Zeitraum beginnt frühestens im Versuchsstadium der Wegnahme und reicht bis zu dessen Beendigung, mithin bis zur Beutesicherung.[106] Vorliegend hatte A das Messer aber ohne jeden Bezug zur Wegnahme bzw. Beutesicherung eingesetzt.

VI. Durch den Kopfstoß hat A zugleich eine **vorsätzliche Körperverletzung** gemäß **§ 223 Abs. 1** verwirklicht. Eine gefährliche Körperverletzung gemäß **§ 224 Abs. 1 Nr. 5** scheidet dagegen aus, da ein einfacher Kopfstoß in der Regel auch generell[107] als Behandlung nicht geeignet ist, das Leben zu gefährden.

VII. Schließlich könnte A sich der Begehung einer **Bedrohung gemäß § 241 Abs. 1** schuldig gemacht haben, als er dem M kurz das Messer an den Bauch hielt. Das setzt aber voraus, dass in diesem Verhalten die eindeutige Ankündigung eines Verbrechens liegt. Daran scheitert es hier.

Ergebnis: A ist wegen räuberischen Diebstahls in Tateinheit mit Körperverletzung gemäß §§ 252, 223, 52 strafbar.

---

105 BGHSt 4, 210, 211.
106 Zum Meinungsstreit Fischer § 250 Rdnr. 18.
107 Vgl. zum unterschiedlichen Maßstab der Eignung: Fischer § 224 Rdnr. 12 m.w.N.

Fall 41: Hehlerei mit Mitteln der Nötigung
(BGHSt 42, 196)

L schuldete dem A 500.000 €, die er trotz zahlreicher Aufforderungen durch A nicht bezahlte. L war Mitglied einer Gruppe von Betrügern, die Geldinstitute schädigten, indem sie Geschäftskonten errichteten, für die sie ungedeckte Schecks einreichten und die entstandenen Scheinguthaben zu Barabhebungen nutzten. Als der A erfuhr, dass L am selben Tag unmittelbar zuvor auf die geschilderte Art eine Sparkasse geschädigt und 865.000 € erhalten hatte, forderte er erneut die Begleichung der Schuld. L erklärte, dass er zur Zahlung nicht mehr bereit sei. Daraufhin drohte der A dem L an, dass er ihn bei der Polizei anzeigen werde, falls er nicht sofort sein Geld erhalte. Aufgrund dieser Drohung ließ L dem A den geschuldeten Betrag übergeben. Die Zahlung erfolgte, wie dem A bekannt war, mit den zuvor von der Sparkasse betrügerisch erlangten Zahlungsmitteln.

Strafbarkeit des A?

I. A könnte durch die Ankündigung, L bei der Polizei anzuzeigen, eine Erpressung gemäß § 253 Abs. 1 begangen haben.

1. Dann müsste er dem L mit einem empfindlichen Übel gedroht haben.

A stellte in Aussicht, den L wegen begangener Betrugstaten bei der Polizei anzuzeigen. Diese Ankündigung stellte sich für L als besonders empfindlich dar, musste er doch mit einer erheblichen Strafe rechnen.

Die „Rechtmäßigkeit" des angedrohten Übels ist bedeutungslos.

2. Infolge dieser Drohung kam es zu einer Handlung, nämlich Zahlung des Geldbetrages durch L.

Streitstand unerheblich!

3. Hierdurch müsste dem L ein Vermögensnachteil entstanden sein.

Dies könnte angesichts des Umstände des Gelderwerbs zweifelhaft sein (vgl. zum Streitstand und Stellungnahme hierzu Fall 19).

Auf der Grundlage des juristisch-ökonomischen Vermögensbegriffes ist ein Schaden abzulehnen, da der L das an A ausgezahlte Geld selbst deliktisch erlangt hatte.

Nach überwiegender Ansicht stand ihm jedoch auf der Grundlage einer wirtschaftlichen Betrachtung die tatsächliche Verfügungsgewalt über diesen Geldbetrag zu, sodass dieses Geld trotz deliktischen Ursprungs auch unter dem Vermögensschutz des Strafgesetzbuches stand.

Der überwiegenden Ansicht ist der Vorzug zu geben:

Stellungnahme

Allein der Besitz und die damit verbundene tatsächliche Verfügbarkeit des Geldes ist wirtschaftlich schon als Wert anzuerkennen und stellt trotz deliktischen Ursprungs keine „freie" Beute für Dritte dar.

4. Der A handelte vorsätzlich, allerdings verfolgte er das Ziel, gegenüber L eine berechtigte Forderung geltend zu machen.

Damit fehlte ihm jedenfalls die Absicht, sich zu Unrecht zu bereichern, da er die Vermögensverschiebung zulasten des L in Erfüllung einer bestehenden Verbindlichkeit zu seinen Gunsten herbeiführte.

Gut vertretbar: Kein Vorsatz bzgl. Schaden

Eine Bestrafung aus § 253 Abs. 1 scheidet aus.

II. Durch die Ankündigung der Strafanzeige könnte sich A der Begehung einer Nötigung schuldig gemacht haben.

1. A hat den L mit der Ankündigung der Strafanzeige, also der Drohung mit einem empfindlichen Übel, zu einer Handlung, nämlich zur Schuldentilgung, veranlasst.

2. A handelte vorsätzlich und auch rechtswidrig i.S.v. § 240 Abs. 2: Die Androhung einer Strafanzeige zur Durchsetzung des aus einem anderen Lebenssachverhalt begründeten Zahlungsanspruchs stellt sich in dieser Verknüpfung als verwerflich dar.

A ist einer Nötigung gemäß § 240 Abs. 1 schuldig.

III. Des Weiteren könnte A eine Hehlerei gemäß § 259 Abs. 1 begangen haben, als er sich die Geldscheine aushändigen ließ.

1. Die Geldscheine wären taugliche Tatobjekte einer Hehlerei, wenn sie ein anderer aus einer gegen fremdes Vermögen gerichteten rechtswidrigen Tat erlangt hätte.

Beachte: Ein zwischenzeitlich erfolgter Eigentumserwerb (etwa gemäß §§ 929, 932 BGB) würde die rechtswidrige Besitzlage beenden und eine Strafbarkeit aus § 259 ausschließen.

Vorliegend hatte L diese Geldscheine aus einem Betrug gegenüber der Sparkasse erworben. Diese rechtswidrige Besitzlage an dem Geld wurde auch nicht dadurch beendet, dass der L formal Eigentümer wurde, denn dieses betrügerisch erlangte Eigentum war gemäß § 123 BGB anfechtbar, mithin nicht materiell beständig.

2. Die ihm von L überlassenen Scheine müsste A sich verschafft haben.

Hierunter ist – wie auch in anderen strafrechtlichen Normen: §§ 96, 146, 152 a, 261 – die Herstellung tatsächlicher eigener Herrschaftsgewalt über die Sache zu verstehen.

Wortlaut genau beachten!

Allerdings ist bei der Tathandlung des Sichverschaffens i.S.d. Hehlerei zu berücksichtigen, dass die Vorschrift als typischen Fall des hehlerischen Sichverschaffens einer Sache zunächst ihr Ankaufen unter Strafandrohung stellt und diese dann, wie die Wendung „oder sonst" belegt, auf vergleichbare Fälle erstreckt.

Derivativer Erwerb

Dem „Ankaufen" vergleichbar ist das sonstige Verschaffen aber nur dann, wenn es – wie beim rechtsgeschäftlichen Erwerb des Ankaufens – einvernehmlich mit dem Vortäter geschieht. Dieses einvernehmliche Miteinander kennzeichnet im Übrigen den inneren Zusammenhang der Hehlerei zur Vortat.

Fraglich ist vorliegend, ob noch von einem einvernehmlichen Miteinander zwischen Vortäter und Hehler ausgegangen werden kann, wenn der Hehler den Vortäter mit Mitteln der Nötigung zur Herausgabe veranlasst.

Unzweifelhaft fehlt es an dem erforderlichen einverständlichen Zusammenwirken, wenn der Täter dem Vortäter die Sache wegnimmt oder gegen dessen Willen weiter über sie verfügt.

a) Nach überwiegender Ansicht[108] fehlt es auch am derartigen Einverständnis des Vortäters, wenn der Täter durch Täuschung, Drohung oder Gewalt zur Übertragung der Verfügungsmacht veranlasst wird.

---

108 Fischer § 259 Rdnr. 13 a.

b) Nach einer anderen Ansicht[109] wird durchaus zwischen einer eigenmächtiger Wegnahme und einer Drohung für den Anwendungsbereich des § 259 unterschieden, denn trotz Drohung überlässt der Genötigte dem Hehler das Objekt willentlich.

Stellungnahme

c) Diese differenzierende Ansicht vermag wegen ihrer Konsequenzen nicht zu überzeugen: Es wäre – zumal der Raub ein Spezialfall der räuberischen Erpressung ist – ein merkwürdiges Ergebnis, wenn die räuberische Erpressung einer deliktisch erworbenen Sache gleichzeitig eine Hehlerei darstellte, der Raub derselben Sache dagegen nicht.

Überdies bezweckt das Erfordernis einverständlichen Zusammenwirkens zwischen Vortäter und Hehler den Schutz allgemeiner Sicherheitsinteressen: Gefährlich wird der Hehler für die vom Recht geschützten Vermögensinteressen nicht erst mit der einzelnen hehlerischen Verletzung fremden Vermögens; er ist es schon durch seine Vermögensdelikte generell fördernde Bereitschaft, bei der Abnahme der Beute mitzuhelfen. Der Hehler enthebt den Dieb der Sorge um die gefahrlose Verwertung seiner Beute und schafft so einen ständigen Anreiz für die Begehung von Diebstählen und anderen Vermögensstraftaten. Wer allerdings dem Vortäter die Tatbeute durch erpresserische Drohung abnötigt, hat keinen Anreiz zur Begehung vorheriger Vermögensstraftaten gesetzt: Die Aussicht, die erhoffte Beute durch Erpressung oder Nötigung zu verlieren, schafft keinen Anreiz zu Vermögensstraftaten.

A ist nicht aus § 259 Abs. 1 wegen einer Hehlerei schuldig.

Ergebnis: A ist gemäß § 240 Abs. 1 wegen Nötigung strafbar.

109 Sch/Sch/Stree § 259 Rdnr. 42.

Fall 42: Begünstigung bzw. Beihilfe zum Diebstahl oder zur Hehlerei bei Zurverfügungstellung des eBay-Accounts an einen Dritten zum Verkauf von Diebesgut
(NStZ 2008, 215-216)

A stellte seinem Bruder Z regelmäßig seinen eBay-Account zur Verfügung. Spätestens seit Anfang 2005 war A auch damit einverstanden, dass Z über diesen eBay-Account von ihm selbst oder von Dritten gestohlene Sachen verkaufte. Die jeweiligen Käufer zahlten den Kaufpreis auf ein Girokonto des A ein, der den entsprechenden Betrag dann von seinem Konto abhob und das Geld bar an seinen Bruder Z aushändigte. A wollte seinem Bruder dadurch beim Absatz gestohlener Waren helfen. Dass A selbst einen Teil der Verkaufserlöse für sich behielt, konnte nicht festgestellt werden. Auf diese Weise veräußerte Z im Zeitraum von Mitte Mai 2005 bis Mitte April 2006 in vier Fällen aus Diebstählen stammende Gegenstände über den eBay-Account des A, wobei in zwei Fällen die Gegenstände von Z selbst gestohlen worden waren, während er sich in zwei weiteren Fällen die Gegenstände in Kenntnis von deren Herkunft verschafft hatte. Während der gesamten Zeit befürchteten weder der A noch dessen Bruder Z einen Zugriff der Ermittlungsbehörden.

Strafbarkeit des A?

A. Das Zurverfügungstellen des eBay-Accounts

I. Indem A Anfang 2005 sein Einverständnis zur Nutzung seines eBay-Accounts gab, könnte er wegen **Beihilfe zum Diebstahl und zur Hehlerei gemäß §§ 242, 27 und §§ 259, 27** strafbar sein.

1. Zwischen Mai 2005 und April 2006 hatte Z zwei Objekte selbst entwendet und zwei durch Hehlerei erlangt. Entsprechende vorsätzliche, rechtswidrige Haupttaten liegen also vor.

2. Hierzu müsste A Hilfe geleistet haben. Diese kann durch „Rat und Tat" (psychisch und physisch) geleistet werden. Vorliegend ist die bereits vor den Taten zugesagte Unterstützung beim späteren Beuteabsatz als **psychische Förderung** dieser Taten anzusehen.

3. A besaß auch den erforderlichen Teilnehmervorsatz. Er handelte zudem rechtswidrig und schuldhaft.

4. Fraglich ist, ob hinsichtlich jedes Tatobjekts eine selbstständige oder insgesamt nur eine einzige Beihilfehandlung vorliegt. Es ist davon auszugehen, dass der A seinem Bruder von vornherein für dessen nachfolgende Straftaten die Benutzung seines eBay-Account gestattete, ohne dass dies insoweit jeweils ein erneutes Tätigwerden des A verlangte. Hat er damit aber seinem Bruder einmal allgemein gestattet, künftig seinen eBay-Account für die Verkäufe zu nutzen, hat er sich ungeachtet der mehreren selbständigen Straftaten seines Bruders nur rechtlich einer einheitlichen Beihilfehandlung schuldig gemacht.

Da sich diese Beihilfehandlung auf zwei verschiedene Haupttaten mit je zwei Tatobjekten bezog, nämlich Diebstahl und Hehlerei, werden diese zur Tateinheit verbunden.

II. In dem Versprechen, das Konto zur Verfügung zu stellen, könnte auch eine Beihilfe zum Betrug gegenüber und zulasten der Erwerber liegen, **§§ 263, 27**. Dann müsste eine entsprechende Haupttat des Z vorliegen. Mit der Behauptung, verfügungsberechtigt zu sein, könnte er die Erwerber getäuscht und diese zu entsprechenden Vermögensverfügungen durch Zahlung des Kaufpreises veranlasst haben. Allerdings fehlen Feststellungen zum Vorstellungsbild der Erwerber. Es ist nicht auszuschließen, dass diese ihrerseits Vorsatz zu hehlerischem Erwerb hatten, also nicht in einen Irrtum über die deliktische Herkunft der Ware geraten sind.[110] Damit muss die Annahme von Betrügereien nach dem Grundsatz in dubio pro reo ausscheiden. Dadurch fehlt die Grundlage für eine Beihilfestrafbarkeit des A.

III. A könnte auch eine **Hehlerei** in Form der Absatzhilfe gemäß **§ 259 Abs. 1** begangen haben, indem er Z die **Kontoverbindung zur Verfügung** stellte.

Absatzhilfe bedeutet ein Hilfeleisten beim Absatz, der durch den als Hehler tatbestandslos handelnden Vortäter selbst bewirkt wird.

Absatzhilfe meint: (nur) Hilfe beim Absatz durch den Vortäter!

1. Der äußere Tatbestand ist vorliegend anzunehmen: Der Bruder als Vortäter – sei er Dieb, sei er Zwischenhehler – nahm selbst den Absatz der deliktisch erlangten Sachen durch die Versteigerung vor; hierbei unterstütze ihn der A mit seinen Handlungen vorsätzlich.

Nicht etwa: Hilfe beim Absatz durch den Hehler!

2. Allerdings handelte A nicht mit der notwendigen **Bereicherungsabsicht**: Laut Feststellungen wollte er sich selbst keinen Vermögensvorteil verschaffen, er handelte allein mit der Zielvorstellung, seinen Bruder zu bereichern. Der Z als Vortäter ist indes nicht **„Dritter"** im Sinne einer Hehlerei, wie der Wortlaut belegt: Der Vortäter ist der „andere", der das Tatobjekt zunächst erlangt hat, er kann demgemäß nicht zugleich „Dritter" sein, dem etwas verschafft wird bzw. zu dessen Gunsten die Bereicherung einsetzen soll.

Unterscheide: „Wer eine Sache, die ein ***anderer*** gestohlen … hat, sich oder einem ***Dritten*** verschafft, ... um sich oder einen ***Dritten*** zu bereichern."

IV. Infrage kommt Begünstigung gemäß § 257 Abs. 1 durch die Eröffnung des Zugriffs auf das eBay-Konto.

1. Hilfeleisten ist jede Handlung, die objektiv geeignet ist, dem Vortäter die Vorteile gegen Entziehung zu sichern. Unter „Vorteil" versteht man dabei jede unmittelbare Besserstellung für den Vortäter, also auch die Möglichkeit, die aus Diebstahl und Hehlerei stammende Beute überhaupt veräußern zu können.[111] Diese Voraussetzung erfüllt vorliegend die Zurverfügungsstellung des Kontos.

2. A handelte mit Vorsatz; außerdem müsste er mit Vorteilssicherungsabsicht gehandelt haben. Hierbei muss es dem Täter darauf ankommen, die Wiederherstellung des gesetzmäßigen Zustandes zu verhindern oder zu erschweren (sog.: Restitutionsvereitelungsabsicht). Davon kann vorliegend nicht ausgegangen werden: weder der A noch sein Bruder befürchteten im Tatzeitraum einen Zugriff der Ermittlungsbehörden.

Vorsicht bei der Ersatzhehlerei:

- Wird eine Sache mit Mitteln aus der Vortat erworben, stellt sie hinsichtlich der ursprünglichen Vortat einen Ersatzgegenstand dar, an dem keine Hehlerei möglich ist.

B. Gutschreibenlassen und Auskehrung der Verkaufserlöse an Z

I. Hehlerei gemäß **§ 259 Abs. 1** durch Gutschrift der eingegangenen Erlöse

110 Vgl. dazu LG Karlsruhe, Beschl. v. 28.09.2007 – 18 AK 136/07, RÜ 2008, 35.

111 Fischer § 257 Rdnr. 6.

- Ist aber durch die Ersatzbeschaffung eine neue Straftat begangen worden, insbesondere Betrug, ist der Ersatzgegenstand wieder taugliches Tatobjekt.

auf dem Konto des A scheidet aus. Das auf dem Konto eingegangene „Giralgeld" ist schon keine körperliche Sache; bloße Forderungen können dagegen nicht Gegenstand einer Hehlerei sein.

II. A könnte aber durch **Auskehren des Geldes** an Z eine **Hehlerei** gemäß **§ 259 Abs. 1** in Form des Absetzens begangen haben.

Dann müsste das weitergegebene Bargeld eine Sache sein, die ein anderer gestohlen oder sonst aus einer Vermögenstat erlangt hat.

1. Die durch Z begangenen **Diebstähle bzw. Hehlereien** an den verkauften Sachen scheiden als Vortat aus. Insoweit ist das ausgezahlte Geld an die Stelle der zunächst deliktisch erlangten Sachen getreten und als Ersatzsache nicht taugliches Objekt einer Hehlerei, da das ausgezahlte Geld ist nicht durch Diebstähle oder Hehlerei erlangt worden.

Überdies wäre auch bei Annahme eines Betruges das von der Bank ausgezahlte Geld jedenfalls nicht **durch die Vortat** erlangt; vielmehr handelte es sich auch hier um straflose **Ersatzhehlerei**: Mit der Überweisung bzw. Einzahlung des deliktischen Kaufpreises auf das angegebene Bankkonto verlor das Geld jeden deliktischen Bezug, es wurde vielmehr durch den Auszahlungsvorgang umgewechselt, gleichsam „gewaschen" (vgl. BGH, 1 StR 103/60 vom 09.05.1961 zitiert bei LK-Ruß, 11. Aufl., § 259 Rdnr. 14).

2. Würde das Geld unmittelbar aus einem **Betrug gemäß § 263** stammen, den der Bruder jeweils gegenüber den Käufern im Rahmen der Versteigerung begangen hätte, wäre es taugliches Tatobjekt; doch fehlen Feststellungen hierzu.

Hehlerei scheidet damit auch bezüglich der Auskehrung des Geldes aus.

III. Es kommt aber eine Strafbarkeit des A durch **Auskehrung des Geldes** wegen Geldwäsche gemäß **§ 261 Abs. 1, Abs. 2 Nr. 1, Nr. 4** in Betracht. Dann müsste A einen Gegenstand, der aus einer Vortat i.S.v. § 261 Abs. 1 S. 2 **herrührt**, sich oder einem Dritten verschafft haben. Hier fehlt es schon an einer vorausgegangenen Katalogtat:

Ein zuvor begangenes **Verbrechen** scheidet sicher aus; ebenso ist nicht ersichtlich, dass eine der zuvor durch Z begangenen Vergehen – etwa §§ 242, 259 – etwa **gewerbsmäßig** verwirklicht wurden.

IV. Schließlich könnte erwogen werden, die **Auskehrung des Erlöses** rechtlich als **Begünstigung** gemäß **§ 257 Abs. 1** einzuordnen. Dann müsste A seinem Bruder in der Absicht Hilfe geleistet haben, ihm die **Vorteile der Tat** zu sichern.

Vorliegend wollte A seinem Bruder den Kaufpreis erhalten, der als Surrogat an die Stelle der zuvor deliktisch erlangten Sachen trat. Insoweit könnte erwogen werden, dass die Begünstigung wegen ihres unterschiedlichen Wortlauts zur Hehlerei (in § 259: konkrete „Sache" und in § 257: umfassender Begriff der „Vorteile") eine Sicherung des mittelbar erlangten Vorteils ausreichen lässt.

Beachte den Unterschied zu § 242:
- Beim Diebstahl kann sich der Täter die Sache selbst oder den in ihr verkörperten Sachwert zueignen.
- Der Begünstiger muss dem Dieb als Vortäter dagegen die unmittelbaren Vorteile aus dem Diebstahl sichern, in der Regel also den Erhalt der Sache selbst; an deren Stelle tritt eben nicht der in der Sache verkörperte Sachwert!

Tatsächlich ist aber auch die Begünstigung nur strafbar, soweit dem Vortäter dadurch die unmittelbaren Vorteile der Tat gesichert werden sollen, die er zur Zeit der Begünstigungshandlung noch innehaben muss. Denn um „die" Vorteile der Tat handelt es sich nicht mehr, wenn dem Vortäter sich erst aus der Verwertung der Tatvorteile ergebende wirtschaftliche Werte zugewendet oder gesichert werden sollen. **Danach ist der Erlös aus einem Verkauf des Erlangten kein unmittelbarer Vorteil mehr, der Gegenstand der Begünstigung i.S.d. § 257 Abs. 1 sein kann.**

Ergebnis: A ist der Beihilfe zum Diebstahl in Tateinheit mit Beihilfe zur Hehlerei schuldig.

STICHWORTVERZEICHNIS

Die Zahlen verweisen auf die Seiten.

aberratio ictus ... 118
Abhebung am Geldautomaten ... 67
Ankündigung der Strafanzeige ... 130
Anstellungsbetrug im öffentlichen Dienst ... 65
Anstellungsbetrug in freier Wirtschaft ... 64
Auslieferungsfahrt ... 20
Ausspähen von Daten ... 35
Auszahlung fehlgebuchter Gutschriften ... 46

Bandendiebstahl ... 28
Banküberfall ... 111
Befugnistheorie ... 50
Berufswaffenträger ... 25
Betreffen des Diebes auf frischer Tat ... 122
Betrug ... 42

Computerbetrug ... 66

Dereliktion ... 3
Derivativer Erwerb ... 130
Detektiv ... 7, 9
Diebesfalle ... 17
Diebstahl ... 1
Diebstahl bei Gelegenheit ... 97
Dietrich ... 29
Dreiecksbetrug ... 51
Dreieckserpressung ... 114

EC-Karte ... 22, 90
Eingehungsbetrug ... 52, 53, 57
Erfüllungsbetrug ... 53, 57
Erschleichen von Leistungen ... 74
Erschleichen von Leistungen durch unauffälliges Auftreten ... 78

Factoring ... 87
Faktisches Herrschaftsverhältnis ... 3
Falsche Schlüssel ... 29
Finalzusammenhang beim Raub ... 95
Formelle Subsidiarität der Unterschlagung ... 36

Garantenstellung ... 47
Gebrauchsanmaßung (furtum usus) ... 23
Gefährliches Werkzeug ... 103
Geldschulden als Gattungsschulden ... 96
Geldspielautomat ... 72
Geldsummentheorie ... 96
Geld-zurück-Garantie ... 57
Geringwertigkeitsgrenze ... 18

Handtaschenraub ... 94
Hehlerei ... 125
Hehlerei mit Mitteln der Nötigung ... 129
Herrenlosigkeit ... 2

Ingerenz ... 47

Juristisch-ökonomischer Vermögensbegriff ... 59, 129

Karitativer Zweck ... 54
Konkurrenzlösung ... 69, 73
Kopieren von Daten ... 34
Kreditkarte im Drei-Partner-System ... 87
Kundenkarte ... 87
Kundenkarte im Zwei-Partner-System ... 86

Lagertheorie ... 50
Leerspielen eines Geldspielautomaten ... 70
Leichtfertigkeit ... 119
Leistungsautomat ... 72
Lippenpflegestift als Raubmittel ... 103

Mahnverfahren ... 43
Missbrauch von Scheck- und Kreditkarten ... 89
Missbräuchliche Nutzung der Parkuhr ... 75
Missbrauchstatbestand ... 81, 86

Nachlässige Vertretung als Untreue ... 81
Näheverhältnis ... 115
Nutzung eigener Geldkarte am Geldautomaten ... 90

Parkgebühr ... 75
Parkuhr ... 75
Persönliche Schadenseinschlag ... 53
Persönlicher Schadenseinschlag ... 53
Provisionsvertreter-Betrug ... 52
Prozessbetrug ... 43

Raub ... 93
Raub mit Todesfolge ... 106
Raub mit Todesfolge in der Beendigungsphase ... 118
Räuberische Erpressung ... 106
Räuberischer Diebstahl ... 121
Rechtstatsache ... 43
Rücktrittsrecht ... 57
Rückverkauf ... 21

Sachbeschädigung ... 38
Sachgedankliches Mitbewusstsein ... 44
Sachwerttheorie ... 22
Scheckkarte ... 90
Scheinwaffe ... 104
Schreckschusspistole ... 111
se ut dominum gerere ... 21, 22
Stoffgleichheit ... 54
Subjektive Theorie ... 28
Substanztheorie ... 22

Tatbestandslösung ... 24, 69, 73
Tatbestandsverschiebung ... 32
Tatherrschaftslehre ... 29
Tatsachenbehauptung ... 46
Täuschungsäquivalenz ... 70
Teleologische Reduktion ... 26, 41, 104, 112
Treuebruchstatbestand ... 81, 86
Trickdiebstahl ... 7, 9

Unterschlagung ... 33
Untreue ... 80

Vereinigungstheorie ... 22, 35
Vermögensbetreuungspflicht ... 82
Vermögensschaden beim Anstellungsbetrug ... 62
Vermögensschaden durch Zweckverfehlung ... 53
Vermögensschaden im Falle eines vereinbarten Rücktrittsrechts ... 56
Vermögensschutz bei verbotenen Rechtsgeschäften ... 58
Vermögensverfügung ... 44
Vertrauensverhältnis zum Mandanten ... 82
Verwenden einer Waffe ... 112
vis absoluta ... 97
vis compulsiva ... 94

Warenautomat ... 72
Wegnahme einer Sache ohne Zueignungsabsicht ... 107
Werturteil ... 43, 46, 56
Wildes Plakatieren ... 39
Wirtschaftlicher Vermögensbegriff ... 59

Zahlungskarten ... 90
Zueignungsabsicht bei geplanter Rückführung ... 20
Zwei-Partner-System ... 87
Zweitzueignung ... 24